中国新闻史学会传媒经济与管理
南京大学新闻传播学院
北京师范大学新闻传播学
主　办

传媒经济与管理研究

MEDIA ECONOMICS AND MANAGEMENT RESEARCH

丁和根　喻国明　崔保国　主编

2017

南京大学出版社

图书在版编目(CIP)数据

传媒经济与管理研究. 第二辑 / 丁和根, 喻国明, 崔保国主编. —南京:南京大学出版社,2017.12

ISBN 978-7-305-19720-8

Ⅰ.①传… Ⅱ.①丁… ②喻… ③崔… Ⅲ.①传播媒介-经济学-研究 ②传播媒介-经营管理-研究 Ⅳ.①G206.2-05

中国版本图书馆 CIP 数据核字(2017)第 316670 号

出版发行　南京大学出版社
社　　址　南京市汉口路 22 号　　　　邮　编 210093
出 版 人　金鑫荣

书　　名　**传媒经济与管理研究(第二辑)**
主　　编　丁和根　喻国明　崔保国
责任编辑　王其平　　　　编辑热线 025-83596923

照　　排　南京紫藤制版印务中心
印　　刷　江苏凤凰数码印务有限公司
开　　本　787×1092　1/16　印张 15.75　字数 238 千
版　　次　2017 年 12 月第 1 版　2017 年 12 月第 1 次印刷
ISBN 978-7-305-19720-8
定　　价　45.00 元

网　　址:http://www.njupco.com
官方微博:http://e.weibo.com/njupco
官方微信:njupress
销售咨询热线:(025)83594756

《传媒经济与管理研究》

第2辑

目录 CONTENTS

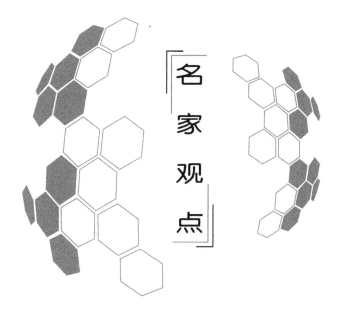

名家观点

边缘创新与价值准则：互联网 "下半场"的操作关键

喻国明

  摘　要　互联网是通过对于个人的激活以及无限的连接形成了互联网形态下的新的社会现实、市场现实和产业现实的一种重新结构社会的力量；现实的社会实践中所谓"发展的中断"或"破坏式创新"其实是源于"以物为本"向"以人为本"社会发展逻辑的深刻转型；基于传媒领域面对的新现实，媒介融合正确而有效的逻辑起点必须从当下的渠道融合转型到市场融合、需求融合上来；而互联网发展"下半场"实践操作的关键是：预留出足够的"边缘创新"的制度和产业空间，并确立正确的衡量技术、产业与产品创新的价值标准。

  关键词　互联网发展"下半场"，媒介融合的逻辑起点，边缘创新，价值标准

一、"核裂变"：互联网对于个人的激活是这个社会最大改变之源

  当下，传播研究的一个最大问题就是如何去解释互联网，因为互联网是改变社会生活的一个特别重要的技术性力量。23年以前，要是意识到互联网对于中国社会生活有如此大的改变的时候，我相信有关部门的审批一定会以非常严格的方式来进行。当时只是把它作为一项 IT 技术而引进的，但这个"潘多拉宝瓶"一打开之后所发生的翻天覆地的改变是当初绝大多数人无法想象的。

  作者简介　喻国明，教育部长江学者特聘教授，北京师范大学新闻传播学院执行院长，中国人民大学新闻与社会发展研究中心主任。

　　我们现在看得越来越清楚了：互联网绝对不仅仅是一项传播技术、传播渠道，它其实不是像最初人们所认识的那种与传统传播媒介播相似的传播形态。用现在的认识来表达，互联网是一种重新结构社会的力量，它的最大价值是对整个社会要素的解构、激活和重组——通过对于个人的激活，在社会要素从以机构为主体到以个人为主体的裂变的状态下连接和再连接，形成互联网形态下的新的社会现实、市场现实和产业现实。过去我们整个社会是机构化运行的，我们整个社会构造是以机构为基本主体和单位运行的。我小的时候，社会上所有人的生活基本上都是依赖机构和单位的——我们的生老病死——除了火葬场单位没有之外，其他所有的一切都是由单位提供和决定的。游离于单位之外的人是没有意义的，甚至是负价值，是社会闲散人员，是被治安处罚所惩治的人。换言之，一个人的思想和行为必须跟单位联系在一起，你只有成为单位一员，你才是有价值的。而互联网最大的一个改变就是整体上对社会的重组进行了一种深刻革命性的改变，我把它叫做"核裂变"——社会从过去的单位级别的分子级构造裂变成个人级别的原子级构造。显然，在以个人为基本单位基本主体构造出来的崭新社会，这其中释放出来的自由度是多么的巨大，其社会要素之间连接与组合的样式是多么的丰富，这就是互联网给我们带来的最为重要的改变。

　　今天所看到的互联网对社会的改变，产业基础，都是来自于这种激活之后、这样裂变之后所带来的新的自由度基础上的重新组合、重新连接所产生的新的生产方式，新的价值方式，新的权利构造方式。这里讲的新的权利构造方式其实就是所谓互联网对于个人的赋能和赋权：传统社会的赋权方式主要有两种，一种是组织性、行政性的赋权方式，还有一种是市场型的资本赋权方式。而互联网是通过连接和重新连接来创造价值和改造世界的，这种创造和改变实质上就是透过互联网对于其网结上的关系资源的发现、激活、整合与再造。于是就构成了一种新的社会权力的形成方式，造就了一种新的足以跟传统社会权力进行博弈的新的权力构造方式。所谓"赋能"，就是过去我们不能，借助于互联网我们"能"了。比如说过去我们想把一个意思广而告之全世界的话，只能通过传统媒体的层层把关和加工剪裁才能够做到。但今天只要你上传到网络上，就有可能引发一个规模巨大的传播——只要我说的东西还能打动很多人，得到他们的情感共振和关系认同，就能在层层转发当中达到核裂变式的传播效应，其所覆盖的范围和造成的影响力有时候可能比人民日报、新华社、中央电视台等超大型媒体的覆盖范围还要大，这就是互联网对我的"赋能"，让我过去做不到的事情现在能做到了。

二、"发展的中断"或"破坏式创新"是源于"以物为本"向"以人为本"社会发展逻辑的深刻转型

当互联网将个人激活并置于社会发展的崭新地位的时候，我们的社会运作模式便也相应地发生了深刻的改变。面对这种改变，无论是社会的经济运行，还是社会的权力治理，其实都是非常不适应的。企业界现在的一个最为热门的话题就是，为什么有那么多"百年老店"，一夜之间便轰然坍塌，死得不知所谓？比如说诺基亚、柯达等跨国大企业。这种被称之为"发展的中断"或者叫"破坏式创新"的东西因何而起？深藏的机理是什么呢？

如果按照我们原有的经济或社会发展逻辑去理解，这种跨越式、破坏式的创新发展的确让很多人觉得无所依循。其实是有所依循的，只是我们或者不愿意，或者没意识到，现实所呈现出来的这种破坏式创新所折射的是人类社会基础价值观或价值逻辑的重大转型。我认为，历朝历代、无论哪个社会发展阶段所要解决的一个基本问题就是物质短缺问题，这一直是人类面临的梦魇般的、无法摆脱的东西。所以，无论是什么社会，它的社会组织最重要的目标或者说第一位目标就是要解决物质短缺，用增加物质财富这个"物"的增长为"本"来改善人们缺吃少穿的状况。一直到上世纪五六十年代的时候，整个工业文明的发展，现代化的进步，使整个人类社会已经能够从总体上解决人们的吃饱穿暖的问题。这是一个重大的历史性改变。再继续向前走，继续以增加物质财富的"以物为本"的逻辑组织社会生产和社会生活，能够使人们得到更多的幸福、更多的满足吗？20世纪六七十年代，从法国到美国到英国，都是一片乱象，工人罢工、

学生罢课，各种各样的亚文化现象出现，甚至邪教组织也活跃起来，其实质是人们对于这种按照原有的社会逻辑向前走的一种不满。很显然，当人们的生存需求、安全需求得到相当的满足之后，人们更高层次上的需求——交往的需求、受到尊重的需求以及个人价值实现的需求便泉涌出来。这种"以人为本"超出了传统社会那种以物质满足为本的社会运作逻辑，所以人们便有了发展当中诸多的挫败感。因此，社会发展的基础逻辑必须做出重大的调整。所以到了六七十年代，西方学者做了很多这方面的反思和探讨，逐渐在 70 年代开始所谓的社会主观指标运动，讲的就是社会发展的目标，评价的依据，逐渐要从过去以物为本开始转移到以人为本的发展方向。用我们的话来说就是，看一个政策、一项制度好不好的最高标准就是看人民群众满意不满意、欢迎不欢迎、喜欢不喜欢、拥护不拥护。也就是说，从对人的发展对人的需要的满足的角度去判断，从对人的社会实践的自由度是否得到扩张的角度去评价，一个技术、一个产品、一个政策、一个社会的发展逻辑到底怎么跟这种"民意"与"民心"对标，这是一个重大的转型。从这个角度去分析，你就会知道，比如诺基亚，为什么这样一个大企业突然死亡。诺基亚的老板在签署跟微软股权兼并协议的时候仍然被自己狭隘的逻辑"蒙在鼓里"。她很无辜也很无奈地说：好像我们也没有做错什么，为什么会是这个结果。这使她感到委屈和无法理解。其实，如果不是局限于自己的产品逻辑和技术逻辑的话，如果从人的价值逻辑的角度看，这有什么不解的呢？你是按照自己技术逻辑、产品逻辑往前走，但是整个社会已经由苹果创造出一种新的智能手机的价值模式，它更好地满足了人们与世界之间连接和通讯的需要，扩大了人们借助于它所实现的社会实践的自由度，以及对这个世界的掌控力，自然就在更高的层次上"延伸了人的需要"，诺基亚这种专守语音通话功能的手机风光不再是再自然不过的事情了。

概言之，今天人们讨论的所谓"破坏式创新"，如果从传统的技术逻辑、产品逻辑去看今天的市场和社会发展的逻辑，的确有所谓"断裂"和跨越之感，但如果以人的逻辑作为一种最根本的价值参照的话，一切都是顺乎逻辑和情理的，哪里有什么中断或断裂呢？这就是这个问题的症结所在。现在互联网互联互通的巨大传导效应,已经把这个逻辑摆在了各行各业包括政治、社会、文化层面,这就使这个问题成为一个全社会的问题,因此很大程度上,比如在解决互联网所带来的传播问题的时候,是否建立"以人为本"的价值逻辑成为一个产品、一种服务、一项政策是否有效、是否成功的关键。

三、媒介融合正确而有效的逻辑起点:必须从当下的渠道融合转型到市场融合、需求融合上来

用上述观点来看当下传播领域的现象,许多似是而非的问题就可以看得很清楚了。比如,花这么多精力和代价所做的媒介融合为什么迄今为止还很不成功,看不到预期的实效? 一个根本问题就在于我们几乎所有的"媒介融合"都是站在生产者(传播者)的角度在卡拉OK,我们把注意力都集中在"渠道"如何上,孜孜不倦地在研究这个电台和那张报纸如何合并,台长和社长如何安排位置,报纸和电台如何建立一个统一的"中央厨房"之类,殊不知,这种融合的起点逻辑就错了,因为真正的媒介融合必须从市场需求融合这一环节的洞察起步,由需求和消费来重构生产和分发,经济学常识在这一领域被忘得干干净净,这样的媒介融合岂有成功之理?

互联网真正导致的是:(1)万物皆为渠道,拥有渠道已经变得不那么重要和关键了。仅仅在有限的传统渠道上"整合"与叠加意义甚小。(2)传统意义上的"传受"之间的主客关系,已经变为"人人都是传播者"的主主关系。任何媒介融合的范式设计如果还是视用户为"待哺的羔羊",不在平等关系的基础上尊重他们的主动性,不能容纳他们的内容及形式的创造,这种类型的"媒介融合"注定不是互联网逻辑下的进步。(3)用户需求层面、消费层面和市场层面的改变及现实才是决定媒介融合的方式与构造的基本出发点。一个人过去看《人民日报》就行了,就能一报在手通晓天下。今天有微信,有微博,又有论坛,各种各样的电子书等等,消费层面已经发生深刻的融合改变的时候,你应该从这个视角出发重新配置资源,去满足这种东西,而不是从自我出发说,你这个台长和那个社长在新的机构里谁当正职,谁当副职之类。我们最多思考的是我们的领导部门、组织

部门。思考完这个问题,其实改革离市场已经很远,跟社会分离已经很远了。你的生产力、传播力、影响力根本没法跟上,所以这种融合走错了地方,因为他不知道今天真正改变的其实是个人已经开始登堂入室,成为社会运作的主体。

进一步讲,今天大媒体的媒介融合应该成为所谓的平台型媒介。作为平台型媒介的主要任务不是作为表达和内容生产的主体,而是作为新一代传播生产力的表达和内容生产平台。互联网时代的新一代传播生产力是指什么呢?毫无疑问,就是个人被激活后所释放出来的 UGC、PGC 以及在此基础上形成的 OGC 的内容生产能力。今天,一个平台型媒体是否符合时代潮流与发展规律,关键就在于能否将这些由互联网作为先进生产力的代表所释放出来的 UGC、PGC 和 OGC 的内容能够成功和有效地纳入生产和消费体系当中去。平台是什么?平台是提供一系列连接、整合、激活和基础条件构建的服务——为所有的内容生产与分销的个人与机构提供一系列的创新与成功的保障性的条件,包括设立运行规则、构建生态平衡、提供基础服务等等。这就是今天媒介型平台建构的基本目标。如果不按这个方向去做,一味地自说自话,按照自己掌控一切的意识去做,真的离互联网的现实相去甚远。我们看到有许多所谓媒介融合的做法实际上是与互联网发展的逻辑渐行渐远。因此,消耗的资源不可谓少,但是实际的效果并不好,值得我们有所反思和警醒。现在不少地方搞一厢情愿式的集团战术,说我们办一万个 APP 没效果那我们就办十万个 APP,但这明显是用有限的资源去投入一个无限的互联网的市场,有用吗?你在一个无限的市场海洋里面,如果办的东西跟人家用户毫无关联,让人索然无味,你办100万个 APP 都是打水漂——甚至连打水漂都不如,连个浪花都没有。

四、互联网发展"下半场"实践操作的关键:预留"边缘创新"的空间与衡量创新的价值标准

面对互联网时代尤其是互联网发展"下半场"的未来应该怎么去做?在我看来两个东西最为重要:一是要为"边缘创新"预留出相应的空间和时间(像邓小平当年所说的"大胆试、不争

论")；二是要确立衡量创新发展的价值准绳——我们面对的现实不是缺少选择，而是选择泛滥。在林林总总、丰富多彩的技术新发展和传播新形态面前有主心骨和定盘星至关重要。

所谓"边缘创新"，是指一个国家、一个社会、一个企业，在自己的主流发展之外留有相当的自组织空间，允许在这些领域做一些非主流的事情，包容一些非主流的想法和做法。但凡主流，其实在现实的社会运行中都与某种既得利益关联在一起，比较容易按照自己的发展惯性和利益格局的中心线走。但是，时代和社会发展的逻辑未必与这种既得利益的逻辑完全一致（刚刚开始的时候往往是一致的，不然既得利益也就无以形成。但接下来的发展则有可能渐行渐远）。因此，一个国家、一个社会或企业必须给自己的可持续发展预留出一个"救赎"的空间，这个空间就是"边缘创新"的空间。

这也是一个历史性的经验。人类文明发展实践证明，一个允许边缘创新的社会就比较容易长盛不衰。比如，有人问，中国封建社会为什么能在全世界特立独行，持续两千多年的寿命？这在全世界是不多的。其中一个重要的原因就是中国封建社会的统治者从汉代开始就十分强调"皇权不下县，县下皆自治"。也就是说，尽管"普天之下莫非王土"，但皇帝的权力再大，他只管到县，再往下就是你的地方自治的空间了，无论是宗族传统，还是村规民约，自己管自己，封建国家对于此类事物是不管的。为什么呢？从管理学的角度看，这既免除了封建国家繁重琐细的管理负担，同时也在其制度设计中为边缘创新预留了相当的空间，使一些有可能改善现实的新东西脱颖而出，实现其创新发展。这是中国封建社会保持活力的主要"秘密"之所在。其实，一个社会一个国家能不能有未来，能不能有一种强劲的发展，就看它边缘创新活跃不活跃。美国之所以能够维持长盛不衰的状态，就是对于边缘创新有很大的宽容度。在中国也有同样的例子，腾讯团队其实过去按照其既有逻辑（QQ才是它的主流和发展的主线），如果它当年不允许主流之外的张小龙团队的"边缘创新"，如果一味地按照QQ的逻辑走，今天的腾讯会是什么样子？正是因为允许边缘创新，所以张小龙这样一个很边缘的团队异军突起，反哺了整个腾讯公司，形成今天常胜的状态。说到底，中国的改革开放就是从运行"边缘创新"开始的：安徽小岗村的农民所要争取的不就是允许其"边缘创新"的权利嘛！中国共产党审时度势，给了中国社会"边缘创新"的条件和实践，中国社会就轰轰烈烈地发展起来了。这是一个历史经验，我们必须牢牢记取。

今天，互联网的发展呈现出一片混沌复杂的格局的时候，当管理者看不清的时候，管理者就应该允许别人在某些"不行"的领域中有所创新，而不是强调整齐划一。概言之，对于互联网的未来，如果管理者没有前瞻三年五年的能力，我们如何用一种决绝和刚性的方式去进行社会管理呢？这是一个大问题。允许边缘创新，是改革开放40年以来最成功的一条经验，也是我们这个社会持续向前发展的主要保障。允许边缘创新，不危及政权稳固，也不危及执政党的地位，为什么不能把这部分放开，非要从头到脚、彻里彻外地管到底呢？

第二，确保未来发展健康可持续的另一个关键是确立判断发展的价值准则。其实就是三条：

第一是看这种创新的传播技术、传播形态以及传播制度，对于人的社会连接的丰富性有没有扩张，对于人和人之间信息的流动性有没有提升。因为中国社会现在面临的最大的问题就是社会的板结化，社会板结化的基础就是信息流动的板结化，意见交换的板结化，这是中国社会未来最大的社会政治风险所在。促进流动性能够在很大程度上解决板结化的问题，这是基础。所以能够促进这种信息流动的一定是个好的产品，好的制度，好的机制构建。

第二点是看这种传播技术、传播形态或传播政策是否能够扩大人的社会行动的自由度。所谓媒介，就是人体的延伸，如果我们能够借助于某些新的传播技术和传播形态看得更远、听的更远，能够促使我们的实践半径更加宽阔和深远，即扩大了人的自由度，那么，这些传播技术的发展和传播形态的创新就是有着巨大发展价值的。

还有第三点，就是看一种传播技术或传播形态能否化繁为简，能够有效提升人在当下混乱复杂的社会里的某种控制感。符合这一要求的传播技术和传播形态即那种能够提升人的主体性的技术形态，就是社会进步和价值准则所倡导的方向。

综上所述，判断未来传播的技术形态和产品形态的价值标准主要就是用以上三个"以人为本"的标准来衡量,符合的就有巨大的发展前景;不符合的,哪怕今天的表象再炫,也不过是短暂的流星划过。

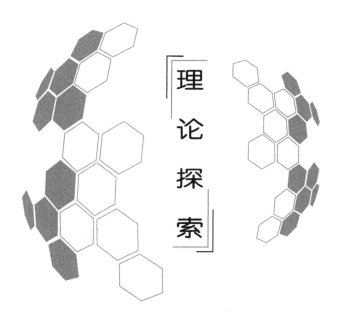

理论探索

我国传媒经济学理论的
本土化建构取向

樊拥军

摘　要　经过我国学界多年的共同努力,传媒经济学研究无论是实践理论总结,还是方法的进展,都已经取得相当的成就,并逐渐树立起学科地位和话语权。然而,相对于成熟发展的其他学科,这个与传媒产业经济密切关联的后起之秀,还有很多需要深入拓展的领域,尤其是面对我国新媒体产业的蓬勃兴起与可持续发展的潜在危机,传统媒体产业生存发展的困境与出路等现实问题。如何立足于本土国情,因应社会时代需求与产业未来长远进步要求,择取正确的学科研究突破取向,以学界同仁集体智慧的合力创新,建树具有中国气派的传媒经济学理论大厦,从而赢得更高学术尊严和国际同行研究的话语权,成为我们学术共同体成员的科研使命所在。

关键词　传媒经济学,本土化建构,取向

随着互联网技术普及与飞速发展,世界范围的媒体产业格局出现重大变化。与此同时,大数据、云计算、人工智能等新兴科技创新接踵而来,市场资源配置基本力量之手作用增强,资本在传媒产业兼并整合领域呼风唤雨。这些都成为当前我国传媒经济研究学者的关注前沿。大家从各自学术兴趣和偏好出发,密切观察现实,踊跃交流观点,积极突破发展,学科理论体系由筚路蓝缕的前行,到初具规模,再渐成洋洋大观。但不可否认的是,我国的传媒经济学本土化学理建构依然处于亟待完善和上升状态期,学界存在诸多认识及作为取向的差强人意,且学科的独立地位尚需巩固,影响业界的导引力度和产生的社会效益有待加强,特别是

作者简介　樊拥军,男,河北大学新闻传播学院副教授,博士。研究方向:传媒经济学、舆论学、新闻传播理论。电子邮箱:chengzhiwuli@163.com。

在国际学术交流上的话语权与国家身份形象并不对称。本文借此而发,汲取学界研究成果,通过宏观总体的反思性探索,对我国传媒经济学理论的本土化建构提出一己之见,以野人献曝之谨慎心态,意图达抛砖引玉之交流目标。

一、重视借鉴传媒经济学它山之石,着力我国本土化理论体系建构

马克思主义在中国经由毛泽东、邓小平等领导同志的本土化发展,产生了符合国情实际的系列政治思想理论体系,有力地指导中国特色的社会主义革命与建设。从中我们得出的宝贵经验是,无论哪门学科和哪家学派都要善于借鉴国外理论成果,采用拿来主义态度,不教条、重应用,理实结合、创新发展,尤其是把握本土化理论建设突破才是硬道理。传媒经济学理论研究的实践性特质,更要求理论研究贴近产业经济实际,立足于本土的国情现状,而非总拿别人的研究框架,他国的范式路径,外来的理论体系,来套用和解读我国传媒经济发展实际。其结果要么是生搬硬套,要么是水土不服。我们在此既不执念于"中体西用"的学术百年大话题,亦非"谁来注解谁"的学术交往大问题,而是仅仅从我国传媒经济理论体系的本土化建构上,需要学界同仁借鉴国外先进理论及研究方式,更要树立学界集体自信底气,摒弃仰视侏儒心理,莫再携洋自重,代之以创新姿态和独立精神,建设富有中国风格和中国气派的传媒经济学学术理论大厦。

事实上,我们这样做的理由也是相当充分:一是理论来源于实践。目前我国新媒体业界发展成就卓著,我们是近水楼台先得月,值得学界充满自信地开展研究,如 BAT 三大巨头产业经济蓬勃发展,今日头条等算法公司快速崛起。我国的大数据、人工智能等产业领域成为世界行业领军者,总体发展态势良好。最关键的是我们拥有全世界最大、最活跃的媒体用户市场,没有任何国家可与我国争锋、相提并论。二是中国社会转型期的诸多矛盾问题亟待破解,传媒产业经济发展与社会改革、政治文明、文化进步等大局息息相关。传媒经济学的根本内涵,并非一些人误解的如何集中精力赚钱,而是如何站在更高的学理使命和职责去经邦济国、经世济人。这需要我们集体开展本土化理论的创新跟进,发

挥相应的指导和服务功效。三是引用他山之玉,盯国际前沿,着力建设我们自己本土化的理论体系,多以我国传媒经营实践案例,介入和解析其现存的问题困境,反思传媒经济学研究取向,并以此为镜鉴建构中国气派的理论体系。这是呼应我国传媒产业发展现状需求,因应社会发展综合需求,也是学科安身立命的内在要求,争取国际同行研究话语权的外在要求。

二、研究重视传媒经济实用主义路线,强调本土化理论视野与前瞻性

通过对传媒经济运行成败总结,汲取教训之失,收获经验之得,拓展成功之道,为产业健康持续发展供给智慧支持等方面,我国传媒经济学者这些年的理论建设功用颇多,成果不断。他们紧密结合传媒业界实际,关切我国媒介融合政策走向,观照数字化新媒体技术发展,探索产业规模经济和范围经济,研讨上市整合资源和规制管理制度等。比如,喻国明教授与何睿对 2012 年我国传媒经济学研究文献所作的总结:"基于产业经济学的视角的研究尤其是传媒产业在数字化和全媒体时代如何生存和发展是主要侧重点,一方面表明传媒经济研究的应用性,另一方面也表明研究主题的扎堆与集中。并且从现有的研究切入点来看,主要从实践出发,寻求现实化的生存路径,或者参照国外已有做法进行借鉴和比较,学理层面的架构仍十分欠缺。"[1]也就是说,我国的传媒经济学研究实用主义路线明显,但这正是本学科身份使命使然,不必妄自菲薄,仍需继续秉持。正如当年有人指责实用主义庸俗,倡导者之一的威廉·詹姆士回应道:"实用主义使我们所有的理论都变活了,使他们柔和起来并使每一种理论起作用。它在本质上没有什么新的东西,和许多古代的哲学倾向是协调的。比如在注重特殊事实方面,实用主义和唯名主义是一致的;在着重实践方面,它和功利主义是一致的;在鄙弃一切字面的解决,无用的问题和形而上学抽象方面,它与实证主义是一致的。"[2]

基于农耕文明基础的中国,是实用主义文化传统浓厚的国度。传媒经济学研究是否有实用价值而非设置抽象意义的演绎,是否对媒体经营管理者有提醒和辅助决断作用,是否对从业人员活动有直接指导和服务价值,决定着学科理论的社会影响地位和

研究效益。固守于传统媒体时代的专业理想主义氛围，用精英化心态困窘在学术象牙塔自怜自爱，会在残酷的市场和用户选择中被不屑一顾，显然发挥不了应有的研究效益，所以并不可取。不过，也要注意一些不良倾向：在新媒体大举开疆拓土的语境下，面对传统媒体生存进化的显性危机，互联网新媒体可持续发展的潜在危机，有些研究者陷入急功近利的泥淖，处心积虑献计献策于如何将新闻信息服务变现，以抓住用户眼球，掏出他们口袋铜板至上，这种沉浸于实际的偏颇自然同样不可取。值得称道的是，我国的传媒经济学研究主流一是没有脱身现实，充满着本土化的学术理论关切。这些年绝大部分学人立足国情实际和传媒产业经济实况，研究面向现实的作品与成果主导着整体方向；二是能够保持一定的学术超然，用第三者视角和相对独立的眼光去剖析传媒产业的实际困境与前行路径。当前，仍需学界同仁重视关注和力行作为之处是：面向世界传媒市场，着眼我国传媒产业长远发展，思考和指出其经世济人的进一步作为方向，强化前瞻性视野的启发性和理论预判的引领性，承担学科理论建构指导产业经济提升的责任使命，以及促进传媒先进生产力发展和改善社会关系的人文情怀等相应研究。

三、强调实证量化研究工具的有效作用，着力本土化研究原理的深度拓展

由于学科本身的杂交特色，传媒经济学研究择传播学理论方法之长，取经济学研究理论方法之优，无疑使自身如虎添翼，有助于增强学理观点的说服性，拓展相应研究方法的多样性，最终脱颖而出，后来居上。但采用经济学的量化工具与其他实证方法时，需要警惕其存在的缺陷与误区，如从中得出的结论呈现草率性与浅薄性，一些统计手段及变量分析结果不确定性，包括不同人解读同一数据结果的大相径庭等，都在学界有目共睹并引发质疑。对此，经济学有识之士也多次撰文予以告诫。中国社会科学院数量经济与技术经济研究所研究员、博士生导师李军在《"走偏"的经济学——经济学发展须回归学科本质要求》一文中指出：研究经济的方法与工具越来越多，研究经济的手段与技术不断出新，但是能够告诉人们道理的经济原理却没有取得明显进展。在

经济分析中,研究者通常注重的是经济变量间表面的数量关系,却淡化了对变量间内在基本逻辑关系的探究。重方法、轻原理,重计量、轻逻辑,这种局面反映出经济学发展已经出现了严重的问题。[3]

研究传媒经济学历史的学者认为,早在晚清民国时期,传媒经济学已经在我国初具学科规模,但不得不承认直到目前它在我国还是一门新兴学科,所以择取实证量化研究路径,引进相关高效实证量化方法,着实需要,非常必要,但研究工具性选用和支持手段不能重蹈经济学科的覆辙,要引以为鉴,把握好度,掌握好质。唯量化研究是举,靠假设模型装点门面,缺失学理的深度和厚度,诸如此类应尽力避免;特别是当研究者没有丰富的大数据支持和科学的分析方式佐证,尽量不要拿量化研究的玄化形式,以偏概全的量化成果结论误导他人,贻笑大方。学理层面的研究我们拥有相对优势,且许多本土化的研究思路与方式相对成熟,然而其中也存在依据不足、主观臆断与理论匆匆总结现象,最大遗憾是可靠有效的实证方法应用还少。喻国明教授与何睿对2013年的传媒经济文献研究后得出,现实导向为主的我国传媒经济学科"研究内容多是停留在对于现象的主观经验判断和阐释,缺乏有学理导向的实证研究"[4]。所以,理论研究与实证研究成果要及时共享,交相辉映,要结合我国传媒业界的大量丰富案例归纳总结,兼容各种科学研究方法并举,达到本土化学理与方法的"落霞与孤鹜齐飞,秋水共长天一色"[5]。而所谓的另辟蹊径,搞些故作高深之论,则算不得学术原理的纵深拓展,亦不应作为我们传媒经济学的本土化理论发展取向。

四、创建我国传媒经济学学术圈,兼容并蓄开放共享发展本土化理论

"与西方传媒经济学术圈相比,中国传媒经济学术圈仍是个年轻的、发展中的学术圈。主要表现在两点:第一,并未形成核心信息源。第二,不仅未形成核心作者群,而且主要作者的被引次数亦较分散。这种现实反映出传媒经济学吸引了不少研究者涉足其中,但大家的研究兴趣分散,在研究范式、研究对象等基本问题上缺乏共识,因此学术圈未能有效聚合起来。"[6]传媒经济学学

术圈的创建,有利于形成强大的智慧资源聚合效应,可以利用集体头脑风暴创新策略效应,聚焦和解决我国本土的传媒经济重大现实问题;传媒经济学学术圈的形成,有助于大家齐心协力构筑合作从事学术发展的氛围。通过设置有效的集体对话交流平台,搭建大家共同合作的基础组织机构,使学术思想得以共享,研究方法取长补短;形成有机活跃的传媒经济学学术圈有利于学界在集体共识达成与恰当规范中,快速建构我国传媒经济学的本土化理论体系,有效集中我国学术共同体的本土化理论创新,合力对外输出具有自己体系特色的知识见解,以赢得和巩固在国内学科的学术地位,争取国际学术领域的话语权和主导权。

综上可见,组建和完善一个积极进取的我国传媒经济学界共同体圈子,其意义是多方面的,整体作用是正向的,对发展我国本土化理论体系至关重要。而要使圈子共同体的研究效益快速高效发挥,除了适时举办智慧碰撞的集体会议等仪式活动,实现多元化、本土化成果的及时共享外,还要以学术圈子共同体成员的集体自我清醒与警觉,彼此保持砥砺前行的上进精神。同时,对业界和国外学界秉持开放姿态,吸收新鲜的实践资讯和学理新见,百花齐放,百家争鸣,共兴共荣,互益共赢,形成学术圈子共同体平台的本土化理论建设最优突进效益。这需要具有合纵连横能力、需要能够整合多元资源的德高望重者主持奔走,需要自由平等兼容并包的学术传统群体主动参与,以及共同开拓创新研究视野的集体合作氛围与规范理念。而在这样的学术圈交往中,必须防范以往学术圈出现的研究主题扎堆、研究内容集中、研究工具单一、研究结论趋同等不利态势,防止圈子内成员之间相互吹捧,迷失自我,摒弃学术圈子研究的茧房效应和封闭心态,也应全力规避那些因为学术观点不同、学术趣味相异、学术派别之分造成的圈子成员的相互倾轧、纷争不已等。

五、结论

早在 2012 年崔保国教授就呼吁道:由于传媒领域的变化发展太快,传媒经济学的理论体系和研究方法面临新的挑战,该学科在未来必须不断扩展,不断规范,真正成为理论体系完整、研究方法科学的成熟学科。[7]经过传媒经济学界多年的集体努力,我们可以毫无愧色地说,中国传媒经济学相关积淀已经具备了扎实基础,吴信讯教授与储靖伦对此做了阶段性的历史梳理和总结。[8]不过和急剧变化的时代需求与我国传媒产业的现实要求比,面向中国本土的理论体系创新建构和因应性发展仍然任重而道远。从宏观的社会变革与全球化交流层面而言,我们更加强调科学的绿色的人文的发展观,追求共享共进的改革观;从传媒产业中观层面看,国内外的产业格局都发生着翻天覆地的变革。而我们如何立足传媒经济学科建设层面,应和国家发展大势、世界前行趋势,尤其站在本土化理论的突破创新角度,对接多姿多彩而又变动不居的传媒经济现象,引入新理论、新视角、新思路和新方法,择取正确的研究取向,纵横开拓,全面探究,造就常青的本土化理论体系之树,需要传媒经济学界前辈同侪面向我国的传媒产业发展问题,树立集体自信自觉和自立自强的精神意识,以千帆并举、百舸争流的集体成员共进,完善和健全中国特色的传媒经济学本土理论体系。

注释

[1] 喻国明、何睿:《大数据时代传媒经济研究框架及工具的演化——2012年我国传媒经济研究文献综述》,《国际新闻界》2013年第1期。

[2] [美]威廉·詹姆士:《实用主义:一些旧思想方法的新名称》,陈羽纶、孙瑞禾译,商务印书馆1979年版,第30页。

[3] 李军:《"走偏"的经济学——经济学发展须回归学科本质要求》,《探索与争鸣》2016年第9期。

[4] 喻国明、何睿:《重压之下中国传媒经济研究的主题:2013年传媒经济研究文献综述》,《国际新闻界》2014年第1期。

[5] 王勃:《滕王阁序》。

[6] 丁汉青:《中国大陆传媒经济学术圈分析》,《国际新闻界》2009年第6期。

[7] 崔保国:《传媒经济学研究的理论范式》,《新闻与传播研究》2012年第4期。

[8] 吴信训、储靖伦:《2004—2016我国传媒经济学的研究进展》,《新闻与写作》2017年第1期;《2004—2016我国传媒经济学的研究进展》(下),《新闻与写作》2017年第2期。

国内经济学领域对
传媒经济问题的研究

——基于经济学 CSSCI 期刊的知识图谱考察

翟旭瑾

摘 要 当前,针对新闻传播学 CSSCI 期刊中传媒经济问题研究的综述论文已有不少,而针对经济学 CSSCI 期刊中涉及新闻传播及传媒相关问题的综述研究尚无。而观照经济学 CSSCI 期刊中对新闻传播及传媒相关问题的研究,有助于全面把握传媒经济学学科的前沿进展和重点问题,从而促进传媒经济学学科的发展。本文基于"经济与管理科学"门类三本顶级 CSSCI 期刊,考察其刊载的涉及新闻传播及传媒相关问题的论文,借助信息可视化软件 Citespace,对中国知网学术期刊数据库中符合检索条件的全部论文(1955—2017 年)进行分析。研究发现,这些论文经济学专业特色显著,偏重经济理论,兼顾宏观、微观经济领域,而且更为青睐互联网、舆论等传媒领域,并且是在关系视阈考察和强调传媒的应用价值,呈现出历史感与现代感并存的特点。

关键词 传媒经济,经济学,CSSCI 期刊,Citespace,知识图谱

作为新闻传播学与经济学的交叉学科,传媒经济学同时涉及新闻传播学、经济学的学科背景,需要依托这两个学科的专业理论。虽然传媒经济学在学科划分方面隶属新闻传播学,但经济学CSSCI 期刊中涉及新闻传播及传媒相关问题的论文,也属于传媒经济学研究范畴,并且带有更多经济学的专业特色,值得隶属新闻传播学学科、关注传媒经济研究问题的学者重视并借鉴,从而更好地跳出学科分工这一"不得已的妥协"所带来的认知局限,加快传媒经济研究的进展。

作者简介 翟旭瑾,女,中国人民大学新闻学院博士生。研究方向:传媒经济与管理。电子邮箱:victoryandhappy@163.com。

当前,针对新闻传播学的 CSSCI 期刊中的传媒经济学论文的综述性研究已有不少,其中,引用率较高的学者有喻国明、宋美杰(2012)[1],喻国明、何睿(2013)[2],喻国明、何睿(2014)[3],喻国明、胡杨涓(2015)[4],喻国明、潘佳宝(2016)[5],吴信训、储靖伦(2016)[6],赵睿、喻国明(2017)[7],吴信训、储靖伦(2017)[8]等,他们对当年度的传媒经济问题研究进行过系统梳理。但针对经济学 CSSCI 期刊中涉及新闻传播及传媒相关问题的综述研究尚无。这在学科谱系上是不完整的。同时,传媒经济学虽然作为交叉学科,却更多地受到新闻传播学学者的关注,鲜有受到经济学学者的关注。来自新闻传播学学科的学者在进行传媒经济问题的研究时,也存在对研究传媒问题的经济学学者的了解和与之进行学科合作的困难。针对经济学 CSSCI 期刊中涉及新闻传播及传媒相关问题的研究进行全面的综述研究,有助于了解传媒经济学在经济学学科谱系中的地位和研究成果,也有助于发现经济学学科中关注传媒问题的学者及其学术团体和经济学中的"无形学院",从而更有效地把握学科发展、加强学者联系,促进更多经济学学者关注传媒问题,全面把握传媒经济的前沿进展和重点问题。

一、期刊筛选

基于上述考虑,笔者在"中国知网"期刊导航中"经济与管理科学"门类下框选"核心期刊"一项,进行期刊检索,并分别用"按综合影响因子排序"、"按复合影响因子排序"和"按被引次数排序"的降序排序,分别筛选出排名前五的期刊,并从中去除偏重管理学研究的期刊。最终确定了《经济研究》、《经济学》和《中国工业经济》这三本偏重经济学研究的期刊。这三本期刊均为 CSSCI 期刊,而且是综合考量后,排名最为靠前的三本经济学 CSSCI 期刊。

笔者不限时间区间,以这三本期刊收录在中国知网的全部论文为研究范围,并分别以与传媒相关的一些关键词为"主题",对这三本期刊的全部论文进行检索。在选择"主题词"时,笔者以新闻传播领域主要研究对象的名称作为主题词,并结合前期对这三本期刊在内的经济学期刊的了解,同时将专业名词使用的差异和经济学期刊关注问题的偏好等都考虑在内。最终,确定了以下 26 个主题词:"新闻"、"传播"、"编辑"、"出版"、"信息网络"、"广告"、"公共关系"、"摄影"、"传媒"、"媒体"、"媒介"、"音频"、"视频"、"报纸"("报业")、"期刊"("杂志")、"广播"、"电视"、"电影"、"影视"、"互联网"、"社交媒体"、"新媒体"、"舆论"、"文化产业"。笔者希望从中分析出中国经济学顶级 CSSCI 期刊对传媒经济问题的研究状况。

二、期刊发文情况

笔者从检索结果中去除重复论文和通知、评奖、征文、招聘启事等普通文章,最终,这三本期刊共刊载 453 篇符合条件的相关论文。其中,《经济研究》期刊共刊载了 303 篇相关论文,《经济学》共刊载了 20 篇相关论文,《中国工业经济》共刊载了 130 篇相关论文。数据检索时间为 2017 年 8 月 1 日。

符合检索条件的论文,其发表时间跨度为 1955—2017 年,时间较长。其中,刊载时间最早的是刊载于《经济研究》1955 年第 1 期的 4 篇论文:《关于我国过渡时期基本经济法则问题》、《关于经济法则的几个问题的答复》、《目前争论的主要分歧在那里》(原文题目即为"那里")、《苏联经济学界关于部门经济学对象问题的讨论》。[9] 此后,除 1967—1977 年以外,每年都刊载了一定数量的相关论文,刊载数量总体呈现出走高的趋势,年度之间存在波动,尤以 2014 年刊载数量最多,占总量的 5.3%。

表 1　历年发表相关论文数

年份	1955	1956	1957	1958	1959	1960	1961	1962	1963
数量	8	6	4	13	4	2	5	8	2
年份	1964	1965	1966	1967	1968	1969	1970	1971	1972
数量	2	5	1	0	0	0	0	0	0
年份	1973	1974	1975	1976	1977	1978	1979	1980	1981
数量	0	0	0	0	0	9	8	7	7
年份	1982	1983	1984	1985	1986	1987	1988	1989	1990
数量	7	16	13	8	14	6	8	15	7

续表

年份	1991	1992	1993	1994	1995	1996	1997	1998	1999
数量	12	4	12	4	7	11	5	2	1
年份	2000	2001	2002	2003	2004	2005	2006	2007	2008
数量	3	5	11	4	7	3	2	4	8
年份	2009	2010	2011	2012	2013	2014	2015	2016	2017
数量	10	5	20	17	23	24	21	18	15

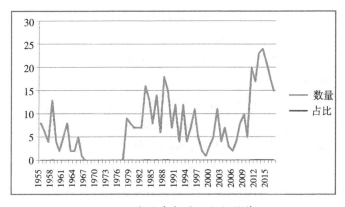

图 1　历年发表相关论文数趋势

三、研究方法与数据处理

本文的研究问题和重点,是考察经济学 CSSCI 期刊中以传媒为研究对象或涉及传媒的论文主要进行了哪些问题、现象的探索。换言之,即考察经济学对于传媒经济问题的研究情况。所以,根据本文的研究问题,笔者基于中国知网学术期刊数据库,采用科学计量学、文献计量学中科学知识图谱的信息可视化软件 Citespace,对上述被筛选出的论文进行高频度关键词的共词分析,从而展示经济学 CSSCI 期刊中对传媒问题进行研究的热点和现状以及热点之间的关系。

由陈超美博士于 2004 年开发的信息可视化软件 Citespace,是目前进行知识图谱研究较为成熟和普遍使用的技术工具。Citespace 软件可以分析科学中蕴含的潜在知识,并可视化地呈现科学知识的结构、规律和具体分布情况,所得的可视化图形即

"科学知识图谱"。由于被检索出的论文都是分别含有一个或多个主题词的,所以当对这些论文进行共词分析时,在数据分析结果中,就会带有某些共性特点。但这些主题词检索,只是框定了被考察论文的研究范围,从而更有针对性地解决了本文的研究问题,并不涉及论文的具体研究内容。因此,数据分析结果的有效性并不会受到过多所选主题词的限制。

在数据处理时,笔者使用的软件版本为 Citespace5.1.R5 SE。由于被筛选出的论文的时间跨度为 1955—2017 年,所以笔者在设置参数时,也将时间范围设定为 1955—2017 年,并以"一年"为单位确定年限切片(Years per Slice),即每一年为一个时间分区;在项目来源(Term Source)中框选"标题"(Title)、"摘要"(Abstract)、"作者关键词"(Author Keywords)、"附加关键词"(Keywords Plus);在节点类型(Node Types)中框选"关键词"(Keyword),将链接强度(Links Strength)设定为夹角余弦距离(Cosine),将链接范围(Links Scope)设定为 Within Slices,以 Top N 为分析对象筛选标准(Selection Criteria),选择修剪网络(Pruning sliced networks)。在可视化处理时,选择 Cluster View-Static 和 Show Merged Networks。

导入数据并进行可视化(visualize)处理后,得到以下结果。根据 Citespace 的规则,可视化图的颜色呈现由冷色过渡到暖色表示时间依次由远及近。

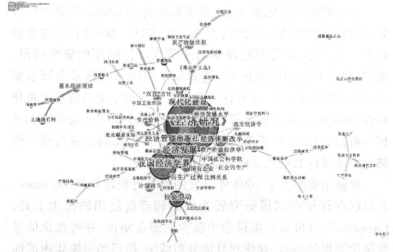

图 2　共词图谱(主体部分)

图 3　共词图谱（游离部分）

四、结论与讨论

剔除无关的词汇，在共词图谱中，共现次数（count）和中心度（centrality）排名最为靠前的关键词为"《经济研究》"、"经济发展"、"我国经济学界"、"经济管理出版社"、"现代化建设"、"社会劳动"、"经济体制改革"、"再生产过程"、"互联网"等。上述关键词主要可以分为专业名词、机构名称这两个类别，由于篇幅的限制和研究问题的限定，笔者暂不对机构名称进行探讨。

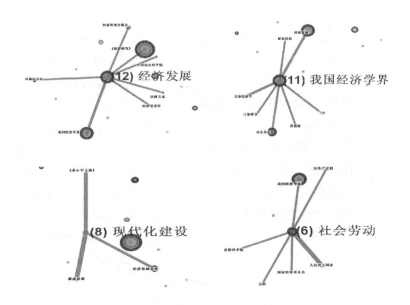

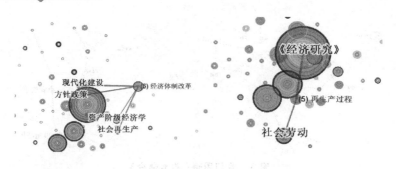

图 4　单个关键词共词图谱

表 2　关键词中心度、初现时间、共现峰值时间一览表

关键词	经济发展	我国经济学界	现代化建设	社会劳动	经济体制改革	再生产过程	互联网
中心度	0.31	0.33	0.07	0.21	0.14	0.06	0
初现时间	1983	1979	1979	1957	1983	1962	2002
共现峰值时间	1983/84/88/09/11/12	1984	1983	1957/58/86	1989	1962	2002

　　这些专业名词从时间维度来看,共现次数(count)较多的,初现时间也相对较早,排名前十位的关键词中,最晚初现的是"互联网"(2002 年);但初现时间并不是决定共现次数(count)的首要因素,排名前十位的关键词并非按时间顺序排列。同时,关键词的共现次数(count)和中心度(centrality)也呈现出较强的趋同性。共现次数(count)和中心度(centrality)较高的关键词,在时间维度上普遍具有延续性,多是从初现之后持续出现,一直受到较多关注。但其中也有例外,"现代化建设"在共词图谱中,只有冷色段(绿色为主)圆圈,不同于其他被提到次数较多的名词,可见其只在特定时期出现。虽然该词被提到次数较多,但在随后并未受到过多关注。具体描述,"经济发展"、"我国经济学界"、"现代化建设"、"社会劳动"、"经济体制改革"、"再生产过程"、"互联网"这几个关键词各自的共词图谱共现次数(count)通过图 4 呈现,中心度(centrality)数值、初现时间和

共现峰值的时间(The History of Appearance)通过表 2 可以得到清晰呈现。

对比新闻传播学期刊的论文,上述"经济与管理科学"门类的期刊刊载的涉及新闻传播及传媒相关问题相关论文,在具体研究思路、研究问题等方面具有以下特点。

(一)经济学专业特色显著

如前所述,笔者进行期刊筛选时,选择了《经济研究》、《经济学》和《中国工业经济》这三本偏重经济学研究的期刊。从数据处理结果来看,也充分展现了经济学的特色。如前所述,排名最为靠前的关键词,除"互联网"以外,均为经济学领域学界、业界的常用词汇。在共词图谱中,经济领域中的宏观、微观名词频频出现,诸如"经济发展"、"中国经济学界"、"经济体制改革"、"基本经济规律"、"经济发展水平"、"国有企业"、"土地所有制"、"理论联系实际"、"中国工业经济"、"所有制改革"、"经济增长"等名词频频出现且排名靠前。这显示出期刊、学者对宏观、微观经济领域的关注。此外,"社会劳动"、"再生产过程"、"社会再生产"、"比例关系"、"生产价格"、"商品货币关系"、"均衡理论"等具有较强理论性的专业名词,出现频率同样较高,在全部结果中排名较靠前;"西方经济学"、"经济学著作"这两项也出现在列表中。这反映出期刊、学者对经济理论的探索和重视,也概括了这三本期刊关注的主要问题,在一定程度上可看作是经济学学者研究、关注的主要问题。

(二)仅关注"互联网"与舆论等传媒领域且仅在关系视阈考察

在检索结果中,与传媒领域相关的研究,也仅关注少数研究对象。在共词图谱中,与传媒领域相关且出现频率相对较高、排名相对较靠前的名词为"互联网"(5 次)、"社会舆论"(2 次)、"舆论工具"(2 次)、"出版发行"(2 次)、"媒体关注"(2 次)。如前所言,输入"新闻"、"传播"、"编辑"等 26 个主题词对《经济研究》、《经济学》和《中国工业经济》这三本期刊进行检索。这些主题词较为全面地覆盖了新闻传播学科、传媒领域的研究对象。而且,这些主题词也是新闻传播学学术期刊较多关注的议题。然而,即使是在用上述主题词较为全面且有针对性地框定入选论文范围(即数据分析对象)的情况下,关注传媒领域问题的论文仍然只占很小的比例,而且这些论文只关注传媒领域中少数研究对象,如互联网、舆论、出版发行,以及只是笼统提到而非直接进行研究的"媒体关注"。以下为具体分析。

1."互联网"与舆论及其相关领域更受青睐

"互联网"、"社会舆论"("舆论工具")、"出版发行",分别隶属新闻传播学学科偏重研究的互联网、舆论、出版等具体研究领域。这四项的出现频率相对更高、排名相对更靠前,而与传媒领域相关的其他名词相较而言则鲜有受到关注。

从一定程度上说,"互联网"、"社会舆论"("舆论工具")、"出版发行"及其所代表的舆论、出版、互联网等具体研究领域具有较低的学术门槛和较高的学科宽容度,属于多学科关注的跨界学术领域。这是其更受青睐的原因之一。与此同时,互联网、舆论、出版等研究领域又是当下热门研究领域,在业界具有很高的热度,在社会上也拥有较高的关注度,这也是促使学界青睐研究的原因之一。

2. 在关系视阈考察,强调应用价值

除了依靠 Citespace 软件进行数据处理,笔者也对《经济研究》2016 年度的全部论文进行了人工筛选,试图发现更多有价值的结论。笔者发现诸如大数据、互联网、信息元、VR 虚拟现实是较多涉及的研究领域。例如,2016 年第 5 期刊载的《互联网与国际贸易——基于双边双向网址链接数据的经验分析》;第 9 期刊载的《互联网、信息元与屏幕化市场——现代网络经济理论模型和应用》;第 11 期刊载的《国泰君安 VR 虚拟现实开发与实训应用中心》。但所刊载的论文多偏重于当下实践应用,这些新事物本身也并非新闻传播学所独有关注的问题,本身即具有跨学科性和较大的社会价值与影响力,是信息科学、经济学、管理学、新闻传播学等多学科共同关注的交叉研究领域。而对报刊和广播电视等传媒类别或媒体组织的研究,则在 2016 年度的该期刊中空缺。此外,所刊载的论文对大数据、互联网、信息元、VR 虚拟现实等研究,也具有较强的经济学专业特色,并多在关系视阈考察,多关注其应用价值,鲜有关注传媒(媒介、媒体)本身。其中,第 5 期刊载的《媒体关注、报道情绪与政府"三公"预算抑制》是该期刊所刊载论文中为数不多的偏重以传媒本身为研究对象的论文。该论文以中央部门预决算公开中的媒体报道作为变量,研究媒体关注、报道情绪对中央部门"三公"预算编制的影响。但该论文仍具有交叉学科、交叉领域的特色,仍是在关系视阈考察,且存在较强的对应用价值的关注,并不关注其作为传媒本身的特色和内在原理。而对比新闻传播学期刊的论文,也有大量对大数据、互联网、信息元、VR 虚拟现实等的研究,但更多的是从其本身出发,探究其作为媒介的技术原理、经营管理或是在报道、舆论导向方面的功能。

3. 关注度偏低的原因

关于关注度偏低的原因,笔者认为,这主要基于以下原因。

(1)首先,传媒经济学虽作为交叉学科,但在我国官方的学科划分上隶属于新闻传播学,因而自然受到较多新闻传播学学者的关注,新闻传播学学者对于新闻传播及传媒相关问题的研究也更具责任感和学科使命感。而经济学的学者则相对缺乏这种感受,不会对新闻传播及传媒相关问题加以特殊对待。

(2)其次,对传媒作为市场中经营主体特殊性的研究结论,多来自于新闻学、传播学等二级学科学者的研究,经济学的学者并不过多关注这些特殊性,因而,在研究时也不会特意区隔传媒主体和其它经营主体,更不会格外投入精力和研究兴趣在新闻传播及传媒相关问题方面。

(三)历史感与现代感并存

从共词图谱中可以发现,很多论文内容呈现出较强的历史感,带有特定历史时期的表达特色。在当下的热点学术词汇之外,"资产阶级法权"、"计划调节"、"'双百'方针"、"资产阶级经济学"、"修正错误"、"阶级对抗"、"继续革命"在数据结果中频率较高、排名较为靠前,这些名词均带有特定历史时期的表达特色。这些名词出现的时期也分别对应特定历史时期。正如前文提到的,符合检索条件的论文发表时间为1955—2017 年,从这些名词中,也可以感受到语言表达、关注现象等方面的历史变迁。一些名词,已经渐渐退出学术场域,不再被提及,而其所指的许多研究对象和研究问题,也慢慢不再为学者、期刊所关注。

五、结语与研究不足

通过对经济学 CSSCI 期刊中涉及新闻传播及传媒相关问题的研究进行全面的综述研究,笔者了解了传媒经济学在经济学学科谱系中的地位和研究成果,相信本研究将有助于发现经济学学科中关注传媒问题的学者及其学术团体和经济学中的"无形学院",从而更有效地把握学科发展、加强学者联系,促进更多经济学学者关注传媒经济问题,也将有助于学人全面把握传媒经济的学科前沿进展和重点问题。

本文仍然存在一些不足。在主题词中,本文没有一一对大数据、物联网、VR 等新事物进行检索。这主要是考虑到新事物层出不穷且难以穷尽,很多现象级的事物很快就不再受到关注。同时,若仅是检索部分新事物,数据结果难免有失偏颇,故而只选择最为主要和经典的主题词进行检索。

注释

[1] 喻国明、宋美杰:《传媒经济研究的热点、局限与未来期待——2011 年传媒经济研究综述》,《国际新闻界》2012 年第 1 期。

[2] 喻国明、何睿:《大数据时代传媒经济研究框架及工具的演化——2012 年我国传媒经济研究文献综述》,《国际新闻界》2013 年第 1 期。

[3] 喻国明、何睿:《重压之下中国传媒经济研究的主题:2013 年传媒经济研究文献综述》,《国际新闻界》2014 年第 1 期。

[4] 喻国明、胡杨涓:《互联网逻辑下传媒经济研究的探索与困顿——2014 年中国传媒经济研究文献综述》,《国际新闻界》2015 年第 1 期。

[5] 喻国明、潘佳宝:《"互联网+"环境下中国传媒经济的涅槃与重生——2015 年中国传媒经济研究的主题与焦点》,《国际新闻界》2016 年第 1 期。

[6] 吴信训、储靖伦:《2004—2016 我国传媒经济学的研究进展》(上),《新闻与写作》2017 年第 1 期。

[7] 赵睿、喻国明:《技术驱动下传媒经济研究的转向与进路——2016 年中国传媒经济研究的热点、框架与逻辑演进》,《国际新闻界》2017 年第 1 期。

[8] 吴信训、储靖伦:《2004—2016 我国传媒经济学的研究进展》(下),《新闻与写作》2017 年第 2 期。

　[9] 骆耕漠:《关于我国过渡时期基本经济法则问题》,《经济研究》
1955 年第 1 期。王学文:《关于经济法则的几个问题的答复》,《经济研究》
1955 年第 1 期。苏星:《目前争论的主要分歧在那里》,《经济研究》1955
年第 1 期。孙耀君、白铁民:《苏联经济学界关于部门经济学对象问题的讨
论》,《经济研究》1955 年第 1 期。

报业体制平衡木上的负重体操：

——行政力量、市场力量、社会力量的博弈

张瑜烨　李钰琪

摘　要　行政力量、市场力量和社会力量是推动我国报业体制的三驾马车。但在当前媒介融合大趋势下，按照政党行政体制模式布局的我国报业体制存在的主要问题是：行政力量远强于市场力量和社会力量，导致传媒体制失衡；传媒市场力量无序，导致传媒体制方向迷失；社会力量疲软，导致传媒体制前进动力不足。所以，我国报业体制变革必须优化体制中的行政力量，结合中国国情和传媒发展情势，政府在管理报业过程中，不能简单、粗暴地抛弃韦伯提倡的官僚型管理体制，适当的行政力量必须保留，即使在媒介融合时代，也需要政府的行政力量主导网络舆论。要充分借鉴新公共服务理论的先进管理理念，在一定范围内适当放弃行政力量的干预，变行政力量为市场力量和社会力量，或者让行政力量、市场力量和社会力量成为管理、调控传媒的合力。

关键词　报业体制，行政力量，市场力量，社会力量

从传媒体制发展历史变革和现有体制现状看，我国报业体制的建构按照政党报体制模式布局，社会法则和市场逻辑的遵循较为不足，导致体制的运行严重失衡，犹如平衡木上负重的体操，所以，中国报业传媒体制存在诸多弊端。不断地有学者针对存在的问题，提出各种变革主张。主要有三种思路。

一是自上而下：国家推动，依靠行政力量，开展激进式体制制度改革，在短期内取得全国范围内的成果。

作者简介　张瑜烨，男，湖北大学新闻传播学院教授，新闻系主任，博士。研究方向：媒介经营与管理，媒介与社会发展。电子邮箱：yuye8530@sina.com。李钰琪，女，湖北大学新闻传播学院2017级研究生。

二是自下而上：初期表现为以即时盈利为目的的违法行为，国家不直接干涉，通过反复考察，以默许、鼓励、批准等方法，促进新制度产生。

三是供给主导：采取先易后难的战略，改革讲求先立新，再破旧，在旧体制较为薄弱的部位，培育新事物，使之发展。这有利于维护社会稳定。在转型时期供给主导型模式是维护传媒既得利益前提下的妥协模式，在长时间内将出现新旧模式并存的现象。

专家学者提出的改革思路都有充分的理论论证，但无论什么理论观照下的传媒体制改革，理论上的最优、最有效率不等于在现实环境下容易实现。也就是说，报业体制的变革必须寻找一个合理的空间，即在多方利益的博弈中，什么方面的变革、什么程度的变革是可行的。

本文在中国传媒体制变革的价值目标和功能模式指导下，对变革中国报业传媒体制的宏观思路可行性和可接受性进行论证，认为从我国目前渐进改革的思路和对制度的理性选择出发，寻求中国现有报业体制影响力量的平衡性，是一个不可回避的课题，既具有可接受性，也具有可行性，是现实的选择。

一、优化报业体制中行政力量思路之争

在媒介融合发展态势下，面对中国当前报业体制存在的诸多问题，有不少观点认为减少报业体制中的行政力量是解决问题的关键。但这种改革思路在中国现行政治、经济和文化制度观照下是否具有可接受性和可行性，需要认真考察。

（一）公共行政理论的两种模式之分析

1. 从管制型政府到效率型政府

官僚制理论是20世纪初德国著名的社会学家马克斯·韦伯提出的公共行政理论，也称为传统官僚制理论。韦伯认为，追求高效率是官僚制的最大优势。官僚制的特征在于组织的规范化、组织内部的层级化、人事管理的专业化和非人格化等。以官僚制理论为特征的政府称为管制型政府。但传统的官僚制理论也有极大的不足，如政府官僚主义严重、组织僵化、机构臃肿、政府内部职能扩张严重、行政体制封闭、管制严重等。特别是"对

公共领域的过度、过深干预是传统官僚体制的重要弊病之一"[1]。

20世纪80年代左右,戴维·奥斯本和特勒·盖布勒提出新公共管理理论。他们在其合著的《改革政府》书中提出几个核心观点:"掌舵"应成为政府的重要职责;公众应视为政府的"顾客";"企业家政府"应成为政府行政改革的目标(企业管理经验成为政府主要管理方法);把市场力量引入竞争机制以提高公共服务效率。[2]新公共管理理论的优势在于:明确了政府在公共行政管理过程中的职责是管理而不是事事躬亲,是政策的制定者而不是执行者,是"掌舵"人而不是"划桨"人,提升了政府作为管理者的管理能力和效率;改变了政府在管理中"高高在上"的角色,以"顾客意识"服务于社会,把"顾客满意"作为服务目标,理顺了政府和社会之间的关系;让私人部门参与公共部门的竞争,把市场力量运用到竞争中去,打破官僚体制的封闭性。扁平化官僚组织机构,"追求以效率为核心、顾客为导向、绩效为指导的新型公共行政理念"[3]。

2. 从效率型政府到服务型政府

登哈特夫妇在21世纪初提出了新公共服务理论。基本观点为:政府应该服务社会,而不是控制社会,用沟通、协商的方式使社会各方利益一致;政府服务对象是公民,而不是顾客,政府和公民的关系是基于社会共同价值观的对话,不是企业和顾客的纯粹的经济关系;政府应服务公共利益,而不是企业利益,政府的最大任务在于确保公共利益的支配关系。新公共服务理论的最大优势在于:"新公共服务理论将公共服务、民主治理和公民参与置于公共行政的中心位置,使新公共管理理论中难以解决的公共利益、人本主义、公平价值等问题重新成为公共行政的核心内涵,从而为公共行政的理论和实践提供了一种全新的模式选择。"[4]

(二)公共行政理论的两种模式对报业体制的启示

当前我国已进入市场经济发展的快车道,传媒的管理和生产应该实现由政府主控到政府主导,再到政府服务的转变。也就是说政府对传媒的行政管理模式应该由管制型政府到效率型政府,再到服务型政府。

实际上,我国传媒管理和生产体制,很多方面还停留在官僚管制型体制中。在传统媒介组织结构中,有严格的规范组织体系,组织内部的层级化分明,官僚主义严重,组织机构僵化,缺乏灵活性,特别是组织职能部门权力扩张倾向严重。行政力量作为管理的主要手段,过度的干预,某种程度上严重制约了传媒的发展。也就是说,我国当前传媒体制中,行政力量对传媒的干预最为严重。问题是,结合中国传媒的实际情况,行政力量到底要不要,多大程度上的行政力量才能更有利于促进报业管理和生产体制的发展?

首先,作为管理手段的行政力量,无论在管制型政府、效率型政府,还是服务型政府中都是存在的,特别是在传统媒体与新媒体融合发展情势下,行政力量是冲破一些体制阻力和市场阻力的强大力量。同时,我国是一个人口极多的市场大国,市场经济不发达,市场力量失灵严重,传媒市场机制的资源配置能力不强。传媒的市场资源配置需要借助政府行政力量的强力推动,所以,政府还需要承担相应的传媒经济职能。政府对传媒市场的干预为不规范的行政力量的职能扩张提供了现实条件,因此,传媒管理体制中适当的行政力量必须保留。传媒不只是要适应传媒本系统的行政力量,还要依赖市场经济中的各种行政力量。

其次,虽然我国经济进入市场经济快车道,但政治管理体制的发展明显落后于经济发展,报业管理和生产体制同样跟不上传媒业的市场速度。要想解决脱节的问题,行政力量的使用必须适当。传媒系统庞大而又复杂,如果没有强有力的行政力量作保障,只靠市场自我调节或自我净化,这些都难以实现。所以,行政力量作用于传媒的管理体制主要体现在传媒的政治宣传,即传媒的导向性上。党管媒体主要就是党管媒体的导向性,也就是党用行政力量控制传媒的舆论导向,对新闻单位实行统一管理,这一点目前还要大力加强。同时,党管媒体还体现在用行政力量确保公共利益的支配关系,用行政力量去调节官方舆论场(主流传统媒体舆论场)、民间舆论场(互联网新媒体舆论场)和社会舆论场(百姓口口相传舆论场)。"各级政府普遍把网络舆情监测、突发事件应对、公共关系管理,乃至微博使用列入领导干部的必修课。"[5]政府是打通三个舆论场的核心。也就是说,政府要善于运用行政力量去沟通、引导、激发三个舆论场的互流、回流、畅流。"在媒体融合过程中,传统媒体能否坚持弘扬主旋律的格调,而新兴媒体又能否在融合中减少一些多余的放任,其关键在于是否有一个主导性的力量。这个主导性力量就是政府的行政力量。"[6]另外,运用行政力量去确保传媒宣传主要领导人的思想与党的利益一致。总之,行政力量作用于新闻传媒主要体现在对新闻的政治宣传控制、公共利益的支配和选人用人的掌控三方面。

但是,政府行政力量绝不是上帝之手,可以解决中国报业在现实发展中遇到的所有问题。政府在运用行政力量管理传媒过程中,要有"有限政府"的意识,即不是无限地承担所有传媒公共服务,包揽一切超过政府能力范围的责任。在新技术推动下的媒体融合、传媒市场的集团式发展等都有自己的市场逻辑。在传媒的市场主体、传媒的社会组织提供服务方面可以交给市场和社会力量,把政府从"大包大揽的全能型"的传媒垄断者转变为传媒的协调者和合作者。

综上,结合中国国情和传媒发展情势,政府在管理报业过程中,不能简单、粗暴地抛弃韦伯提倡的官僚型管理体制,适当的行政力量必须保留,即使在媒介融合时代,也需要政府的行政力量主导网络舆论。但也要充分借鉴新公共服务理论的先进管理理念,在一定范围内适当放弃行政力量的干预,变行政力量为市场力量和社会力量,或者让行政力量、市场力量和社会力量成为管理、调控传媒的合力。

二、强化报业体制中的市场力量思路之争

传媒所具有的喉舌功能依赖于传媒的政治属性,喉舌功能要求传媒必须坚持党性原则,服从于政府的行政力量。传媒的产业功能依赖于传媒的经济属性,产业功能要求传媒必须追求经济效益最大化,服从于市场力量。行政力量和市场力量取长补短,同时作用于传媒。由于我国传媒的特殊性,传媒对政府的行政力量依赖更强,远远大于市场力量。

(一) 报业体制中行政力量和市场力量的博弈

报业体制中的行政力量分为其外部行政力量和内部行政力量。报业"外部的行政力量主要表现为国家及各级政府经济职能的实施,它是由社会发展当前阶段上组织和管理经济的具体

制度和形式的总和所规定的,它规范着经济活动参与者具体的行为方式和秩序规则"[7]。报业的这种外部行政力量主要以"条块"形式存在。报业的各系统、各部门的力量就是所谓的"条",中央、省市等各级政府的管理职能就是所谓的"块"。在中国,报业的"条""块"往往是分割的,甚至是无序的。报业的"内部的行政力量就是媒体对包括人、财、物和信息在内的各种资源在一定的空间和时间范围内进行有效配置的种种能力和过程的总和"[8]。这种内部的行政力量往往受制于报业的外部行政力量。

报业体制中的市场力量要复杂于行政力量,主要来自于用户市场、广告市场、信息供给市场和竞争者市场等。用户市场主要通过对传媒产品的消费来左右传媒的产品生产;广告市场主要通过报业广告的收入来决定传媒的生存;信息供给市场主要通过向传媒组织提供高质量的信息产品来扩大传媒的影响力;竞争者市场主要通过优胜劣汰的市场机制提升传媒的市场竞争力。这四种力量共同形成市场力量,合力作用于报业的生产与经营。

报业体制中行政力量和市场力量始终处于博弈状态之中。报业行政力量主要追求政治效益最大化,对报业的资源具有高度垄断作用,导致报业的资源缺乏流动性。传媒实力的大小取决于行政力量大小,而不单纯来自于传媒市场的积累。传媒的行政力量意味着强权和服从。传媒市场力量主要追求经济效益的最大化,对传媒的资源具有很强的市场配置作用,结果会带来传媒资源的较强流动性。传媒的市场力量意味着自由和公平,所以二者处于对立的博弈中。但是,现实情况是传媒没有完全的计划,也没有完全的市场,即计划和市场归于统一,也就形成了行政力量和市场力量的对立与统一。

(二)加强报业体制中的市场力量的可行性

随着市场经济的日益成熟,加之互联网传媒的发展给报业媒体带来融合发展的大好机会,传媒的市场力量对传媒的作用越来越强,特别是传媒市场的生死竞争激化了体制活力,市场力量给现今的传媒带来了滚滚财源。融合情势下的传统媒体更加钟情传媒的市场力量,或者敢于放大市场力量,追逐市场力量。所以,加强报业体制中的市场力量有了现实需求。

另一方面,在中国,由于历史原因,报业作为特殊领域长时间被看作行政事业单位,并且在政府行政事业中地位一直很高,如人民日报为副部级,各省级党报为正厅级,这些都导致传媒领域行政权力过强过大。虽然,报业早已进入市场经济体制轨道,报业的一部分公权力逐渐失去,报业的管理者身份发生了根本性改变,但是行政管理者对传媒的恋权心态严重,他们不仅不会轻易交出自己的行政权力,还会伺机寻找传媒市场的漏洞,想法控制传媒的资源。这样,行政力量长期控制传媒的生长和生存,给传媒带来严重压抑。而市场力量在较短时间内能激化传媒的活力,给传媒带来意想不到的收获和清新的空气。鉴于此,加强报业体制中的市场力量有了历史的基础。

市场力量是传统报业与新媒体融合发展的重要力量。在传媒走入融合化发展道路过程中,如果传媒行政力量过强,传媒市场力量必定减弱,传媒竞争性的市场体系就难以建立,市场机制就会失去配置和调节作用。所以,融合后的传媒市场机制要求我们必须加强传媒的市场力量。首先,撤销各级行政机关对传媒行业不正当、不适合、过时的行政干预文件、规章、规制等;其次,斩断传媒行政事业单位与下面传媒企业之间的利益关系;同时,加快完善市场竞争法律政策的制定,积极推进现代传媒企业制度的建立,建立科学完善的传媒市场主体,从而在传统媒体与新媒体融合发展的过程中让市场力量真正发挥作用。

（三）加强报业体制中市场力量的可接受性

加强报业体制的市场力量虽然可行,但是在各方利益的纷争中是否具有可接受性? 市场力量强到什么程度各方利益者才会欣然接受? 政府、传媒是否有一个可接受的空间?

对于政府来说,行政力量是管理的主要手段,也是政府对传媒实行管理的有力武器。现在如果要求政府全部交出其对传媒的行政权力,放弃行政力量,这是不现实的,也是不可接受的。但是我们可以优化政府对传媒的行政干预行为,明确政府行政干预的范围和职能,既让政府可以干预传媒,又让政府的行政权力发挥实际效能,提高实际效能,间接加强了传媒的市场力量。

优化政府对传媒的行政干预行为要用法律途径加强政府对传媒行政权力的控制。因为传媒领域是一个巨大资源市场和巨大影响力市场,政府利用行政权力对传媒寻租现象时有发生。所以,为了避免政府行政权力对传媒领域的滥用,提高政府行政权力的威望和效率,就必须对行政权力实行优化、控制,让政府按照法律的程序依法行政,而不是仅仅依据管理者的喜好。

优化政府对传媒的行政干预行为要建立权力监督体制。政府对传媒有重要人事的控制权、有重大经济财务的审核权和重要事件的决策权,可以说,政府对传媒的行政权力非常大。但是,这些权力的运用若不能在一个健全的监督体制下进行,行政权力就会像脱缰的野马,无法正常发挥其作用。问题的关键是谁来监督这些行政权力,怎样监督才能规范来自报业组织内外的强大行政权力? 报业组织的监督体制实际上并没有建立,甚至可以说是严重缺位。在传媒组织机构中的传媒监察部其实是传媒组织的内部机构,归属传媒党委领导。既然是在行政党委领导下,那又怎能行使监督权呢? 况且公众根本就没有平台参与到监督体制中来。现在,互联网的发展为公众提供了监督的机会,公众也有能力履行自己的监督权。这样,那些想通过行政权力谋取私利的行政行为,就会有所收敛,传媒的行政干预行为就会在某种程度上得到优化。

优化政府对传媒行政干预行为必须清除行政权力的腐败。高效的行政干预必定是廉洁和无私利的。在传媒领域,由于广告市场的特殊性,有些行政权力会被社会利益集团控制,因而,行政权力沦为特殊利益集团的工具;有些行政权力成为地方领导树立"政绩"的手段,领导在媒体的露脸,政绩工程在媒体频繁曝光等都隐藏着政府行政权力的干预。对传媒来说,市场力量是传媒发展的加速器。传媒的市场力量以其巨大的创造力和生命力使传媒资源得到充分利用。市场力量越强,传媒经济收益越大。甚至某种程度上,市场力量决定了传媒发展的命运。现在的传媒不仅是政治的追随者,是社会的参与者、建设者,更是市场经济的贡献者。

三、提升报业体制中的社会力量思路之争

互联网发展为公众提供了一种能迅速表达民意的平台,公众参与公共政策和公共事务讨论的人数、频率、范围令人难以想象,网络舆论迅猛而尖锐。也就是说关于公共事务和政策的决策,互

联网为我们集聚了一股股社会力量。这些社会力量加速了传媒的公共性,同时,这些社会力量反过来又促使报业改变管理体制和生产体制。所以,如何提升报业体制中的社会力量成为媒介融合发展的新课题。

(一)传统报业利用互联网传媒建构公共性

公共性内涵很是复杂,国内外学者对其有很多种解释。较有代表性的是哈贝马斯最早提出的公共性。他在《公共领域的结构转型》中认为:公共性至少包括普遍的公开性、理性批判性和公共利益性三层含义。普遍的公开性主要指公众自由平等参与。理性批判性指"公众在公共领域内针对公共权威和公共事务开展理性辩论,形成批判性的公共舆论,制约国家权力"[9]。公共利益性讨论的是公众的利益而非私人利益。同时他又提出"伪公共性"概念,主要包括不公开的公共事件而失去公共性;非公共事件因媒体的策划、操纵而产生公共性;公共领域的公共事件因参与讨论的公众的过分情绪化、娱乐化、恶搞化而削弱公共性。潘忠党从媒体-社会学层面认为,"传媒作为社会公器服务于公共利益的形成与表达的实践逻辑"[10]。对于公共性存在的场域而言,这种解释指向公众舆论领域。许鑫博士认为传媒的公共性含义应体现在理念、体制和实践三个层面。理念公共性主要指传媒必须提供公众讨论的媒介渠道,对讨论的议题话语不能采取拦截或屏蔽方式,必须向公众公开;体制层面的公共性主要指为传媒实施公共性而提供的法律保障、制度保障和体制保障;实践的公共性主要指传媒在法律、制度和体制保障下实施公共性的过程和结果。理念代表"应然",体制和实践解决"实然"。

目前我国传媒的属性主要集中在政治属性、市场属性和公共属性上。政治属性靠政党保障,市场属性靠生存压力驱动,而公共属性靠传媒人员的专业素养实施。政治属性和市场属性较为强势,公共属性则较为孱弱。

但是,当互联网成为中国普通百姓使用的工具时,互联网就成为中国当下社会公共领域的一个极为重要的构成,具有强大的社会传播力量。"互联网式"的公共领域挑战了行政力量的政治控制,撕裂了传统媒体主宰的信息市场。因为中国传统媒体是建立在政治框架下,所以传统媒体体现的是一种非民主化和非公众化,信息流动是以传递的方式而非传播方式。报业的管理和生产组织迫于政治的行政压力和市场的生存压力,就会对信息的生产和流通采取较严格的控制。这种控制某种程度上成了政府的一种政治隐蔽手段,有时候会侵犯或者威胁公民的公共领域。可以这样说,被控制了的报业媒体严重削弱了公共领域的信息流通。"互联网式"的公共领域一定程度体现了民主化和公众化。它重建了新的公共领域。在互联网时代,传统媒体与新媒体融合发展后,传媒的公共属性被重新建构。其公共性主要体现在参与决策过程、激发民众智能资源和提升民众民主的参与意识等。

(二)提升报业体制中的社会力量可行性

传媒的公共性某种程度就是传媒汇聚、动员社会力量进入公共领域,参与公共事件和公共政策的讨论。在这个"内容为王"的时代,网络新闻媒体已无力为所有用户提供他们所需要的信息产品,最好的途径就是让他们自己生产。这说明网络媒体已开始在传媒的内容生产方面向社会开放。行政力量和市场力量不是零和关系,二者均有不足,需要第三方社会力量协调。社会力量包括民间力量和市民力量,泛指政府之外的所有社团、协会、社会组织、利益集团和公民个人等力量。在互联网和传统媒体融合发展时期,这些社会力量有助于传媒管理与生产体制的优化。提升报业体制中的社会力量可行性主要体现在以下几个方面。

一是政府公共服务和公共产品的社会化的必然选择,是提升报业管理与生产体制中社会力量可行性的市场性保证。吴光芸认为,政府公共服务和公共产品的社会化是指"从公共服务和公共产品完全由政府部门或国有企业提供转变为政府利用社会的力量由社会自治或半社会组织以及私人企业向公众提供公共产品和公共服务"[11]。也就是,政府可以通过组织、利用和管理社会力量的形式,把作为政府专职提供的公共产品(传媒)实行社会化管理和服务。这既可以节省政府的开支,又可以提高行政效率,还可以提高传媒作为公共产品的社会服务品质,解决社会对传媒公共产品的高需求与政府供给不足的矛盾,是政府提升政府能力的必然选择。

二是个人、私人部门、独立机构、社会自治组织和半自治组织等社会力量日益强大,是提升报业管理与生产体制中社会力量可行性的基础性保证。在当今传媒环境下,报业的管理与生产在部分环节可以交给社会力量,但前提条件就是要确定个人、私人部门、独立机构、社会自治组织和半自治组织在传媒宏观、中观和微观方面管理体制和生产体制的权利和责任。公众的公权意识不断提升,传播技术为公众提供了关注公共领域的诸多可能。如在网络新闻评论中,其类型分为三种:网站评论、专家评论和网民的交互性评论。专家评论和网民的交互性评论实际上是由媒体把新闻评论的生产权交给了网民,包括专家和普通网民。但网民在进行新闻评论的过程中必须坚守自己的政治底线,既要有自己评论的自由,也要承担相应的社会责任。相关社会力量日益强大,有能力承担政府交给的管理和生产权力。同时,把原先官方性质的报业协会、记者协会、广告协会等变成地道的民间组织。政府适当放权给传媒民间社会组织,有利于理顺政府、传媒和传媒民间协会的关系。

三是报业多元化运作,包括政府、市场和社会多层面的运作。这既是世界潮流,更是中国传媒未来发展趋势。由于传媒竞争激烈,传媒产业化、市场化加快,市场风险加大,传媒多元化运作可以均衡风险压力,减轻政府的管理资本和生产成本的同时还可以获得多个发展机遇,最大限度动员社会资源进入传媒领域。

四是政治和经济的改革,促使政府对报业的职能管理发生转变,传媒的市场属性也大不相同,为政府对报业的管理和传媒市场的开拓领域留下了较大真空,这些真空地带对社会力量产生了强烈的吸引。如政府对报业管理体制中,实行的是垄断管理,也是一种“微观管理”,即“管得细、管得全、管得长、管得宽”。但在中国传媒市场发育逐渐健全的情况下,社会资本流动、传媒技术创新日益迅速的前提下,政府对报业管理越位、缺位和错位现象严重。特别是新媒体的发展,如新媒体用户对微信视频的使用,对微信息的传播实际上均出现管理真空,一些企业蓝 V,公知大 V、中 V 以及草根微博、客户端等也没有实行有效监管。囿于管理成本、管理效率和管理技术,政府有时也深感管理无力。而第三方社会力量有能力也愿意承担相应的管理责任。同时,政府有时不方便管理的,如广电传媒的收视率是广电传媒自己说了算,报纸传媒的发行量是报纸自己公布数字,电影的票房也是以电影生产方和运营方公布为准,网上点击率和浏览量也是网站公布为主,所以,政府可以委托第三方社会组织参与到传媒的管理过程中来,监管审核这些数字的真实性,向公众负责。

五是提升报业体制中的社会力量,有助于避免国家过分干预传媒,抑制传媒市场,同时还可以均衡传媒市场力量,克服传媒自由主义过分夸大传媒市场作用。也就是说,加大报业的管理与生产体制中的社会力量,可以让传媒在国家、市场和社会支撑的三角层面稳定发展。在我国,由于报业传媒的特殊性,国家对报业实行"大包干式"的管理,政府过多干预报业。传媒市场化后,国家又把报业的诸多方面交给了市场,导致报业传媒市场信息生产和传播的混乱。国家以行政力量为管理依据,市场以竞争力量为效率目的,社会以互助合作为动力功能,提升报业管理与生产体制中的社会力量,构建国家、市场和社会三位一体的管理和生产模式,形成传媒和谐发展态势。

（三）提升报业体制中社会力量的反思

纵观我国报业管理与生产体制改革,首先立足于政治宣传和政策舆论引导的需要,突现传媒的意识形态特色。市场经济体制又要求报业的体制改革必须遵循市场化、企业化、产业化和集团化的发展逻辑。后来,国家提出文化事业和文化产业之分,俗称为"公益性文化事业"和"经营性文化产业",报业的功能分类于政府政治功能、市场经济功能和社会公共功能。未来报业的发展在于政府、市场和公众的利益博弈。政府利益是保障,市场利益是基础,公众利益是核心。政府是强者,公众是弱者,市场是智者。弱者获公平,强者才有希望,智者才有意义。所以,提升报业管理与生产体制中的社会力量值得反思。

反思一:政府在报业体制中的力量最强,社会力量最弱,加强社会力量推进的效率选择是什么？从理论上讲,可以由政府单一推动社会力量参与报业管理与生产体制中来,也可以由政府和社会力量合作推进,或者由政府、市场和社会三者共同推进,但到底哪种方式推进社会力量参与报业管理与生产体制改革更有利于传媒功能的发挥和传媒健康繁荣发展值得我们思考。政府单方面强力推进社会力量参与报业的管理与生产,优点在于执行力强,短时间有效率;但不足在于政府压力大,政治目的明显,难以长时间发挥效益。政府和社会力量合作推进,可以减轻政府的行政压力和管理成本,但对社会力量的选择有门槛和要求,政府和社会力量合作的模式需要验证。政府、市场和社会三者共同推进方式的优点在于能充分调动三者的主观能动性,在社会力量的推进过程中,政府能维系公平,市场能追求效率,社会能提供协调。但三者的实力本身处于不平衡的状态,其职能怎么确定,三者的关系又如何平衡?

目前中国政治体制某种程度上还深深留下了凯恩斯主义的烙印,国家利用强有力的行政力量干预经济和抑制市场。在传媒业方面凯恩斯主义为中国留下了"病灶"。从报业发展战略方面看,政府不顾一切照顾当下的传统媒体,但可能会为将来的发展带来无穷后患;从政府和传媒市场的关系看,政府的行政权力大到无边的境地。

来势汹汹的新媒体,对有政府做靠山且牢牢占据传媒市场的传统媒体带来强烈的冲击。政府对传媒短期的救市虽然有效果,但效果能否长久,值得检验。为了应对互联网的冲击,政府在紧急状态下发布了各种保护性的传媒政策和规章,如牢牢把控传统媒体的进入门槛,对传统媒体的退出机制实施保护,对传统媒体实施信息源保护政策,加强对新媒体的管理和限制,特别是对新媒体的新闻采访权实施限制性政策等。如今这些管理政策还在发挥作用,但从长远眼光看,有些作用可能是消极的。依靠政府的传统媒体,在遇到市场发展困难时,如互联网冲击,对政府的救助有依赖,长此以往,传统媒体失去了自救的积极性和创造性。所以,政府的强势必定导致传媒市场的疲软,导致媒体自身的惰性,导致社会力量参与的空间变小。

反思二:对传媒产业经济学体系的反思。中国当前传媒经济体系主要看重传媒的管理和生产本位,看轻传媒的消费本位,而报业的融合化加重了消费本位。宏观经济学认为,消费、投资、出口是拉动经济发展的三驾马车。同样,生产、消费和传播是带动传媒产业发展的三驾马车。传媒的发展现状是,互联网的发展为传媒的传播带来了良好的出口和机会;在传媒经济理论中,非常强调传媒资源的市场配置,目的是为了生产更多的传媒产品,也就是说报业的生产是核心,报业传媒的消费成为次要。一旦传媒信息产品的消费成为手段而非目的,信息的消费就必须被动适应传媒的生产。在这种情况下,国家宏观层面的传媒管理主要有利于传媒的生产,即传媒生产主导性管理,传媒的生产成为主要矛盾。但是,随着传媒生产力的提高,传媒信息产品的生产出现过剩,信息消费者有较大的自主选择权。传媒信息市场进入买方市场,信息产品的消费多样化,信息消费成为主要矛盾,信息消费问题不解决,传媒生产就无法实现。所以,传媒的宏观管理必须重视传媒的消费,即重视传媒消费主导性管理。传媒的发展应该建立以信息消费为主导的理论体系,而非是以生产为主导的理论体系。在传媒消费主导性管理体系下,报业生产必须依据传媒消费的需求和变化、依据传媒消费者的意愿和购买力调节传媒的生产。同时,在互联网时代,信息消费的个性化明显,带来消费需求结构的巨大变化。新的传媒生产技术,能够满足传媒个性化消费需求,最终导致传媒信息产品生产速度快、周期短的状态。在传媒消费主导性管理体系下,传媒信息的消费不仅仅是满足消费者对信息的基本需求,还表现在越来越多的信息用户正在通过信息消费向社会表达和传递各种利益诉求,而不仅仅是娱乐感官消费。所以,当前的报业管理和生产体制改革必须思考把信息的消费作为改革方向,坚持信息消费主导战略。因为社会力量是信息消费的最大力量,只有重视了报业的社会力量,报业传媒的信息消费才能倒逼报业传媒的管理和生产变革。

反思三:中国传统报业体制改革到底是"官本位",还是"民本位"?"中国报业体制改革目前存在的最大问题,就是我们在报业的物质和制度的层面实行了变革,但观念的变化却没有同步跟上。"[12]目前,我国报业传媒集团体制延续的是典型的"官本位"思想,传媒体制性安排的最大特点在于科层制度,最大弊端也在于科层级别的过分强调。报业传媒的高层领导都是各级组织部任命,都有很高的行政级别,享受相应的级别待遇。传媒干部牢牢掌控在党组织手中,传媒组织内部的各级干部把新闻传媒的价值实现寄托在升官仕途上。传媒组织的领导意志,官僚主义作风成了决定新闻价值取向的主要标准,新闻规律让位于科层权力和长官意志。"'官本位'哲学对报业体制改革的最大伤害是创新精神的泯灭,而报业体制改革是一场制度创新运动。"[13]创新是新闻生产的基本策略,同时制度创新主要来自于观念的创新。但是"官本位"思想主要靠行政力量推动制度和体制的建立,用制度的建立解决观念的问题,走向了逻辑的反面,制度和体制就是清朝人脑袋上长长的辫子,辫子虽然割掉,脑袋却还是那个脑袋,腐朽观念依旧不变。

传媒产业中的"民本位"是指传媒的管理和生产建立在满足老百姓知情权的基础之上,以老百姓的利益为重,利用社会力量集合社会资源,搭建老百姓利益诉求和服务平台。现在传统媒体和互联网融合初见成效,其内容已基本形成共享,报业的融合化之路提升了"民本位"地位。据《第 36 次中国互联网络发展状况统计报告》(2015,7),截至 2015 年 6 月,我国网民达 6.68 亿,手机网民达 5.94 亿,我国网民以 10—39 岁年龄段为主要群体,比例达到 78.4%,大专及以下学历人群为 77.2%,月收入在 2000—5000 元人群为 43.4%。网络新闻用户为 5.55 亿,仅次于即时通讯。也就是说,我国有庞大的人群在网上,他们绝大部分都是年轻人,受教育程度不高,收入一般,在网上主要浏览新闻。网络新闻主要呈现新闻入口多样化、内容推荐精准化的特点。社会舆论场的形成呈现网络化和大众化,或者说网络媒体催生传媒成为大众社会最庞大的信息俱乐部和舆论场,成为社会大众活动的主要场所。那么作为传统媒体的管理者和生产者,在说话环境和活动环境发生变化的当下,如何真正聚合社会力量,配置资源,开始融合新闻的管理和生产? 这首先要研究这个巨大的社会活动人群的特质。

2014 年,人民论坛问卷调查中心在《当前社会病态调查分析报告》调查中得知:"信仰缺失"、"看客心态"、"社会焦虑症"、"习惯性怀疑"、"炫富心态"、"审丑心理"、"娱乐至死"、"暴戾狂躁症"、"网络依赖症"、"自虐心态"位列当今十大社会病态。而这些社会之病如果全部依赖专业的网络媒体和传统媒体的教化非常难。但是,传统媒体和互联网的融合要求新闻的生产应该有实质性创新。依据调查得知湖北日报等大部分报业已在集团实现全媒体采编一体化生产,碎片化、可视化、动漫画、视觉化成为新闻生产的主要创新。碎片化的新闻处理方式可以有针对性地吸引微用户,占领微舆论场;可视化、动漫画、视觉化可以把核心价值观等这些严肃的新闻"轻松"传达给用户。也就是说"民本位"式的新闻管理和生产要求新闻的内容链、产品链和传播链一体,讲究信息的服务效率。用互联网思维就是要用网络用户的思维,真正站在用户的角度去体验新闻、消费新闻和用新闻解决民众生活中的矛盾,缓解社会病态。

四、结论

通过研究,本文认为:中国报业传媒体制变革的价值目标是追求效率和效益,体制的功能是形成良好的制度秩序。一个制度若要恰当地完成其职能,就不仅要力求实现效率,而且还须致力于创造效益。具体到中国报业传媒制度变革的构建中,其价值目标是根据我国报业传媒制度系统,赋予传媒业平等市场地位、保障传媒业行为有限自由,以保驾护航传媒业特别是传统报业的生存权和发展权。在上述价值目标的引领下,中国报业传媒体制变革应当致力于实现相应的政治功能、经济功能和社会功能。其中,政治功能就是坚持党管媒体的基本制度;经济功能主要表现为应充分体现社会主义市场经济的精神,使国家、传媒企业和公众在新闻传播领域的地位平等,承认传媒企业及其成员和公众的利益,保护他们对传媒业的进取心,提高传媒资源的利用效益;社会功能即用传媒业推进和谐社会建设,推动社会公共议题,保障公民法律范围内的话语权,保护社会的公共利益等。在媒介融合背景下,中国报业传媒体制变革的过程中,传媒应以政治功能为前提,以经济功能为奠基,以社会功能为保障,三个支点才能支撑报业体制这个平衡木。

传统报业与新媒体融合发展需要的传媒管理体制保障:一是适度与平衡的行政手段和服务手段才能既满足国家层面又能满足市场层面需求,过于强势的行政手段和过于疲软的服务手段应该在强度、深度和广度方面有突破。二是报业传媒与新媒体融合发展兼顾多方利益诉求的宗旨不能变,但由"两个舆论场"演变到"三个舆论场"的局面应该有较大突破,体制变革的稳定度才更高。在管理体制设置上,由党报确保官方舆论场,由宣传部直管;其他市场报、都市报等负责市场舆论场和民间舆论场,成立传媒业国有资产管理委员会,负责国有资产保值与增值,由报业协会组织负责民间舆论场监管。党报实行事业管理体制,政府有政策红利做政治靠山,有财政拨款做经济保障,有党派干部做人才后盾。其它报业全部推入市场,实行企业管理,自负盈亏、自主经营、自由竞争,可生可死。三是党委领导、政府管理的核心不能变,但党政企三者的职能应实质性分开,尤其党委也应该承担相应的领导责任,传媒企事业依法运营的空间和自主能动性应该有大的突破,社会监督体制设置应该依托和利用融合媒体背景实行重点突破。第四,传统报业作为政府舆论扶持的政策红利一时还会发挥极大作用,传统报业作为体制内的渠道价值还会存在,其多年树立的行业威信在与新媒体融合中必将发挥优势作用,在信息传播的路径中依然不可替代。但这对融合后围绕报业的传播力、公信力、影响力和引导力而打造的管理体制和生产体制提出了更高要求。

传统报业和新媒体融合发展的目的是为了更好地发挥传媒在社会上的功能,除了服务政治外,还要履行社会和市场责任。也就是说,传媒要满足官方舆论场、社会舆论场和市场舆论场。所以,未来融合后的报社在内容生产上可以成立三个生产中心,即新闻生产中心、社会生产中心和市场生产中心,分别承担官方舆论场、社会舆论场和市场舆论场。新闻生产中心主要负责党和政府的宣传资讯,资讯以硬资讯为主。社会生产中心主要负责生产老百姓的衣食住行方面的资讯,反映老百姓的利益诉求以及社会发展中的深层次公共议题。市场生产中心主要负责生产与广告相关的市场资讯。这种定制式的分层式的内容生产体制,清晰地划分了读者市场,有较好的传达率。

另外,过去传统报业内容生产主要受编辑部选题制约,新旧媒体融合后,传统媒体可以利用互联网的技术去分析大数据,研习媒介用户对信息的偏好、对资讯使用的习惯,利用互联网软件真实和实时监测社会舆情,找准什么是真正的社会热点、焦点和敏感点,然后利用新闻专业主义去寻找挖掘事件的新闻价值。也就是说,未来传统媒体的新闻内容生产用互联网大数据去解决生产什么的问题将成为内容生产的常态。

同时,融合后的传统报业依然要保持内容生产的强大能力,发挥已有栏目品牌优势、采编人才优势、权威资讯优势、政策红利优势、区域发展优势,让报业的内容生产和经营实现无缝对接。这些将是未来报业需要在管理体制和生产体制方面着重关注的问题。

注释

[1] 朱纪华:《公共行政理论发展与服务型政府构建》,《党政论坛》

2009 年第 7 期。

［2］戴维·奥斯本、特勒·盖布勒:《改革政府》,汤国维等译,上海译文出版社 2006 年版,第 1—11 页。

［3］朱纪华:《公共行政理论发展与服务型政府构建》,《党政论坛》2009 年第 7 期。

［4］朱纪华:《公共行政理论发展与服务型政府构建》,《党政论坛》2009 年第 7 期。

［5］《打通"两个舆论场",化解社会对抗》,2011 年 7 月 11 日,参见人民网 http://view.news.qq.com/a/20110711/000057.htm。

［6］徐云方:《坚持"党管媒体"融合才能踩准鼓点》,2015 年 7 月 13 日,参见张家港文明网, http://www.wenming.cn/wmpl_pd/yczl/201507/t20150713_2725809.shtml。

［7］李岭涛:《行政力量和市场力量在电视媒体品牌经营中的博弈》,《广播电视信息》2003 年第 6 期。

［8］李岭涛:《行政力量和市场力量在电视媒体品牌经营中的博弈》,《广播电视信息》2003 年第 6 期。

［9］许鑫:《传媒公共性:概念的解析与应用》,《国际新闻界》2011 年第 5 期。

［10］潘忠党:《传媒的公共性与中国传媒改革的再起步》,《传播与社会学刊》2008 年第 6 期。

［11］吴光芸:《论构建政府、市场和公民社会三者互动的有效公共服务体系》,《江汉论坛》2005 年第 9 期。

［12］张殿元:《中国报业体制创新》,南方日报出版社 2007 年版,第 173 页。

［13］张殿元:《中国报业体制创新》,南方日报出版社 2007 年版,第 174 页。

大众之后：流动现代性
视域下的受众观

曲 慧

摘 要 "大众"一词已经不能解释移动互联时代受众的特质，如何看待新受众特征是当下媒介研究的基础课题。本文在分析"媒介进化论"与"受众进化论"的基础上，探讨了对媒介进化论立场的反思，对受众进化论"碎片化"和"受众自治"核心问题的质疑。作者认为，在变动不居的媒介环境中，以社会学的"流动的现代性"视角来分析当下受众的媒介消费行为，具有较强的说服力。并进一步总结"流动的受众"在传媒经济框架下媒介消费层面的三大特征：超级个体（主体）、媒体啮合（行为）与衣帽间式共同体（关系），以期为未来的研究提供新的视角。

关键词 受众进化，碎片化，自治，流动的现代性，媒介消费

正如已故媒介研究学者丹尼斯·麦奎尔（Dennis McQuil）所说，在受众研究领域，"大众受众"（mass audience）一词广为人知，然而大众（mass）与受众（audience）并非天然一体，它们原本属于不同的话语范畴，一个是社会学的，一个是传播学的。大众与受众的勾连，一定程度上反映了历史和社会发展的内在逻辑。[1]目前研究界也逐渐认同大众受众时代的逝去，无异质、无差别的"大众"概念已经无法再用来描述当代受众，在个体化极致发展的过程中，甚至任何一个继续将受众看做是整齐划一概念的视角，都是与时代趋势相违背的。

那么，大众时代之后的媒介受众到底应该如何描述？近年来国内学者做了很多概念上的尝试：夏德元将新受众概括为"电子媒介人"，称他们是"手持大把电子媒介、随时发布信息并被

作者简介 曲慧，女，中国人民大学新闻学院 2015 级博士研究生。研究方向：新媒体研究，受众研究。电子邮箱：quhui@ ruc.edu.cn。

众多电子媒介信息所浸没、成为媒介化社会电子网络节点的新人类"[2];何威提出"网众"的概念,用以概括全部网络化用户的集合[3];李沁用"沉浸人"和"泛众"来解释新传播环境中的人,并提出在沉浸传播中,"人是终极媒介,是真正的超媒介,也是未来生物媒介的主体"[4];曹家荣则将定义受众的视角扩展至科技哲学的"后人类"视域之中,将人定义为每一段"人-科技物-世界"关系之中的"混杂主体"[5]。

以上探讨,足见受众层面的变革给整个研究界带来的深刻影响。在传媒经济的框架下,到底应该如何理解媒介消费者(媒介受众),才可以合理解释目前的媒介产业现状,并有效地对产业前景作出预测,这是本文想要探讨的问题。

一、从"媒介进化"到"受众进化"

从印刷术、无线电传输到移动互联网,从报纸、广播到社交媒体,媒介无论从技术到形态无疑都是不断进化的,不断有不同以往的新媒介、新新媒介的诞生来调整概念。美国学者保罗·莱文森(Paul Levinson)认为,按照约定时间进行(media by appointment),是迄今为止一切旧媒介的特征。[6]

在莱文森看来,媒介进化存在一定的规律:媒介使用功能越来越符合人类感官愉悦的要求,媒介外形设计越来越符合人性审美需求;从人性化的角度看,媒介必然沿着人类传播要求的方向进化;从媒介与自然关系的传播效果看,媒介必然朝着不断消弭时空障碍的方向进化。[7]总之,莱文森的媒介进化理论首先肯定了人的理性选择在媒介进化中的作用:"人是积极驾驭媒介的主人……人决定媒介的演化——哪些存活,哪些落到路边,哪些命悬一线,哪些如日中天。"[8]

但莱文森的媒介进化理论也遭到了部分学者质疑,其中一个重要的声音是,莱文森未能动态地看待"人"的变化——莱文森认为技术在初生阶段所带有的弊端将在演化的过程中被淘汰或补救,但他的进化论面临三个问题:谁在进行选择?何以选择?选择的结果如何评估?对这三个问题,莱文森的答案都是"自然-人性",并给出了一幅黑格尔式的理论图景。但他错误地设定了某种前技术的"自然状态"的人性,未能贯彻媒介环境学从生态整体考察媒介的基本立场,没有意识到价值标准也存在范式革命。[9]

莱文森始终强调人的"理性选择"在媒介进化过程中的重要作用。但著名社会学家齐格蒙特·鲍曼(Zygmunt Bauman)却认为现代理性是盲目的、没有方向的。他认为,现代理性的优点是工具的力量,衡量成功的标准是效率、速度以及表现,但弱点是可以运用工具于其上的目标是模糊不清的以及不确定的。……现代理性可以讲一大堆事情应该怎么做,但是什么事情应该做却几乎什么也没说。[10]

因此可以说,媒介进化理论尚未彻底将人的需求的不断变化与人类现代理性方向的缺失纳入考量,而仍旧不断地回到"基本人性"的立场上,是与现实脱节的。

事实证明,在移动互联技术逐渐普及之后,在受众被空前赋权的状态下,受众需求不断地快速演进,媒介行为不断巨变,新一轮探讨受众变迁与进化,是比探讨媒介如何变迁更为根本和迫切的课题。国内也有学者指出,社交化媒体时代的公众,既不沉默,也不孤单;既不理性,也不轻信。因此,其力量也不容易被导向共识。这种社群化的群体传播语境下的受众与霍夫兰时代的受众完全不同。这样的受众,也许我们需要在研究上再次完成受众观的变革,以引领传播理论的革命。[11]

二、受众的"非碎片"与"不自治"

事实上,受众研究在"强大媒体"还是"强大的受众"两个论调上的"两极游走"与"螺旋上升"路线有着并不短的历史。早在 1980 年,学者伊莱休·卡茨(Elihu Katz)就在一篇对传播学研究领域的概述中评论说,美国大众传播研究的历史似乎总在两端——强大的媒体或是强大的受众——之间来回摆动,风潮差不多每过十年就变一变。[12]英国学者索尼娅·利文斯通(Sonia Livingstone)也在 20 世纪 90 年代引述并认同了这个质疑,她提出 90 年代甚至以后的探索是否也在重复这个"摇摆",以及这样的摇摆是否是常态? 事实证明,在大众传播学半个多世纪的历史中,"媒介-受众"这对关系的孰强孰弱此消彼长的研究争论从未停止。

之前两次由一种工具的普及为研究界带来"受众自由"恐慌的,分别是家用电脑和遥控器。如今技术赋权下的受众可以在更多终端上选择更多内容,鼠标比遥控器更为自由地选择开始和结束的时间点,"随时随地"、"随心所欲"的媒介接触成为常态。因此,大部分现有研究正在"受众强权"的话语体系下进行着,认为处于高权力地位的受众正在引发整个媒介产业的变革。

受众行为到底出现了怎样的变革呢? 著名受众研究学者菲利普·南波利(Philip M. Napoli)在其 2011 年的著作《受众进化》(Audience Evolution)中总结目前的受众现状有两个重要的特征:(1)受众媒介接触的碎片化;(2)受众高度自治。[13]

"碎片化"与"自治"也同样成为近年来媒介研究中高频出现的词汇。但这两个词是否足以可以概括现状呢?

（一）碎片化

"碎片化"已经成为社会通用词。"碎片化时间"、"碎片化阅读"、"碎片化学习"、"碎片化认知"……随之而来的是各种"整治"的讨论,企图将"碎片"黏合回"整体"的状态。事实上,就传播领域而言,"碎片化"并不是本质,"可碎片化"的程度越来越高才是核心。

2017 年 7 月,牛津大学路透新闻学研究所数字新闻项目的负责人理查德·富莱切特(Richard Fletcher)与研究总监拉斯穆斯·克莱斯·尼尔森(Rasmus Kleis Nielsen)联合发表在美国权威传播学期刊《传播学刊》(Journal of Communication)上的最新研究结果表明,线上受众的新闻消费与线下相比较,并没有明显碎片化。他们集中研究了 6 个国家的新闻消费者在不同的媒介平台(纸媒、电视和网络)上的新闻消费行为,最终发现,线上和线下的新闻消费行为差异并不大。他们的研究结果并不支持业界人云亦云的"碎片化"倾向,更不能认同对新闻产业基于"碎片化"消费、影响力不再而产生的悲观情绪。[14]

那么,到底是什么产生了碎片化消费的认知和"错觉"?

事实上,大众传播及其后时代的媒介消费体验"逐渐碎片化"的认知过程,是受众逐渐脱离统一媒介时间和媒介空间的过程。

一是摆脱推送(push)时代的媒介时间束缚。在大众媒介阶段,媒介消费的时间基本上由"媒介时间"决定。读者必须等待早上的日报上摊,才能获取"一揽子"信息;杂志读者意犹未尽地放下当期杂志,总要等到下个月才能再翻看新内容;新闻联播的观众必须等到晚上七点钟的片头曲响起,才聚集过来看到今天新闻的影像;而黄金时间的电视剧必须坐等新闻结束才会开始……在这个阶段,媒介消费的感受是大体积的,低频次的,被动式的。

二是摆脱拉取(pull)时代的媒介空间束缚。门户网站时期,媒介消费者在任何一个有设备有网络的电脑前坐下来,就可以接通集纳海量信息的门户网站,从信息列表中自主选择内容,安排消费时间和时长,直接跳过不感兴趣的内容,产生巨大的用户感和随时随地开始的权力感。但这一行为仍然受限于网络有线信号的接入与终端所在的空间。在这个阶段,媒介消费的感受是小体积的、高频次的、主动式的。

三是移动互联网的全面时空解放。移动互联网让"推送"和"拉取"的时空范围扩展至日常的各个时段、生活的各个场所,将消费行为分散到更多可能的利基时间和空间,可延迟、可暂停、可错过。消费者依托不同的客户端,空前自主地安排自己的媒介消费节奏。

所谓感知上的"碎片化",其实是将从前无法接触媒介的时间和空间都激活并利用了起来。穿插于通勤路上的突发新闻获知和社交媒体转发,看起来短暂且跳跃,但在此之前,这几乎是传统媒介无法争取到的时间和空间。

（二）受众自治

第二个关于受众变迁广受认同的重要特征:受众自治(audience autonomy)。南波利在他的书中将受众自治解释为:媒介受众逐渐对何时、何地以及如何消费媒介有了自己的控制权。[15]营销界甚至有研究者将当代媒介环境描述为消费者的"极度控制"(devastatingly in control)。

但其实受众挑选信息的基础是被媒介选择和把关了的内容,受众的所谓自治只是在于按自由时间安排接收、互动和评价,真正的信息选择仍然有非常多的重复部分,甚至仍然来自于主流媒体。很多实证学者都发现,即便在选择度非常高的媒介环境中,仍然有相当多的重复受众(audience duplication),这意味着,在传统的传受流向中,受众仍然在信息的接收端。所谓受众的空前自由,只是在消费信息的方式上,如何接受信息也进一步决定了,将看到什么样的信息。

事实上,数字时代的受众行为难以预测,但是却很好统计。与传统的订阅用户或者有线电视用户调查单纯的人类学统计数据相比,大数据正在不断地描绘每一个 ID 身份的清楚面目和个人喜好,那些成功运用了"大数据+心理侧写(Psychological Profiling)"的公司,正在展示他们巨大的引导效果。

Cambridge Analytica 在它的官网上描述其公司使命:"通过了解个体的动机以及与目标受众互动的方式来实现数据驱动的行为改变。"官网有"政治"和"商业"两个项目入口,显然他们目前最广为人知的案例是帮助英国脱欧公投和帮助特朗普反击当选。Cambridge Analytica 通过大数据加心理学侧写和心理计量学(psychometric)来掌握个体受众的心理,他们收集个体的大数据信息,依照一定的心理学机制为个体的心理状态贴标签,并针对不同心理属性的群体投放不同的社交信息,以达到对目标群体行为的干预。CA 的创始人兼 CEO 亚历山大·尼克斯(Alexander Nix)在 2016 年 Concordia Summit 峰会的演讲中说:大众传媒这种所有人收到无差异化的信息已经是过时的概念,人们再也不会收到他们不关注不关心的信息,只会收到高度定制的信息。[16]

由此可见,在数字化时代,受众数据被掌握的可能性比从前更大,技术上的引导可以轻易决定你的所思所见,所谓的"受众自治"跟大数据+小数据的"共治"相比,不值一提。

三、流动的受众

既然受众并没有碎片化,只是在分配更多的时间给更多从未被开发的兴趣上,也并没有完全自治,技术仍然可以轻易操纵受众的所见所得,那千人一面、面目模糊的大众之后,受众具有怎样的特性呢?

首先,我们需要承认,新媒介时代,"媒介消费者"这个概念本身已经须臾不可与技术相分离了,所有新媒体上的用户都是人与终端的结合体。人类学家 Hanson F. Allen 曾经指出,人与技术相结合的"新主体"既是具体实在也是变动不定的。他将这样的状态称为"能动的流动性"(fluidity of agency)[17]。当下受众研究不得不认清这样的现实:受众在形态上是移动的,在心理上是"流动的"(liquid)。

　　这里所谓流动性,是社会学概念,并非单纯指技术带来的"可移动通信"。"流动性"被认为是现代社会的一个重要特征,近年来"流动性"的丰富而深刻的意义在约翰·厄里(John Urry)、齐格蒙特·鲍曼(Zygmunt Bauman)、乌尔里希·贝克(Ulrich Beck)和曼纽尔·卡斯特(Manuel Castells)等当代著名学者的著作里都得到了详细的阐述。其中鲍曼更是把"流动的现代性"(Liquid Modernity)看做是人类历史上比资本主义和现代性本身的来临更为激进、影响更为深远的一次变革。鲍曼把"时空压缩"定义为"流动的现代性"形成的主要原因[18]。

　　对生活在流动社会中的人,鲍曼有过一个鲜明的描述:"人们害怕被弄得措手不及,害怕赶不上迅速变化的潮流,害怕被抛在了别人后边,害怕没有留意保质期,害怕死抱着已经不再被看好的东西,害怕错过的调转方向的良机而最终走进死胡同。"[19]鲍曼认为这样的心理是当前社会的基本特质。

　　鲍曼指出,当今的现代性是轻快的、流动的、网络状的现代性,而此前的现代性是沉重的、固态的、系统性的现代性。[20]他挑选了解放、个体性、时间/空间、劳动、共同体这五个概念作为探讨流动的现代性的框架性论题。这五个概念可以从"主体-行为-关系"三个维度对当下受众的媒介消费行为作出更为深刻的解释:

　　(一)主体身份上的流动:个体化与解放

　　麦奎尔认为,传统的受众角色将会终止,取而代之的将是下列各种角色中的任何一个:搜寻者(seeker)、咨询者(consultant)、浏览者(browser)、反馈者(respondent)、对话者(interlocutor)、交谈者(conversationalist)。很显然,在大众受众兴起长达一个世纪之后,这样一种变化也许确实堪称革命。[21]

　　将这些角色的本质更扩大化的,在于受众的"永久在线"的链接"解放"。即便是在不断移动中,人们也可以保持联络。MIT的雪莉·特克尔(Sherry Turkle)认为,今天人们已经成了"链接的自我"(the tethered self),意即总是在我的手机上(on my cell)、在线上(online)、在网络上(on the Web)、在即时讯息上(on instant messaging)。[22]更有学者把"永久在线"(Permanently Online)看做是媒介环境的最大变革。[23]

　　永久在线意味着,信息可以无障碍直达用户入口,与此同时,什么样的信息被选择和消费,权力早已移交,信息生产者更像是动用各种技术无限迎合受众的需要,但是真正操作点击、转发按钮的手仍然受个体思维的控制。

受众可以在无限的信息海洋里选择,同时也失去了大众媒介时代的编排之后的"秩序"。受众在"链接一切"的兴奋过后,更多的是在回归理性,在社交账号"关注与屏蔽"的行为里分配注意力;在自媒体的"置顶"功能里调整信息渠道的优先级别;在付费专栏里为更为权威更想了解的内容用直接付费的方式给予更多的支持和依赖……这一切看似个人主动的媒介行为,都可以归纳为受众正在"编辑"自己的信息流,在无限的信息中配置有限的精力,并寻求一定的秩序。正如列维·施特劳斯所说,只有"创造秩序"的人才具有主体性,人通过创造秩序同时创造自己的人性。

事实上,并不存在超越性的"新身份",受众是在不同身份之间自由切换以不断寻找新的主体感。同时,具备多重身份、随时在线的"超级个体",是人与终端的结合,是不断在信息中寻求秩序的媒介消费者。

(二)时间与空间上流动:媒体啮合

移动互联时代受众不仅仅在时间和空间上掌握主动权,更在多屏终端上自由流动和啮合消费。

关于多媒体共生,以及跨屏媒体接触的研究近年来非常丰富(Bjur et al., 2013;Madianou& Miller,2013;André Jansson & Johan Lindell,2015)。边看电视边更新社交媒体这样的类似行为,被称为媒体啮合(media meshing)。

2014年,谷歌公司联合市场调查公司 Ipsos 和 Sterling Brands 对美国媒介消费者的消费行为作出的大规模调查发现,普通民众90%的时间属于跨屏消费。他们可能在社交媒体上发现一部电影,在 iPad 上搜索出来观看了前半部,之后,回到家里在智能电视上看完;可能在通勤路上,用手机购物端收藏好心仪的商品,在恰当的时候再在 PC 端下单;又或者与朋友共同观看一个电视直播节目,同时拿着手机在社交媒体上就节目的细节不断评论和吐槽……

如同鲍曼所总结的,时空压缩是流动的现代性诞生的根本原因。时空压缩体现在媒介消费上,不只是麦克卢汉的地球村,不只是伊尼斯的时空偏向,而是多屏联动的啮合消费所自动选择的时空差距所互相弥补着时空的偏向。这种自主安排时空的能力和行为,正在制造新一个维度上的流动。

因此,一直被媒介产业谈及的"碎片化"和"自治",其根源都是时空的利基化使用。由此而引发的,从垄断时空一次性攫取最大多数受众的注意力,到从利基时空的消费中获得精准注意力的累积,这种价值单位上的巨变,是产业变革的起点。

更有启发意义的是,受众个体的自由所带来的多样性,开辟了除了大众传播之外的媒介经济形式,即小众经济的可能性。受众个体愈是自由,愈是能够依靠新技术的力量来建立属于自己的媒介食谱(diets),受众类型便愈是多样[24]。探索这些有待满足的食谱,并探索以怎样的方式送至对味受众的视野中,是一个更为长远的媒介命题。

(三) 关系上的流动:衣帽间式共同体

"衣帽间式的共同体"(cloakroom community)是鲍曼对流动现代性人群一个特征的概括。在《流动的现代性》中,鲍曼描述了这一共同体的特殊"景象":演出开始前,人们穿着厚厚的外套和皮夹克,经过不同的街道鱼贯而入,将外套脱在大堂,挂在衣帽间。进入表演大厅,他们服从特定的着装规则,整齐划一。表演期间,他们全神贯注,有共同的欢笑、悲伤和沉默,如同有事前的彩排一样,同时发出喝彩、惊叹或抽泣。帷幕降落,他们重回衣帽间,穿上外套和皮夹克,刹那间,消失在街道形形色色的人群中。

所谓"衣帽间式共同体",具备几个典型的特征:因事件而短时间聚集起来、缺乏身份认同、感情投入脆弱。但这个共同体因为观看同一部戏,而短暂拥有共同的喜悦、哀愁、焦虑、愤怒等,是"五分钟的(集体)仇恨与热爱"。鲍曼形容,"许多单独的个体可以紧紧地依靠它来消解他们独自的个人的恐惧","更好地去忍受在嬉闹片刻结束之后他们必须回到的日常工作"。[25]鲍曼认为,这样的共同体绝不是痛苦和不幸的疗救办法,它们反而是流动现代性条件下的社会失序的征兆,甚至有时是这种社会失序的原因。

在互联网上,几乎每一个单位的内容都可以短暂激发一个衣帽间共同体的出现——对某条新闻义愤填膺的网友、对娱乐明星八卦品头论足的观光团、因为某一个电视剧产生共鸣的职业群体、因为对某种娱乐方式品位一致的观众……这些短暂而迅速聚集到一起,爱恨同步又火速退去的群体,是"衣帽间共同体"的网络写照。而身份多元又掌控利基时空的消费者个体,则每天在不同的"衣帽间"之间自由流动,随时进退。

网络社群,无论在研究界还是实践界都是个重要的课题,一直将"持续互动的群体"作为单位进行研究。但社群研究忽略了一个重要现状——任何一个新媒体用户都不止身在一个社群,他们在此之上的多社群的液态游走,是更为典型的消费行为,他们并不想成为某个社群。

"持续联络"的网络社群的确是部分传播的节点和经济形成的基础,但更应看到,那些存在于社群中"永远在线"的个体也可以"永不出现",他们游走在不同的社群中,控制着在不同社群中的角色,进而有效地避免了为任何群体所束缚。社群的建立者通常为线下行为的联络做补充或者做铺垫,但真正引发一次次全民网络狂欢和传播高潮的都生于线上,死于线上,与"衣帽间共同体"的特点更为契合。

四、结论

综上所述,媒介受众不再是一个统一的概念,而是充满了多样性、变动性、不确定性的个体。在受众无限接近个体细分的过程中,行为与社会心理状态、个人心理差异联系紧密。在分析讨论媒介产业变迁和媒介政策之前,对当下受众的状态做分析是非常有必要的。

本文认为,"碎片化"、"受众自治"都不足以解释目前受众的状态,"超级个体"、"啮合消费"、"衣帽间式共同体"三大特质有助于更清楚地认识受众状态——"流动的受众":不断切换多元身份的信息消费者,在不同的终端上以 ID 为核心游走在海量信息中,通过调整信源和社群身份不断消费信息,并逐渐寻求其中的秩序。在这个过程中,享受以事件和情绪为由头引发的,与其他个体随时随地、转瞬即逝的聚集和解散,在消费中不断寻求信息与情绪的满足。而这一切都可以随时随地发生在各种生活必要环节的缝隙里。充分理解这样的受众状态,是拓展传播研究、媒介研究、传媒经济研究的重要基础和前提。

注释

[1]［美］丹尼斯·麦奎尔:《受众分析》,中国人民大学出版社 2017 年版,第 156 页。

[2]夏德元:《数字时代电子媒介人的崛起与出版新视界》,《学术月刊》2009 年第 9 期。

[3]何威:《网众与网众传播——关于一种传播理论新视角的探讨》,《新闻与传播研究》2010 年第 5 期。

[4]李沁:《沉浸传播的形态特征研究》,《现代传播》2013 年第 2 期。

[5]曹家荣:《混杂主体:科技哲学中的"后人类"》,《政治与社会哲学评论》(台湾)2016 年第 6 期。

[6] P.Levinson, *Digital McLuhan: A Guide to the Information Millennium*, London: Routledge,1999,pp.40－41.

[7]陈功:《保罗·莱文森的人性化趋势媒介进化理论》,《湖南科技大学学报》(社会科学版)2016 年第 1 期。

[8]［美］保罗·莱文森:《数字麦克卢汉:信息化新纪元指南》,何道宽译, 社会科学献出版社 2001 年版,第 12 页。

[9]胡翌霖:《技术的"自然选择"——莱文森媒介进化论批评》,《国际新闻界》2013 年第 2 期。

[10]［英］齐格蒙特·鲍曼基、斯·泰斯特:《与鲍曼对话》,杨淑娇译,台北巨流图书公司 2004 年版,第 88 页。

[11]胡翼青:《大众传播受众观的形成与转变——基于电影的媒介观念史研究》,《山西大学学报》(社会科学版)2015 年第 9 期。

[12] S. Livingstone, "The rise and fall of audience research: an old story with a new ending", *Journal of Communication*, vol.43, no.4,1993, pp.5－12.

[13] Philip M. Napoli, *Audience evolution: new technologies and the transformation of media audiences*,New York: Columbia University Press,2011,p77.

[14] Richard Fletcher, Rasmus Kleis Nielsen, "Are News Audiences Increasingly Fragmented? A Cross-National Comparative Analysis of Cross-Platform News Audience Fragmentation and Duplication", *Journal of Communication*, Vol. 67, no.4, 2017, pp.476－499.

[15] Philip M. Napoli, *Audience evolution: new technologies and the transformation of media audiences*,New York: Columbia University Press,2011,p.5.

[16]《Cambridge Analytica 是一家怎样的公司?》,搜狐科技,2017－02－10。来原:hppt://www.sohu.com/a/125908134_116235。

[17] Hanson, F. Allan, "The New Superorganic", *Current Anthropology*, 45(4): pp.467－482.

[18]陶日贵:《鲍曼"流动的现代性"的当代意义》,《 社会科学辑刊》

2007 年第 2 期。

[19][英]齐格蒙特·鲍曼:《流动的生活》,谷蕾、武媛媛译,江苏人民出版社 2012 年版,第 2 页。

[20][英]齐格蒙特·鲍曼:《流动的现代性》,欧阳景根译,上海三联书店 2002 年版, 第 37—38 页。

[21][美]丹尼斯·麦奎尔:《受众分析》,刘燕南等译,中国人民大学出版社 2017 年版,第 160 页。

[22] S. Turkle, "Always-on/Always-on-you: The tethered self", In J. E. Katz (Ed.), *Handbook of communication studies*, Cambridge, MA: The MIT Press, 2008, pp.121 - 137.

[23] Peter Vorderer, Matthias Kohring, "Permanently Online: A Challenge for Media and Communication Research", *International Journal of Communication*, vol. 7, no.1, 2013, pp.188 - 196.

[24][美]丹尼斯·麦奎尔:《受众分析》,刘燕南等译,中国人民大学出版社 2017 年版,第 32 页。

[25][英]齐格蒙特· 鲍曼:《流动的现代性》,欧阳景根译,上海三联书店 2002 年版, 第 309—313 页。

传媒产业结构变迁:媒介集团化与集群化发展探析

杨世宏

摘　要　媒介集团化、集群化的发展路径是媒介产业发展的纵横、内外两个方面。媒介内部发展的集团化到外部发展的集群化,即是从若干个媒介组织或机构组成的媒介集合体,到同一或不同类型的相关产业向一定地区的集中和聚合。媒介相关产业在空间上下游的积聚,是媒介产业发展的必然。媒介产业的规模经济发展以点带面,形成连带圈层共振,多元经济共同发展,这是媒介产业发展的趋势。

关键词　媒介集团化,媒介产业集聚,集群化

一、媒介集团化与媒介产业集聚发展及成因

传播媒介(也可称为传播渠道、信道、传播手段等,是传播内容的载体)指让信息传播的工具,包括电话、网络、期刊、杂志、电视、广播;也是收集、整理、分析信息的机构,有着严密的组织能力以及信息处理能力的机构,如杂志社、出版社、电视台等。影响传播媒介的效率的因素有运用先进科技的水平和组织机构的综合水平(从业人员的综合素质、内部组织的管理水平、组织机构的意识形态及政治倾向),它们影响着大众传播的内容和倾向性。

来自经济学命名的媒介集团是企业的一个特殊形式,是多种小型的企业或公司合作、兼并、收购的结果,是若干个媒介组织或机构组成的媒介集合体,从而成为一个实力较强的巨型企业,它

作者简介　杨世宏,男,南京大学新闻传播学院博士生,安徽大学讲师。研究方向:媒介经济、媒介与政府。电子邮箱:shihyang@163.com。

具有较强的包容性与承受经济危机的能力。狭义的媒介集团是指"新闻集团",如报业产业集团,广电集团等。媒介集团始于西方发达国家,伴随资本扩张和垄断而出现。媒介集团化是一个动态的概念,它是若干个小型的媒体机构联合在一起的过程,与此同时,不能适应时代需求的媒体机构就会被淘汰或被其他媒介集团兼并。媒介集团化可以说是媒介组织的主要存在形式,是媒介发展的必然趋势。

中国在20世纪80年代中期就进行龙头企业的集团化,20世纪90年代末,媒体"产业化"、"集团化"等词汇频频出现。1996年,广州日报社为了提高媒介的核心竞争力,得到中央有关部门批准,作为试点,组建了我国第一个报业集团。媒体的核心竞争力可以通过实施内部创新、外部整合、品牌营销和人才开发等战略来获得。集团化过程中传媒业结构布局的调整涉及我国传媒业的总量控制,各类媒介之间(包括四大传统媒体与诸多新媒体)以及各类媒介之中在产业链构成(原材料、内容、产品、销售渠道)、收入比重等方面的搭配比例,全国各区域(如东部沿海、中部、西部,又如长三角、珠三角)之间媒介分布的差异性等一系列重大的问题。

结构布局的调整(目前我国的传统媒介如报纸、电视、广播仍然是条块分割)可加快传媒资源整合的步伐,发掘优势资源和潜在资源,形成优势互补的资源优化配置效应,为中国传媒业开拓新的发展空间。如此,当前媒介产业集群化(集聚)势不可挡。产业集聚指在一个特定区域中,某一产业生产某种产品的若干个不同类型企业,以及为这些企业配套的上下游企业和相关服务业,高度密集地聚集在一起的现象。经济学一般多用"产业集聚",管理学多用"产业集群",经济地理学多用"产业区"、"新产业区"等概念。

著名经济学家亚当·斯密于1776年从分工协作视角对集聚经济现象有过描述;马歇尔于1890年在《经济学原理》中首次提出产业聚集的概念。其他还有熊彼特的"创新产业集聚论"、胡福的"产业集聚最佳规模论"、波特的"企业竞争优势理论"等与集聚相关的理论。后来学者从外部经济、竞争与合作、产业区位、技术创新与竞争优势等诸多角度探讨产业集聚的成因以及发展机理。不同的研究背景及研究视角赋予产业集聚不同的含义。

　　国内有学者认为集群方式多种多样,可以是单一的,可以是多种媒介的,亦可以是与文化产业的"集群"。这样定义不够严谨,没有地理空间之称,也混淆"集团"与"集群"的差异。迈克尔·波特(Poter)认为,产业集群(industry cluster)指在某一特定领域中(通常以一个主导产业为核心),大量产业联系紧密的企业以及相关支撑机构在空间上集聚,并形成强劲、持续竞争优势的现象。[1]媒介产业集群则是在传媒产业领域中,由众多独立又相互关联的传媒单位以及相关支撑机构,依赖专业化分工和协作关系建立起来的,并在一定区域积聚而成。

　　马歇尔发现,集中在一起的厂商比单个孤立的厂商更有效率(外部经济)。产业集聚可以促进行业在区域内的分工与合作。媒介产业的运行要求媒介产业集聚化是基于如下因素:第一,资源的共享和依赖,这是媒介机构自然集群的主要因素和条件。媒介产业集群化是与区域政治、经济、文化、人口、地理、历史、资源、技术等系统密切关联的,并主要以区域政治、经济、文化的蓬勃发展为前提。在政治、经济、文化发达地区,媒介产业链上、中、下游企业交叉、聚集、扎堆,为典型集群化发展态势。信息资源、受众资源和广告资源的整合保障传媒业的运转。依据媒介产品的双重营销规律,广告资源/市场决定媒介经济组织的生存和发展。如北上广广告资源丰厚,媒介可以大力开拓。第二,产业集群化的集聚效应可降低生产成本,提升竞争优势,这是市场"自利性"的驱动。经济自成系统形成一条龙的体系,在一定的地域范围内,产业的地理集中能产生集聚经济效益。经济杠杆的作用会推动媒介产业发展,共同利用各种基础设施,如交通运输设施、通讯和动力设备、服务设施、公共信息资源、市场网络和某些辅助企业等;产业集群可缩短原料、产品运输距离而节约生产和运输成本;产业集群内部的专业化分工减少用工成本提高生产率,使媒介产业组织内部形成规模经济;集群有利于媒介的竞争,形成优胜劣汰,形成业绩评判标准。

　　可见媒介产业集团化以及媒介产业集群化都是媒介主动或被动顺应经济规律,更加注重其商业性质,追求经济效益的发展路径。

二、媒介融合环境下集团化是媒介产业发展的核心

媒介产业集团化创新媒介经营的运行机制。其中决策机制的创新和组织机制的创新非常关键；强化媒介经营的激励机制，这是媒体发展的动力机制；将利益与风险、权力与责任、激励与约束统一起来完善媒介经营的约束机制。

媒介产业集团化注重品牌经营，逐步提高或巩固既有的品牌在受众中的公信力、影响力、忠诚度和美誉度，从而提升媒体的这些核心竞争力。媒介产业集团化注重传媒品牌的聚合效应、放大效应，提炼出核心价值，准确定位传媒品牌，规划好品牌的识别系统来进行传媒营销，与受众互动沟通，使其理解品牌的核心价值。当然，品牌需要多元延伸，要发展好品牌，使之纵向（品牌收购，可把内容供应延伸到上游的节目制作公司、下游的节目播出频道，如美国新闻集团收购 20 世纪 FOX50% 股份）横向（主品牌向子品牌输出战略，子品牌向主品牌整合战略。如南方报业集团就是子品牌向主品牌整合的一个范例）都得以延伸。

媒介产业集团化注重人力资源的管理以及媒介结构调整，即对整体布局、管理形式以及收入、产品和内容的构成比重等进行必要的调整，以此取得尽可能大的社会效益和经济效益。网络时代，原有的体制机制制约了发展，需要转型。例如，上海两大报业集团（解放日报报业集团和文汇新民联合报业集团）组建的上海报业集团就是整合上海市传媒资源，以规模化见效益，以效益推动规模化发展，成为中国最大的报业集团。上海报业集团不断寻求新媒体运营的突破和跨产业发展的契机，澎湃新闻即是上海报业集团改革后的第一个成果。另外，"上海观察"、"界面"也是融合发展模式探索和创新的成果。新媒体项目"上海观察"和移动互联网产品"澎湃"已经成为意识形态宣传的重要阵地。"界面"的建成基于互联网的商业与金融信息服务的深度互动。

在历经传统媒体时代的"渠道为王"、网络时代的"技术为王"，自媒体时代的"关系为王"的种种"修正"之后，融媒体的发展迎来重提"内容为王"的时代。融媒体是一种运作模式，它把单一媒体的竞争力通过资源通融、宣传互融、利益共融变成多媒体共同的竞争力。人民日报、新华社、光明日报等主流媒体或以"中

央厨房"式全媒体报道平台建设,或以集成报道,或以"融媒体"实践进行"新型主流媒体"转型。"中央厨房"被看作是媒介集团化在媒体融合之路上打出的一面旗帜[2],是在技术路径上,报业数字化、数据化的转型发展[3]。互联网和移动互联网充分发掘传统媒体在专业新闻生产等方面的核心竞争力,在内容、技术、平台、终端、人才和管理等方面融合。

20 年前,宋建武在《报业经济、集团化与媒介产业政策》(此篇拉开媒介产业集团化研究之序幕)一文中提出,我国报业集团化过程中凸显两个主要矛盾:一是报业集团化的基础——现代企业制度与"事业单位,企业化管理"方针的矛盾。如今我国大多数媒体开始与国家财政脱钩,走上了"自收自支、自主经营、自负盈亏"的经营之路。报业集团化经营在经济上意味着报业资本突破单一报社的结构框架,向报业连锁经营和多种媒介联合经营发展,甚至意味着报业资本向其他行业流动。二是报业集团化所要求的资本的较高流动性与现行的媒介行业壁垒的矛盾。在经营上,要求资本在各媒介行业间自由流动。上述问题现在基本得以解决。如今媒介产业集团化可使传媒业的多种经济成分并存:(1) 实行分类分层区别对待的所有制模式,媒介产业可向外融资,国家将对不同性质的媒体和媒体业务领域采取不同的市场准入制度。(2) 逐步开放经营领域作为传媒业投融资的主渠道,实行传媒业投资主体的多元化。(3) 股份制是传媒业多种经济成分并存的主要实现形式。

媒介产业集团化实质是优化重组、优胜劣汰、扩大效益、内部创新的动态过程。

媒介产业集团化发展有着多重掣肘。目前中国媒介产业发展历程呈现如下特点:(1) 政治色彩较浓厚。媒介是党和人民的"耳目喉舌",通过直接或间接的手段影响人民群众的思想行为。新闻传播企业内部的管理机制是党领导下的编辑委员会负责制。(2) 中国对传媒市场的监督是十分严格的,但是较大程度的开发传媒业是市场必然。(3) 创新能力不足。时至今日,我国媒介产业在很多方面是借鉴其他发达国家的优秀经验,创新能力严重不足,而经济全球化使中国媒介产业面临较大压力。[4]曹继东指出,当今融媒体时代,传统报业转型发展的路径依赖问题,实质上是学界和业界对传统报业转型发展问题在理论和实践上的探索惯性造成的。

三、媒介产业集聚是媒介产业发展的必然结果

产业集团化、集群化扩大了生产规模,集团化、集群化与规模经济相互关联。规模经济(Economies of scale)是指通过扩大生产规模而引起经济效益增加的现象。规模经济反映的是生产要素的集中程度同经济效益之间的关系。规模经济的优越性在于:随着产量的增加,长期平均总成本下降。但这并不仅仅意味着生产规模越大越好,因为规模经济追求的是能获取最佳经济效益的生产规模。按照新古典经济学对规模经济的解释,规模经济分为内部规模经济和外部规模经济。

内部规模经济就是随着单个企业生产规模的扩大,采用先进技术和设备、提高生产效率、降低能源和原材料的消耗及各种费用从而引起的产品成本下降和收益增加的情况。以人民日报的中央厨房"融媒体工作室"模式为例,(1)生产内容:优质内容提供给多频分众,满足多元化需求;内容互补,避免与报纸内容同质化。(2)跨界合作,重构新闻生产方式:跨融合,打破人员部门设置;跨媒体(纸媒、广播电视、门户网站、客户端及其它)、跨地域(国内范围跨地域和国际范围跨地域)、跨专业(不同专业人士自由组合、共同策划、协同生产)。

外部规模经济是由于相关联的企业协作而带来的成本下降和收益增加的情况。它通过企业间的优势互补和资源共享,扩大了企业的边界和规模,实现了扩大生产规模才能实现的规模经济效应。[5]媒介产业集聚(集群化)是产品国际竞争要求下的产物。产品竞争力=物理使用价值×市场价值×客户感知价值。企业竞争力=产品竞争力×资产竞争力×过程竞争力。波特提出的国际竞争力的"钻石模型"(也称"菱形模型")里有两个变数和四大决定因素,四个决定性因素是:

生产要素——可分为初级生产要素(天然资源、气候、地理位置、非技术工人、资金等)和高级生产要素(现代通讯、信息、交通等基础设施,受过高等教育的人力资源、研究机构等)。

需求条件——主要是本国市场的需求,包括量和质(需求结构、消费者的行为特点等)两个方面。

企业战略、结构和同业竞争（推进企业走向国际化竞争的动力）。

相关与辅助产业的状况——相关和支持性产业与优势产业是一种休戚与共的关系。

细而言之，相关与辅助产业是创业发展中"产业集群"现象，即一个优势产业不是单独存在的，它一定是同国内相关强势产业一同崛起。产业要形成竞争优势就要有一流供应商（国内外），也要有上下游产业的密切合作关系。另外，有竞争力的本国产业也会带动相关产业的竞争力。如，即使下游产业不在国际上竞争，但是具有国际竞争优势的上游供应商对相关产业集群的影响仍然是积极正面的。企业战略、结构和同业竞争是推进企业走向国际化竞争的动力。

两个变数，一个是政府，能为企业提供竞争所需要的资源，创造产业发展的环境；另一个是机会。两个变数可使四大要素发生变化。

媒介产业的内外部经济各自良性发展才能使媒介产业产生良好的经济效益和社会效益。产业集群联动，可以形成圈层共振效应。丁和根指出，仔细梳理与传媒产业相关联的上下游产业，找出已在国际竞争中有一定优势的产业链条，研究其在国际竞争中与传媒产业进行互动的可能性、途径和方法，由此带动在国际竞争中相对弱势产业的传媒产业，在奠定一定基础后再考虑传媒业对其他产业的反带动作用。[6]他还构建了信息传播国家竞争力的分析模型。此模型由生产力、传播力、影响力"三力"构成，包括生产要素、需求条件、相关产业、同业竞争、传播渠道、内容要素、政府行为等七个要素。生产力包含生产要素、需求条件、相关产业、同业竞争；传播力通过传播渠道，影响力是通过内容要素产生影响。[7]如此，产业集群在媒介产业发展中是必要的。

四、结语

中国媒介产业结构由于国家政策影响而发生间歇式变化。自 1949 年以来，中国媒体体制进行多次转变：以国有制为唯一所有制形式，以宣传喉舌为核心功能的一元化新闻体制（即所有媒体都是国营事业单位，担当舆论宣传工具的角色）；1978 年，国家批准以人民日报为首的八家全国性报纸推行"事业单位,企业化管理"的双轨制经营管理体制(这是从完全的计划运作向市场运作的重要转折);20 世纪 90 年代后半期,国家着力组建大型报业集团和广电集团,传媒业走向产业化发展。集团化推进了由规模数量型向优质高效型转移,由粗放型向集约型转移。后来,媒介进入资本市场,进行股份制改造,媒体的资本运营为其快速扩张提供强大的资本,有利于其降低运营成本、提高规模效益,且可以引入先进的现代化企业管理制度,进而媒体的生产和经营水平得以快速提升。媒体从国营事业到事业性质、企业化管理,再到资本化、集团化、集聚化发展。目前,中国媒体一方面学习发达国家媒介产业发展的先进理念与经验,另一方面在探索着有中国特色的社会主义媒介产业的模式。从媒介产业的集团化到管理的精细化、科学化、经济化,再扩展到媒介产业集聚。如此经济活动在地理空间上的集群获得某些优势条件或利益而向特定区域集聚,即同一或不同类型的相关产业向一定地区的集中和聚合。媒介相关产业在空间上下游形成产业链的积聚,以点带面,再形成连带圈层多元经济效益,积极推动媒介产业发展。突破当前媒介产业的条块分割,实现媒介产业的纵横联合,实为我国媒介产业发展的必然之路。

注释

[1] M. E. Poter, "Cluster and New Economics of Competition", *Harvard Business Review*, 1998(11), pp.77 - 79.

[2] 陈正荣:《打造"中央厨房"的理念、探索和亟需解决的问题》,《中国记者》2015 年第 4 期。

[3] 曹继东:《融媒体时代的传统报业转型发展路径探析》,《出版广角》2017 年第 5 期。

[4] 赵思茹:《浅谈西方媒介集团发展历程对中国媒介集团化之路的启示》,《科技创业月刊》2016 年第 8 期。

[5] 周怀峰:《大国国内贸易需求提升产品国际竞争力的机理分析》,《财贸研究》2007 年第 4 期。

[6] 丁和根:《中国信息传播国家竞争力研究》,南京大学出版社 2012 年版,第 30—33 页。

[7] 丁和根:《中国信息传播国家竞争力研究》,南京大学出版社 2012 年版,第 44—51 页。

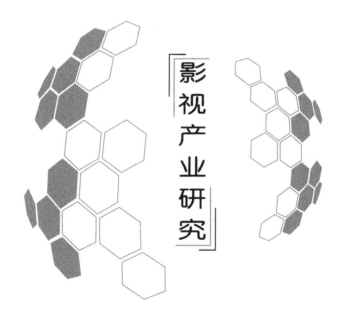

影视产业研究

政府规制与中国电影产业的制度演进

周根红

摘　要　中国电影产业就是在政府规制的不断调整变化中获得了发展的制度空间。20世纪90年代是电影市场化的发端，如电影发行体制改革、民营影视身份的合法化、进口影片政策开放与贺岁片的出现等；2002年至2008年是中国电影产业身份的确认时期，如"文化产业"的提出与电影产业身份的确认、民营资本进入电影制作、电影院线改革开始推行、电影集团股份制改革；2009年至今是电影产业的全面升级阶段，如电影产业上升为国家战略与支柱产业、电影产业的经济政策支持力度加大、电影产业有法可依、影院的数字化建设与电影产业的技术化发展等。

关键词　电影产业，制度，演进，市场化

政府规制是影响中国电影发展的重要因素。所谓政府规制，又称政府管制、政府监管，即政府运用公共权力，通过制定一定的规则，或者通过某些具体的行动对个人和组织的行为进行限制与调控。[1]中国电影产业就是在政府规制的不断调整变化中获得了发展的制度空间。1992年，社会主义市场经济改革目标的确立为电影的市场化发展提供了重要政策保障和明确的发展方向。2002年，文化产业概念的提出表明电影的产业属性得到政府的认同。随后，有关电影体制改革、文化体制改革和文化产业转型升级等方面的一系列政策相继出台，重构着中国电影产业的版图，进一步促进了中国电影的产业化发展。

作者简介　周根红，男，南京财经大学新闻学院副教授，博士。研究方向：媒介经济与管理。电子邮箱：njzhubajie@163.com。

一、体制改革与电影的市场化探索（1992—1999）

1992 年初,邓小平"南巡讲话"发表后,建设社会主义市场经济成为主流话语。1992 年底,"建设有中国特色的社会主义市场经济"作为我国经济体制改革的目标被写入党的十四大报告。报告明确提出,社会主义市场经济体制"就是要使市场在社会主义国家宏观调控下对资源配置起基础性作用",计划经济体制逐步被打破。自 1993 年开始,电影体制改革也逐步展开,中国电影开始步入市场化发展阶段。

（一）电影发行体制改革

中国电影体制改革的突破口是发行体制。《关于当前深化电影发行机制改革的若干意见》、《电影行业机制改革方案实施细则》、《中国电影发行放映输出输入公司影片购赊暂行办法》、《关于当前电影行业机制改革的若干意见》等文件的出台,标志着中国电影发行体制进入改革阶段。其中,《关于当前深化电影行业机制改革的若干意见》规定:"将国产故事片由中影公司统一发行改由各制片单位直接与地方发行单位见面(进口影片仍统一由中影公司向各省、市、自治区公司发行)。"由此,中影公司的全国垄断经营被打破,"统购统销"的时代结束,制片单位获得了影片的市场话语权,电影市场体制改革迈出了关键的一步。

1993 年 4 月 16 日,北京电影制片厂和上海永乐公司采用发行收入按比例分成方式、实行两轮分成结算发行影片《狮王争霸》。这是改革开放后第一部按影片票房分成发行的电影。然而,当《狮王争霸》发行到江苏省时,片方与江苏省公司在影片交易的方式和价格上互不相让,发行陷入僵局。于是,《狮王争霸》的发行商与南京、苏州、无锡、南通 4 个市级发行公司秘密达成发行意向,从而绕开了省级公司,这被称为"江苏突破"。随后,这四市组建了全国第一个民间电影交易市场——"苏州电影服务中心"。江苏省公司以扰乱市场秩序为由向上级机构申诉,最终电影局认为这一秘密行为突破了文件精神,并进行了批评。[2] 虽然"江苏突破"最终不了了之,但是由此引发的省市发行公司之间的矛盾,引起了电影管理部门的重视,成为电影发行体制改革需要首先解决的一个问题。

　　由于各省市发行公司长期拖欠中影公司的账款,中影公司面临着巨大的经济困难。1993 年,中影公司会见济南、青岛、烟台、潍坊、淄博五市公司经理,表示了中影公司直接向五市供应进口影片的意向,随后停止向山东省公司发售进口影片。1994 年 7月,在省文化厅的斡旋下,山东省公司与该省 17 个地市公司共同成立了山东齐鲁影业集团有限责任公司,再次联合承担本省影片发行工作。[3]这一现象被称为"山东突破"。"山东突破"推动了市级发行公司参与影片发行。

　　为进一步解决发行体制的省级垄断问题,1994 年 8 月 1 日,广电部电影局下发了《关于进一步深化行业机制改革的通知》。《通知》明确规定:"制片厂可以直接向北京等 21 家省、市(11 家老、少、边、穷省、区除外)的各级发行、放映单位发行自己的影片。"该文件的颁布,使省内多个发行主体参与发行竞争的合法性得以认定。

　　与此同时,院线制试点开始在部分省市进行。1995 年 10 月,四川省电影公司与中影公司联合成立四川西南影业有限责任公司,成为全国第一家以资本为连接的影片发行单位;1998 年 10月,峨眉电影制片厂与成都市电影公司等联合成立的四川峨眉电影发行放映公司正式运营;1998 年,辽宁北方电影股份有限公司成立,随后逐步向黑龙江、吉林等省拓展业务,开始进行跨省院线的试点经营,组建"东北院线",院线制资源整合的方式得到进一步的体现。[4]

　　(二)民营影视身份的合法化

　　20 世纪 90 年代,以《关于当前深化电影发行机制改革的若干意见》为代表的一系列政策的出台,为民营资本进入电影行业提供了政策支持。据统计,1993 年国产影片中,民营资本拍摄影片占到半数以上,151 部国产故事片中有 81 部由民营公司投资拍摄。上影厂全年出品的影片中,除合拍片外,全都由民营公司拍摄完成。民营经济已经成为国产制片业事实上的主体。[5]如深圳万科文化传播有限公司投拍了《过年》、《找乐》、《兰陵王》;海南南洋文化集团投拍了《永失我爱》、《与往事干杯》等 7 部影片;陈佩斯的天津大道影业投拍了《编外丈夫》、《太后吉祥》等。此外还有兄弟影视公司、今日传播公司等民营企业参与电影制片。

　　1994 年 8 月 1 日,广电部电影局下发了《关于进一步深化电影行业机制改革的通知》,使得电影全行业所有企业的经营自主权得到认可,这在很大程度上促使市场多主体的形成。南国影联于 1997 年 10 月以委托代理方式购买了合拍影片《联合出击》的国内版权。1996 年出台的《电影管理条例》第十七条更加明确地规定:"国家鼓励机关、企业、事业单位和其他社会团体以及公民个人以资助、投资的形式参与摄制电影。"这一规定取消了国有制片企业的垄断保护权利。北京紫禁城影业公司因《离开雷锋的日子》一炮走红,并获得影片制作企业生产的出品权。《鸦片战争》以民间集资方式操作并以此成立四川《鸦片战争》影视制作有限公司,电影局则对这家没有单独出品权的公司首次给予了影片单独发行权,政策方面享有同峨影厂发行此片时一样的权利。

不仅民营资本获准进入电影制作发行,民营资本的合法身份也进一步明确起来。1995 年 1 月,《关于改革故事影片摄制管理工作的规定》规定:"任何社会法人组织只要在一部影片中的投资额超过 70%以上便可与制片厂署名'联合摄制'。"1996 年出品署名权的标准降为 30%。这为民营资本进入影视行业扫清了道路。1997 年颁发的《关于试行"故事电影单片摄制许可证"的通知》确定了"故事电影单片摄制许可证"制度,规定"凡我国境内(不含香港特别行政区、台湾省、澳门地区)国有省级以上和具备相应条件的地市级电影单位、电视台、电视剧制作单位"均可投资电影拍摄。1998 年,将"国有"去除,只要是地市级以上注册过的影视文化单位均具备申请单片摄制许可证的资格,并具有独立出品权。随着一系列政策的出台,民营资本获得了进入电影行业的政策许可。

(三) 进口影片政策开放与贺岁片的出现

1990 年到 1993 年,我国电影票房和观影人次急剧下降[6],中国电影面临着严重危机。1993 年,中影公司进口新片发行在 1994 年 1 月份的时候只拿到 3500 万元,而要承担的政策性补贴和制片厂片款以及重大题材的电影基金则达到 8700 余万。由此,中影公司总经理吴孟辰提出了进口分账大片的思路。[7] 1994 年 1 月 13 日,电影局批复了吴孟辰进口分账片的报告,正式下文要求中影公司每年进口 10 部左右"基本反映世界优秀文明成果和基本表现当代电影艺术、技术成就的影片"。[8]

1994 年 11 月 12 日,中影公司第一部进口分账片《亡命天涯》

在北京、上海、天津、重庆、郑州和广州六大城市率先公映,并以2500 万元的票房创造了进口大片在中国市场上的第一个奇迹。1995 年,中影公司引进了《阿甘正传》、《狮子王》、《生死时速》、《真实的谎言》等 7 部好莱坞电影与《红番区》、《霹雳火》等 3 部成龙主演的电影。其中,《红番区》在内地创下了高达 9500 万元的高票房,《真实的谎言》票房达到了前所未有的 1.02 亿元。1998 年引进的《泰坦尼克号》达到了创纪录的 3.595 亿元的全国票房奇迹。进口分账大片的引进,激活了中国电影市场,改变了中国电影的市场格局。然而,进口大片强大的市场号召力,对国有电影制片业形成了巨大冲击。为此,1996 年我国出台的第一部电影行政法规《电影管理条例》中明确规定,"国产影片放映总量不得低于三分之二",从政策上对国产电影进行保护。

成龙主演的电影在内地的高票房和"贺岁片"概念的引进,为内地的电影从业者尤其是市场操作人士所重视。1997 年,北京紫禁城影业公司和冯小刚推出了《甲方乙方》,并夺得 3600 万的票房,真正开启了中国内地的贺岁片市场。《甲方乙方》一举斩获"百花奖"最佳男、女主角和最佳故事片三项大奖。《甲方乙方》的成功,引发了规模庞大的贺岁片大战,并成了当时媒体报道的一大热点。1999 年,《幸福时光》、《防守反击》、《大惊小怪》、《考试一家亲》和《美丽的家》5 部贺岁片同时上映。虽然这 5 部贺岁片的票房并未达到预期效应,然而,贺岁片的出现和成长,不仅创造了中国电影的新档期,更让中国电影有了一个新的发展契机。

二、产业身份的确认与电影的产业化发展 (2000—2008)

20 世纪 90 年代,我国电影的制作发行体制进行了市场化改革的探索,电影业取得了长足的发展,民营资本进入电影行业,我国电影市场规模不断扩大,改革步伐明显加快。新世纪后,中国电影进入产业化阶段。从 2000 年政府提出的"文化产业"概念,到 2007 年党的十七大明确提出要"大力发展文化产业",电影的产业身份逐渐得到政府的认可,这为进一步深化电影体制改革,促进电影的产业化发展产生了根本性的影响。

（一）"文化产业"的提出与电影产业身份的确认

2000 年,《中共中央关于制定国民经济和社会发展第十个五年计划的建议》提出:"完善文化产业政策,加强文化市场建设和管理,推动有关文化产业发展。"这是官方文件第一次使用"文化产业"的概念。2002 年 10 月,党的十六大报告明确提出"积极发展文化事业和文化产业"问题,将"文化事业"和"文化产业"相提并论。文化产业概念的提出,为电影业的产业身份提供了政策保障。

2004 年 1 月 8 日,广电总局发布了《关于加快电影产业发展的若干意见》,意见指出:"电影产业是以高新技术为支撑的高智能、高投入、高产出的文化产业,是文化产业中颇具活力与生命力的重要组成部分,在文化产业中占有重要地位。"

2006 年 1 月 12 日,中共中央出台了《关于深化文化体制改革的若干意见》,对文化的战略高度提出了要求,明确指出:"在全面建设小康社会、实现中华民族伟大复兴的历史进程中,繁荣和发展社会主义先进文化具有全局性战略性的地位和作用。"为了进一步推动文化与经济、政治、社会的协调发展,增强国家的文化实力,2006 年国家制定出台《国家"十一五"时期文化发展规划纲要》,把发展文化事业和文化产业纳入国民经济和社会发展第十一个五年规划之中。

2007 年 10 月,党的十七大报告明确提出:"大力发展文化产业,实施重大文化产业项目带动战略,加快文化产业基地和区域性特色文化产业群建设,培育文化产业骨干企业和战略投资者,繁荣文化市场,增强国际竞争力","提高国家文化软实力"。电影自然成为国家文化软实力的重要组成部分。

（二）民营资本进入电影制作

新世纪后,一系列政策为民营资本鸣锣开道,民营资本开始深度涉足电影制作领域。2001 年 12 月,国务院公布的《电影管理条例》进一步放开了国产电影制作领域对民营企业的准入限制,允许更多的民营公司从事电影制作生产。2002 年 2 月 1 日施行的《关于取得〈电影摄制许可证（单片）〉资格认证制度的实施细则》打破了出品权单位联合署名才能申请许可证的限制。2002 年 3 月 20 日,徐静蕾自编自导自演的电影《我和爸爸》(溢念文化发展有限公司出品)领取了许可证,成了"单片"法令颁布以来第一部获得单片许可证的民营公司的电影。2002 年 2 月 1 日,《电影管理条例》修订版规定："国家鼓励企业、事业单位和其他社会组织以及个人以资助、投资的形式参与摄制电影片。"据统计，"2002年，共有5家民营公司或其他非制片单位办理了58部影片的《摄制电影许可证(单片)》。当年中国共出品电影100部，其中社会单位制作已经达到32部。像北京新画面、华谊兄弟太合影视公司、北大华亿影视文化公司、世纪英雄影视投资公司、东方神龙影业公司、广东巨星影视公司等一些社会制作机构甚至民营影视制作机构已经成为中国电影制作行业最活跃的力量"[9]。

（三）电影院线改革开始推行

电影院线是以若干家影院为依托，以资本和供片为纽带，由一个电影发行主体和若干电影院组合形成，实行统一品牌、统一排片、统一经营、统一管理的发行放映机制。新世纪后，随着一系列政策的出台，我国电影院线进入全面改革阶段。

2001年12月18日施行的《关于改革电影发行放映机制的实施细则(试行)》规定："实行以院线为主的发行放映机制，减少发行层次，改变按行政区域计划供片模式，变单一的多层次发行为以院线为主的一级发行，发行公司和制片单位直接向院线公司供片；有条件的地区，要尽快组建两条或两条以上的院线；鼓励有实力的院线跨省经营。"这一政策的推行，标志着院线制改革正式实行。2002年6月1日，全国第一批组建的30条电影院线正式启动运营，其中有11条为跨省院线，19条为省内院线。[10]

2005年4月13日，国务院下发了《国务院关于非公有资本进入文化产业的若干决定》，明确了非公有资本可以参与电影院线建设。2007年9月8日，国家广电总局印发《关于进一步推进电影院线公司机制改革的意见》，"鼓励境内国有、非国有影视文化单位(外资除外)以参股、控股形式投资现有电影院线公司或单独组建电影院线公司"。截至2008年底，《中国电影产业报告》显示的数据表明，民营企业在当今中国电影中的投资综合比例已达到82%，称得上是当之无愧的主力军了。[11]一批有国际竞争力的民营院线集团，如万达院线、星美院线、时代华夏院线等纷纷出现；新影联、上海联合、广东珠江、四川太平洋、广东华影南方等较为成熟的院线，也通过控股、参股或签约等形式发展。[12]

（四）电影集团股份制改革

2001年1月召开的全国广播影视工作会议上，国家广播电影电视总局副局长赵实提出,要以北京、上海、长春三大制片基地为龙头,以其骨干企业、影院和电视台为基础,辐射华北、华东、东北地区,先期扩建三个大型电影集团。然后,以广东、四川、陕西为核心在中南、西南、西北地区再筹建两个区域型电影集团。2001年2月,国家广电总局印发《关于进一步推进组建电影集团的原则意见》,成立了"电影集团化改革领导小组",负责指导、协调电影集团的组建。2001年8月20日,中共中央办公厅、国务院办公厅转发了中宣部、广电总局和新闻出版总署《关于深化新闻出版广播影视业改革的若干意见》,意见指出:"按照专业分工和规模经营要求,组建一批综合能力强的大型集团。"2001年12月13日和20日,广电总局相继出台了《关于积极推进广播影视集团化改革的实施细则(试行)》和《关于广播影视集团融资的实施细则(试行)》,进一步规范和促进广播影视业的集团化改革,要求以中影、上影、长影、珠影、峨影、西影为骨干组建六个电影集团。

多项政策的颁发加快了电影集团组建的进程。2000年6月,西安电影制片厂改组为西影股份有限公司,成为全国电影制片厂中第一家股份制公司。2003年,其又在西安电影制片厂的基础上成立西部电影集团。2000年7月,长春电影集团成立。2001年8月,上海电影集团有限公司成立;2003年,峨眉电影集团、潇湘电影集团成立。国有电影制片厂在形式上完成了组建电影集团的目标。其中,中国电影集团仍然拥有进口影片的发行权,并在后期逐步的重组中,形成了创作生产、发行放映、合拍片管理、影院建设管理、后产品开发等业务类别齐全的超大型电影集团。2003年7月,中影集团和长影集团被列为文化体制改革试点单位。

2004年1月8日广电总局印发了《关于加快电影产业发展的若干意见》。2005年12月23日,中共中央、国务院出台了《关于深化文化体制改革的若干意见》,再次鼓励电影企业组建以资本为纽带的跨地域、跨行业、跨所有制经营的大型电影集团,将电影产业做大做强。经过集团化改革,以中国电影集团为龙头,以上海电影集团、珠江电影集团、长春电影集团、西部电影集团等为骨干的国有影视集团已经成为中国电影业的重要力量。电影市场正在形成以国有影视企业为主体、多种所有制企业共同发展的新格局。

三、国家文化战略与电影产业全面升级（2009 年至今）

2009 年，《文化产业振兴规划》将包括影视制作为内容的文化产业上升为国家发展战略；2010 年，《中共中央关于制定国民经济和社会发展第十二个五年规划的建议》首次提出"推动文化产业成为国民经济支柱性产业"；2012 年，党的十八大对于如何推动文化产业发展作出了新的部署和安排。由此，电影产业地位进一步提升，电影产业的发展成为国家战略，成为国民经济发展的支柱产业，电影产业发展进入了全面升级时期。

（一）电影产业上升为国家战略与支柱产业

2009 年 7 月 22 日，我国第一部文化产业专项规划《文化产业振兴规划》发布，标志着文化产业上升为国家的战略性产业。国家将重点推进的文化产业包括：文化创意、影视制作、出版发行、印刷复制、广告、演艺娱乐、文化会展、数字内容和动漫等。

2010 年 1 月 21 日，《国务院办公厅关于促进电影产业繁荣发展的指导意见》明确提出，电影产业发展的总体要求是："大力推动我国电影产业跨越式发展，实现由电影大国向电影强国的历史性转变。"可以看出，电影产业成为国家重要战略意义的产业，提升了电影产业的战略高度。

2012 年 2 月 23 日，文化部印发的《文化部"十二五"时期文化产业倍增计划》提出："'十二五'期间，文化部门管理的文化产业增加值年平均现价增长速度高于 20%，2015 年比 2010 年至少翻一番，实现倍增。"

2013 年 11 月，十八届三中全会强调在改革中推进文化体制改革，在市场中落实文化产业发展。在文化建设与体制改革的思路方面，着力突出了"完善文化管理制度和文化生产经营机制"，"建立健全现代文化市场体系，培育合格的市场主体"，更加强调机制创新、市场体系的导向。政策对文化体制机制创新和健全市场化体系的强调将带来产业环境的持续优化，并将鼓励社会资本持续进入。文化体制在改革持续深化过程中，市场化、产业化的力度将不断加大。

2014 年 10 月，由习近平总书记主持召开的"文艺座谈会"

对文艺创作提出了明确的方向。这是新时期以来关于文艺建设最高规格的一次座谈会,也是对电影发展具有重要指导意义的一次会议。这次会议将包含电影在内的文艺赋予了中华民族复兴的重要地位和意义。

（二）电影产业的经济政策支持力度加大

2004 年 10 月 12 日,国家电影事业发展专项资金管理委员会发布了《关于对新建影院实行先征后返国家电影专项资金的通知》。为鼓励投资新建影院的积极性,国家电影专项资金管委会决定在一定期间内对新建影院给予先征后返国家电影专项资金的优惠政策。

2009 年 3 月 26 日,财政部、国家税务总局发布了《关于文化体制改革中经营性文化事业单位转制为企业的若干税收问题的通知》,对转企的文化单位的企业所得税、自用房产房产税、增值税、营业税、城建税等给予适当的优惠政策。这些优惠政策减轻了转企改制后的经营性文化事业单位的经济负担,加快了企业适应市场的速度。

2010 年 4 月 8 日,《关于金融支持文化产业振兴和发展繁荣的指导意见》提出,加大有效的信贷投放,完善授信模式,扩大文化企业的直接融资规模,积极培育和发展文化产业保险市场,建立健全有利于金融支持文化产业发展的配套机制等。

2012 年 1 月 1 日,国家电影事业发展专项资金管理委员会《关于返还放映国产影片上缴电影专项资金的通知》开始施行。通知规定,按照影院全年国产影片票房的票房总收入比例返还不同比例的国产影片上缴的电影专项资金。

2013 年 8 月 1 日起,广播影视服务将作为部分现代服务业税目的子目,一次性全部纳入营业税改征增值税(以下简称营改增)试点范围,在全国推开。营业税改征增值税后,广播影视业将采用 6% 的低档税率。这一方面有利于减轻广播影视企业的税费负担,缓解企业发展过程中的资金压力,更重要的一方面是促进企业进一步细化分工和调整产业结构,对影视作品的创作、拍摄、剪辑、制作、发行、放映进行细化发展。

2014 年 6 月 19 日,财政部、国家发改委、国土资源部、住建部、中国人民银行、国家税务总局、新闻出版广电总局等七部门下发《关于支持电影发展若干经济政策的通知》。2014 年 11 月

27日,财政部、海关总署、国家税务总局等三部委联合下发的《关于继续实施支持文化企业发展若干税收政策的通知》等多项促进电影产业发展的政策陆续出台,其内容包括积极推进文化体制改革、扶持小微文化企业、取消和下放行政审批手续、减免财政税收等,进一步明确国产影视业扶持基调。

2015年9月9日,财政部、国家新闻出版广电总局联合印发《国家电影事业发展专项资金征收使用管理办法》。此次"办法"是对2006年《国家电影事业发展专项资金管理办法》的修订,其中征收主体更加宽泛。此前专项资金的来源是县及县以上城市电影院电影票房收入的5%。修订后的办法,范围则为注册登记的经营性电影放映单位,包括"对外营业出售电影票的影院、影城、影剧院、礼堂、开放俱乐部,以及环幕、穹幕、水幕、动感、立体、超大银幕等特殊形式电影院"。

(三)电影产业有法可依

2015年9月1日,国务院通过了《中华人民共和国电影产业促进法(草案)》。10月30日,《电影产业促进法(草案)》首次提交全国人大常委会审议。11月6日,草案全文公布,并于2017年3月1日起施行。经过12年的修订调整,中国电影终于实现了"有法可依"。该法案涉及政策扶持、简政放权、降低门槛、加强监管、规范审查,为我国电影产业化的全面推进提供了必要的保障。

该法案的顺利通过和落地,有助于电影产业的健康有序发展:一是放宽行业的进入门槛,可以进一步促进电影市场投资;二是通过给予财税减免优惠可以在一定程度上缓解电影公司的资金压力;三是通过加强对电影产业的法律监管,可以标准行业秩序,使行业稳健发展。同时,该法案将为电影产业长期繁荣发展保驾护航,三类公司将主要受益行业成长,分别为:华策影视、光线传媒、华谊兄弟等影视剧制作龙头公司;乐视网、万达院线等致力于产业链一体化整合的龙头公司;奥飞动漫、新文化等握有优质IP资源、具有较大潜力的高成长性公司。[13]

为了推动简政放权,激发电影市场活力,此次草案未新设行政审批,同时取消2项、下放5项行政审批:一是鼓励企业、其他组织从事电影摄制活动,取消了《电影摄制许可证(单片)》;二是简化电影剧本审查制度,取消一般题材电影剧本审查;三是降低有关电影活动的准入门槛,下放了电影摄制审批、特殊题材电影剧本审批、电影公映审批、电影放映审批和举办涉外电影节(展)审批。[14]

（四）影院的数字化建设与电影产业的技术化发展

2004 年 3 月 18 日,根据《关于加快电影产业发展的若干意见》、《广播影视数字发展年工作要点》和《广播影视科技"十五"计划和 2010 年远景规划》文件精神,广电总局制订并颁布了《电影数字化发展纲要》,提出到 2010 年,我国电影数字化发展的总体目标是:确立数字电影在电影产业中的战略地位;建立具有世界先进技术水平的大型数字制作基地;营建一批标准统一、形式多样的数字影厅;以数字节目内容为纽带,积极开拓电影放映市场和电影多媒体、新媒体市场,扩大市场份额和整体效益。

为贯彻落实国家广电总局《电影数字化发展纲要》和《2009 年广播影视改革工作要点》,推动电影数字放映,国家电影专项资金管委会于 2009 年 12 月 28 日下发了《关于对影院安装 2K 和 1.3K 数字放映设备补贴的通知》,对影院数字化建设进行财政补贴。2012 年 11 月 19 日,国家电影事业发展专项资金管理委员会《关于对国产高新技术格式影片创作生产进行补贴的通知》,对进入市场发行放映的国产高新技术格式影片,按影片高新技术格式放映票房收入分档对影片版权方进行奖励,以补贴高新技术格式影片制作费。

政府对国内影院数字化建设的大力支持加快了影院发展的速度,促进了电影产业的繁荣,同时也吸引了大量的社会资本进入影院建设行业,提升了影院的数字化建设水平,促进了数字化的建设步伐。

注释

[1] 陈富良:《政府对商业企业的规制研究》,经济管理出版社 1999 年版,第 12 页。

[2] 刘帆:《新时期中国大陆电影体制变革述略》,西南师范大学硕士学位论文,2004 年。

[3] 刘帆:《新时期中国大陆电影体制变革述略》,西南师范大学硕士学位论文,2004 年。

［4］徐辰：《从管制到放松管制——制度变迁视野下中国电影体制改革的研究》，上海交通大学硕士学位论文，2014年。

［5］刘帆：《新时期中国大陆电影体制变革述略》，西南师范大学硕士学位论文，2004年。

［6］1990年到1993年的年度总票房分别是22.2亿元、23.6亿元、19.9亿元、13亿元，年度观众人次分别是162亿、144亿、105亿、42亿。

［7］刘藩：《1994年以来分账大片对我国电影的影响》，来源：http://blog.sina.com.cn/s/blog_485ce4140102vg3z.html。

［8］具体分账比例是：外方片商和中影公司共拿总票房的46%，省市级电影公司拿到8%—10%，剩下的44%—46%为影院所有。

［9］尹鸿：《2002-2003中国电影产业备忘》，《电影艺术》2004年第2—3期。

［10］唐榕：《30年电影体制改革成效分析》，社会科学文献出版社2009年版，第296—311页。

［11］陈旭光、王欣涛：《华谊兄弟：效率最大化 创意最优化》，《中国艺术报》，2011年1月24日。

［12］宋振旺：《WTO语境下的中国电影体制改革述略》，西南大学硕士学位论文，2014年。

［13］《历年电影产业政策重点解析》，来源：http://www.360doc.com/content/16/0104/14/28093736_525385550.shtml。

［14］林子杉：《电影产业促进法草案：松开束缚制度之绑》，《人民法院报》，2015年11月1日。

我国"制播分离"制度变迁的
历程与趋势

易旭明

摘要 我国电视"制播分离"制度变迁大致经历了自发试行、禁止与探索、高调重启与平稳推进这几个阶段。世纪之交的自发试行阶段,社会制作机构参与节目制作活跃。2009 年重启后的制播分离重点则在于国有电视制作机构转企改制、可经营性资产剥离。但是在媒体融合时代,我国电视新闻节目以外的制播关系已经演化为更加复杂的产业链之间分工合作关系,制播体制改革新趋势是在保障电视社会价值前提下,通过电视机构内外部的管理创新和体制改革,来提高经济效率并促进产业发展。

关键词 制播分离,电视制播体制,市场需求,制度环境

"制播分离"是我国讨论广播电视节目制作机构与播出机构关系所用的概念,与"制播一体"制度相对应。它源自上世纪 80 年代英国的委托制片(commission)制度,原意是指政府规定电视台必须播出一定比例外购节目,电视播出机构将部分节目委托给独立制片人或独立制片公司完成。由于我国电视行业起源于制作播出一体化,因此我国传媒业界曾经将制播分离理解为把电视制作部门从电视台剥离出去的产业制度。但是现实中的节目制作和播出的关系却更加复杂。制播分离的运作方式包括对电视台外部的委托制作、节目采购、联合制作、股权合作等,

---

作者简介 易旭明,男,复旦大学新闻学院博士后流动站在站博士后,上海师范大学人文与传播学院副教授。研究方向:传媒经济与管理。电子信箱:yixuming2002@yahoo.com.cn。

基金项目 上海市哲学社会科学规划十八大精神研究系列项目(编号 2012XAL012)。

也包括电视台内部的节目组、工作室、频道乃至全台层面节目制作部门的改制转型。

我国对"制播分离"的理解、实施、政策口径也几经变迁。正像我国的其他改革一样,在行政和市场双重力量支配下的制播体制改革也存在着一定的反复。"制播体制改革走走停停。"[1] 2000 年前后和 2009 年前后禁止或提倡"制播分离"政策引起过业界、学界热议,随后我国电视机构根据各自需要探索不同方式、不同程度的制播分离,政府部门也根据电视产业运行中出现的问题进行了相应的规制。2012 年,《中国好声音》节目的收视率"对赌"协议、风险共担模式一度被各界认为是"真正的制播分离",但 2016 年国家广电总局又倡议电视台不与民营机构签署"收视对赌协议",并发布全国省级电视台签署的《恪守媒体社会责任,反对唯收视率自律公约》,要求电视台在电视剧购销合同中不签订以收视率和收视率排名定价、议价的条款[2]。

由此可见,"制播分离"作为一种传媒制度其本身的含义、变迁非常复杂,现有文献多侧重研究制播分离的经济效率、发展功能、实施步骤以及具体运作方法等内容。本文着眼梳理新中国电视 60 年运行中制播模式实践和政策的变迁历程和动因,尤其侧重分析市场需求和制度环境对制播分离的影响,进而探讨当下和未来我国电视产业深化制播体制改革的新趋势。

一、电视台自发试行制播分离(1958—2000)

由于自身制作节目能力不足或者难以承担较高的制作成本,电视播出机构往往会自发地选择外购节目或者以联合制作、委托制作的方式进行节目制作。严格地说,中国电视早期播出电影等节目也属于"制播分离"的范畴,因为这些节目并不是电视台本身制作的。1979 年开始,中国电影发行放映公司停止向电视台供应新故事片,一些剧团也提高了对电视录制新戏的收费标准。这就导致了电视节目缺口大增,电视台在自身大办电视剧的同时,也开始大量引进国外电视节目,尤其是引进电视剧。

20 世纪 80 年代以后,电视剧及其它电视节目制作、播出以及交换、交易迅速增加,"制播分离"的概念虽然没有提出但是实践显然已经起步先行。一方面这是因为随着"四级办台"政策出台后各级电视台、有线电视台迅速增加,电视节目市场需求迅速增长;另一方面是因为部分制作机构生产能力大幅提高,可重复播出的优秀的电视节目只局限在制作台播出显然也是一种浪费,拿出来进行重复交易、播出才能够充分发挥其价值。供给、需求的共同作用,使得电视节目流通渠道迅速增加。1986年开始举办的上海国际电视节、1991 年开始的四川国际电视节,意味着电视节目的市场流通已经达到相当的规模。第一届上海国际电视节主要是电视机构之间的节目交换;1988 年第二届则有 10 多个国家和地区及国内各省、市的近 500 部电视节目参会,并且作为商品第一次在中国境内集中进行交易,成交节目1000 多小时,成交金额约 100 万美元。同年秋季,戛纳电视节上,上海国际电视节被称为"亚洲最大的电视节目市场"[3]。随后各届电视节成交记录屡创新高。各种流通渠道的建立为"制播分离"进一步发展创造了条件。

20 世纪 90 年代,我国电视节目"制播分离"交易规模逐步升级,众多电视台纷纷改组或成立电视剧制作中心,节目制作理念、模式及其管理方式进一步朝市场化方向发展。1992 年,北京电视艺术中心与美国、日本以及香港地区达成了相应的节目市场交易协议。1993 年,广电部提出对进入中央电视台黄金时间播出的电视剧首先实行"优质优价优播"的原则,电视剧市场进一步活跃起来。此前,电视剧交易大多实行无偿交换或者低价购买的方式,商业化操作不成气候。[4]

世纪之交,我国政府职能转变、扩大市场机制的政策为制播分离提供了适宜的制度环境,各界对"制播分离"政策在理论层面有了新的认识,实践层面上也推动了大批民营电视节目制作公司的诞生。1998 年,广电部提出要按现代企业制度要求和集团化的思路深化广电改革;同年召开的全国九届人大第一次会议明确提出,国家对包括广播电视在内的大多数事业单位将逐年减少拨款,三年后这些单位要实行自收自支。这种宏观制度环境的变化,以及持续增长的电视市场需求推动了电视"制播分离"制度的认识和实践。代表了当时我国对电视理论认识的国家哲学社会科学研究"九五"规划重点项目——《中国电视论纲》认为,"随着改革开放的深入发展和社会主义市场经济的建立,电视事业体制改革步伐将迈得更大,……电视界逐步实行宣传和经营分离、台和网分离、节目制作和播出分离等,……将成为中国电视事业发展的必然趋势"[5]。政策层面上,1998 年起,我国对《广播电视节目制作经营许可证》的发放也相对放松。"正因如此,在北京、广州和浙江等市场经济和影视文化发达的地区,一大批有分量的电视节目制作公司在这一时期纷纷从地下浮出水面。"据估计这期间全国至少新涌现了 1000 家以上打着各种旗号的电视节目制作公司;全国电视剧投资的 80%是民营影视公司投资制作或者参与制作的。[6]1999 年 7 月,国家广电总局在上海召开"全国广播影视系统内部管理座谈会",与会者开始对除新闻类节目外的其他广播电视节目制作与播出的分离进行了讨论。[7]

回顾制播分离政策的决策实施,我们发现在上述较为宽松的政策环境下,广告市场需求萎缩成为中央电视台试行制播分离改革的直接动因。在亚洲金融危机和国内通货紧缩的背景下,1999 年上半年中央电视台广告收入"踌躇不前,危机四起",下半年一度好转,但 11 月 8 日招标揭晓,中央电视台损失了 7.6 个亿,"业内人士都心里发虚,因为这是一个重要的心理指标,代表着一个无形的价格指向体系"[8]。在宽松的宏观制度环境"利好"和广告市场需求不振的背景下,中央电视台 1999 年成立了"制播分离课题调研组",提交了《中央电视台节目制作与播出分离的调研报告》,并设计了电视剧和体育频道的制播分离试点方案。2000 年初,中央电视台提出三大改革措施,头一项就是节目实行制播分离。体制内电视台的制度创新引发了一连串的连锁效应,种种实施制播分离的迹象鼓励了一批民营电视公司的诞生。可以说,经过几十年的探索实验,1999 至 2000 年形成我国第一次"制播分离"实践、研究的高潮。

二、制播分离的禁止与探索(2000—2008)

我国许多改革都经历了曲折探索的过程,电视行业制播分离改革亦不例外。2000 年,国家广电总局更换主要领导,"制播分离"政策的提法被"紧急叫停",于是从理论到实践上制播分离制度都跌入低谷。但是,2001 年中国加入 WTO,2002 年党的十六大提出"支持文化产业发展"的精神,2003 年我国开始文化体制改革试点,这种深化改革、扩大开放的制度环境,很快又为电视节目社会化生产、市场化交易提供了多种形式的探索空间。

（一）紧急叫停制播分离

在世纪之交电视台自发进行、民营影视公司积极参与的"制播分离"逐渐展开时,2000 年夏天广电总局认为"制播分离"的提法不妥,新的提法或口径是广播电视节目制作多元化、社会化,广电行业一度沸沸扬扬的制播分离改革,"成为几近'禁区'"的敏感话题。[9] 在 2000 年 8 月全国广播影视局（厅）长座谈会（常被称为"兰州会议"）上,广电总局领导明确指出：

> 广播电视系统是舆论宣传机构,是党、政府和人民的喉舌,是重要的思想文化阵地,广播电视宣传权必须牢牢掌握在党的手里。而宣传权应该包括播出权、制作权、覆盖权,这三权是截然不能分离的,有了这三个权才能真正实施宣传权。

> 因此,不能笼统地讲广播电视节目的制播分离。我们可以委托一些社会制作机构制作一些新闻以外的节目,也可以有选择地购买节目,但广播电台、电视台自身的制作权决不能让出去,否则,我们的宣传方针就得不到有效贯彻,舆论导向就得不到有效保证,关键时刻要出大问题。[10]

于是,制播分离成为广电行业的一个言论禁区,至少在明面上,无人敢再提及。[11] 2000 年,中央电视台启动不久的制播分离改革也很快被叫停。民营影视企业的发展也就此放缓。以"制播分离"大势下产生的银汉文化传播有限公司为例,2000 年底它就因政策不允许民营电视公司做新闻资讯类节目——而银汉公司当时的主打节目《生活全天候》属于社会新闻类——不得不进行仓促的重新定位、策划和改版。这使得原来许多好的节目,如《北京榜样》、《生活全天候》等在电视屏幕上突然消失,取而代之的是《专家门诊》等专题节目,公司经营陷入窘境。

政策限制固然是制播分离受到抑制的一方面原因。另外,电视播出机构的垄断地位导致无法形成公平交易,这种市场关系也阻碍了制播分离制度的实施。民营节目制作机构在节目交易中处于绝对的弱势地位,价格被人为压低,拖欠节目款的现象时有发生。仅 2002 年全国电视台拖欠节目制作公司至少 6000 万元。[12]有线电视台和无线电视台合并后,统一营销、统一购买使得节目收购价格降低,制作公司的盈利空间进一步萎缩,经营风险加大,制播分离发展缓慢。

（二）各种形式的探索

制播分离制度虽然被禁止,但是各地还是进行了各种形式的探索。宣传安全和产业发展是中国电视业的双重主题,宏观制度环境也为电视制播制度改革不断提供了新的政策依据。在中国加入 WTO 前夕,2001 年 8 月中办发 17 号文正式允许系统外国有资金进入媒体。2002 年,党的十六大报告指出,"支持文化产业发展"。2003 年 1 月召开的全国广播影视工作会议上,国家广电总局第一次明确提出:"加快发展广播电视产业"。2003 年,全国文化体制改革会议召开,并在随后的相关文件中提出传媒事业、产业分类发展的思路。国家广电总局将 2004 年定为"产业发展年",并发布《关于促进广播影视产业发展的意见》,提出要培育发展市场主体,要充分运用市场机制、优化资源配置,要放宽市场准入。

随后,全国各地电视机构不同程度上都进行了事业、产业分离发展的改革。北京、上海、浙江、山东、南京等地广电集团的分离和重组效果尤为明显。2003 年 8 月和 2004 年 6 月,国家广电总局也先后两次给 24 家实力雄厚的民营影视制作机构发放了长期的《电视剧制作许可证》。"产业发展年"也是不同形式制播体制改革、产业发展、民营影视机构发展的"大年"。上海开麦拉传媒集团以每年 6000 万元的价格获得内蒙古卫视频道 15 年的经营权,年底又联手民营的欢乐传媒与内蒙古卫视合资组建了新的"蒙视传媒公司"。北京金天地影视文化公司等机构与贵阳电视台合作,成立新公司全面经营贵阳电视台除新闻以外的所有节目内容。唐龙国际传媒集团联手上海东方电影频道和中央电视台电影频道分享了奥斯卡晚会国内转播的权利。北京派格太合环球文化传媒有限公司和中国教育电视台签署了经营合作协议。

经济持续增长带动广告需求增长,在文化体制改革不断深化的背景下,中国非新闻类电视节目生产迅速增长,尤其是选秀类娱乐节目风靡一时。各地国有电视台都在整体扩张中实现了规模上的粗放式增长。2008 年奥运年,全国电视广告收入达到 609.16 亿元,同比增长 17.32%,增速高于前两年。数据显示,电视广告当时占据了全国媒体广告投放 85% 的市场份额,作为奥运报道中具有垄断地位的中央电视台更是获得了高达 55% 的增长率。[13]民营电视制作机构也以不同形式从整体蛋糕做大的市场中获得一定增长。在电视节目制作和交易过程中,尽管民营公司对国有电视台获得垄断利润的现象有所抱怨,但还是有无数的投资者持续在并不公平的制播分离交易中艰难地寻找商机。

三、"新制播分离"高调重启、平稳推进(2009—2013)

广告市场需求萎缩再次成为制播分离改革的"导火索"。2008 年下半年,突如其来的国际金融危机迅速影响我国的经济形势,广播电视广告经营也受到严重影响。2009 年,广播影视行业第一季度全行业广告收入较去年同比减少 8.2%,其中,上海广电业第一季度的广告收入下降了 18.8%。[14]为了应对金融危机,国家出台了扩大内需、产业振兴、体制改革等一系列政策。宏观制度环境变革和市场需求变动再次成为我国推进电视制度创新实施的契机。

(一)深化改革的制度环境

2009 年 5 月,国务院发布《国务院批转发展改革委关于 2009 年深化经济体制改革工作意见的通知》,强调"严峻的国际国内经济形势要求我们毫不动摇地继续深化改革开放。要通过深化改革破解发展难题",提出包括文化体制改革在内的全国经济体制改革意见。[15]同年 7 月,国务院常务会议原则通过了《文化产业振兴规划》,提出要"加快转变文化产业发展方式,进一步解放和发展文化生产力,切实维护我国文化安全,推动文化产业又好又快发展,将文化产业培育成国民经济新的增长点"。《文化产业振兴规划》明文强调了制播分离改革:

> 要紧紧抓住转企改制、重塑市场主体这个中心环节,加快推进出版发行单位转企改制和兼并重组,加快电影制片、发行、放映单位和文艺院团转企改制,抓好党报党刊发行体制和广播电视节目制播分离改革。

（二）制播分离成为正式制度

在国家宏观政策环境的驱动下，2009 年 8 月 27 日，国家广电总局专门印发《〈关于认真做好广播电视制播分离改革的意见〉的通知》，对广电系统的制播分离改革提出了明确的方向和要求，对制播分离的指导思想、实施范围、方式、重点等多年以来纷扰不休的议题有了明确的政策，制播分离制度得以正式确立：

> 推进制播分离改革，必须坚持中国广播电视的政治属性和正确的舆论导向，确保节目内容积极健康向上，充分发挥引导社会、教育人民、促进发展的作用；必须坚持把社会效益放在首位，实现社会效益和经济效益的统一计划必须坚持分类指导、循序渐进、积极稳妥、逐步推开。
>
> 实施制播分离改革的重点是中央电视台、中央人民广播电台和省级、副省级电台电视台。当前，主要是以上电台电视台的影视剧、影视动画、体育科技、娱乐等节目栏目进行。制播分离应从实际出发，采取多种形式。电台电视台可以采用"先台内、后社会"的办法……

当然，对于兼具意识形态和产业发展双重功能的广播电视产业，国家广电总局同时对制播分离的实施十分慎重。该通知规定了严格的管理要求："各级广电行政部门必须加强指导和管理，确保制播分离严格按政策办事。……牢牢掌握节目内容的策划权、编辑权、审查权和播出权。要切实加强频道频率管理，严禁频道频率公司化、企业化，严禁将频道频率变相出租、转让或承包。要切实加强人员管理，严格执行编辑记者、播音员主持人持证上岗制度，严禁编播人员与经营人员混岗。制播分离改革中的重大问题和事项，要严格按程序报批。"

2009 年 9 月和 10 月，国家广电总局发言人两次在"答记者问"中对制播分离的范围、重点、禁区予以强调。

（三）以 SMG 为典型高调重启

政治宣传稳健、产业发展迅速的上海广电成为新一轮制播分离改革的领跑者。2008 年，金融危机导致 SMG 广告业务受到重大影响，东方卫视收视率也没有进入卫视前十名。上海市委宣传部部长指出，SMG 要积极推进制播分离。此后，SMG 开始进行方案设计并不断修改，经过 40 易其稿，2009 年 8 月获批后成为具有可行性的改制方案。SMG 时任总裁认为,"只有分开,才能捅开这堵原本捂得很严实的墙,才能通过资本市场实现产业化"[16]。

经过充分的酝酿准备,2009 年 10 月 21 日,上海广播电视制播分离改革推进大会隆重举行。中共中央政治局委员、上海市委书记俞正声发来贺信:"广播电视制播分离改革是新形势下文化体制改革的一项重要任务,希望上海宣传文化战线着力构建有利于文化事业科学发展的体制机制。"[17]中宣部、国家广电总局以及上海市委多位领导为制播分离后的上海广播电视台、上海东方传媒集团有限公司揭牌。

一时间"制播分离"成为学界、业界的热门话题,广电改革"破冰"之说屡屡见诸媒体,上海制播分离改革也被人民网评为"年度广电十大事件"之一。此次"制播分离"改革其实更加侧重的是广播电视系统内部改革,制播分离的对象主要是副省级以上的电视台,步骤上是"先台内、后社会",即首先是剥离、改制事业性质"可经营性"制作主体为企业性质,在保证宣传安全的前提下,为文化产业成为国民经济支柱性产业塑造市场主体——国有传媒文化企业,为"可经营性"资产走向市场提供合法性依据。可以说,这一轮改革,是制播分离制度在新的市场需求形势下、新的宏观制度环境下的高调重启。

(四)制播分离实施"因地制宜"

新的"制播分离"政策明确后,全国各地从舆论上引起了较大的震动。实践上各电视台虽然没有出现改制热潮,但以不同的方式不同程度上均有所行动。上海广播电视新的制播分离改革的模式成为全国关注的重点。在集团化、产业发展政策下,各地近年来实施的各种改革也引发了业界和学界更多的关注。

1. "上海模式":事产分开、制播分离,整体转企改制

2009 年制播分离改革中,原上海文广新闻传媒集团拆分为上海广播电视台和上海东方传媒(集团)有限公司(沿用原上海文广新闻传媒集团英文名及缩写 SMG)。上海广播电视台由上海市广播影视管理局依法设立,由上海市委宣传部领导,实行事业体制、行政管理模式,拥有频道、频率资源,成立了节目编审委员会、节目播出总控、新闻中心等多级节目管控机构,强化总编室的宣传管理职能。上海广播电视台出资成立控股的上海东方传媒(集团)有限公司对业务板块进行资源整合,组建了一批面向市场化

的节目制作子公司。按"台属、台控、台管"的原则,上海广播电视台掌握东方传媒集团重大事项决策权、资产配置控股权、主要领导干部任免权、节目内容编辑权、审查权和播出权,对集团及其下属子公司关系宣传导向和文化安全重大决策拥有一票否决权。东方传媒集团囊括了原上海文广新闻传媒集团除新闻以外的全部制作资源,并进行市场化运营。东方传媒集团旗下的子公司包括第一财经传媒、星尚传媒、五星体育传媒、新娱乐传媒、东方盛典传媒、东方购物、炫动传媒、五岸传播公司、时空之旅文化公司等。

这一轮制播分离之后上海电视产业运作明显加速。[18]东方传媒集团制定了子公司"分梯队"走向市场的发展路径。以炫动传播、百视通新媒体、东方购物、第一财经、东方娱乐等为主的第一梯队步伐最快;而原上海电视台纪实频道和体育频道制播分离而成的真实传媒和五星体育位列第二阵营;具有一定城市文化公益特点的艺术人文和外语节目生产暂时仍保留在东方传媒集团公司母体,成为实行企业化管理的事业部。娱乐板块中,《中国达人秀》等节目创新大大加快,并诞生了《媳妇的美好时代》、《杜拉拉升职记》等一批叫好又叫座的精品连续剧。儿童电影《七小罗汉》票房创下国产儿童电影票房新纪录。炫动传播成为国内动漫产业链最为完整、拥有动漫原创自主知识产权项目最多的企业。该公司动漫影视投拍、发行团队,已创造出"喜羊羊与灰太狼"系列、《麦兜响当当》等多部国内动画电影的票房奇迹。SMG国际化运作步伐也不断加快。2010年以来,法国电信与东方传媒集团旗下百视通公司就技术集成播控平台的合作达成战略合作;与日本最大的文化产业集团——吉本兴业株式会社——在艺人培训经纪和舞台演艺等方面拓展合作。跨区域合作上,2010年2月,上海广播电视台旗下的第一财经与宁夏卫视经过八年曲折终于达成合作。SMG经营总收入上,2009年为109亿元,2011年达到152亿元。[19]

国家广电总局发言人评价:"'上海模式'的核心和实质,是建立一个广播电视事业产业统筹协调、分开运行、分类管理、整体发展的科学运行机制。广播电视既是党和政府的喉舌,也是文化产业的重要组成部分。'上海模式'为广播电视改革提供了宝贵借鉴和经验,对带动全国广电体制改革具有极为重要的示范意义。"[20]

2. 全国广电:因地制宜、改制加速

2009 年,国家广电总局明确了制播分离政策主体、范围、方式,加之此次制播分离倡导的是"先台内,后社会"的步骤,与多年来产业发展精神具有延续性,利于改革的平稳过渡。全国广电系统陆续采取行动,尤其是实力雄厚的湖南、江苏、浙江等地,以及部分特别困难的西部地区,广电机构改革愿望更加强烈。

湖南广电在敏感的跨地域合作、跨行业经营等方面都取得突破。2009 年 10 月,湖南、青海两家广电机构签署协议,双方成立合资公司——绿色创意文化传媒有限公司——共同运营青海卫视的节目制作和广告经营。合资公司中青海电视台占 51% 股份,湖南广播电视台占 49% 股份,湖南广播电视台承担青海卫视的所有运营资金。青海电视台负责青海卫视的新闻节目制作和安全播出,湖南广播电视台负责青海卫视的运营。2010 年 1 月 1 日,青海卫视改版试播。合作社会效益和经济效益明显。对青海玉树地震直播报道实现了历史性突破,并在短短两天内筹备青海卫视赈灾特别节目,为青海筹得善款物资约 9 亿元。"花儿朵朵"大型选秀节目,创收超过 1 亿元,而上年青海卫视全年的收入不足 1 亿。[21] 跨行业经营上,2009 年 12 月,湖南卫视与我国最大的网络零售商淘宝网合资成立湖南快乐淘宝文化传播有限公司,开发电视与网络融合互动的电子商务。同月,金鹰网旗下的芒果网络电视被划出打造成网络视频平台"芒果 TV",并规划建立辐射互联网、手机电视、数字电视三大领域的综合运营体。2010 年 1 月,湖南广电实施局台分离,部分可经营资产注入新成立的湖南芒果国际传媒集团。

新形势下,制度改革相对放缓的中央电视台也潮流暗涌。2009 年 7 月,中央电视台整合全台资源,集纳新闻、广经、海外、社教、文艺五大节目中心的新闻采编系统,成立中央电视台新闻中心,进行统一管理、资源共享。这一方面进一步提高了舆论引导能力和国际、国内传播能力,另一方面也为日后的制播分离改革铺平了道路。[22] 2013 年,制播分离模式的《舞出我人生》节目登陆央视,首期收视率即达到 2.14%,超过灿星之前所制作的《中国好声音》、《中国达人秀》等节目的首期收视率。

然而,尽管全国制播分离改革在加速,但是我国电视行业被赋予的社会价值与产业价值双重属性依然突出,各地的制播分离

"因地制宜"往往也意味着许多不确定性,意味着政治、经济等各种因素的干预。曾作为中国电视产业跨地域制播分离典型的湖南卫视与青海卫视合作、SMG第一财经与宁夏卫视的合作,在2013年都因为复杂的政治经济原因而在合同未到期时就被叫停。

四、媒体融合时代的制播体制改革新趋势(2014—　)

值得注意的是,"制播分离"的概念在业界和学界近年来似乎在悄然淡化,制播分离与否已经不是一种政策原则,在新闻节目领域外各种传媒产品制播分离或一体化都成为生产、交易的自主经营决策。在这种情况下,制播分离似乎已经成为一种不言而喻的制度基础——如果没有这个制度,其他很多市场交易和产业创新似乎都无法进行,网络视听产品尤其如此。所以,媒体融合时代,电视台深化制播体制改革的新趋势,是在优先保障社会效益的前提下,充分利用自身资源条件,从内部探索管理创新、技术创新,从外部拓展生产合作、资本运作的经营创新,从而提高经济效率并推进产业发展。

媒体融合时代,电视播出机构与节目制作机构的制播关系演变为更加复杂的产业链之间的分工合作关系。2014年,我国提出了传统媒体与新媒体融合发展的战略,2015年"互联网+"概念被写入政府工作报告,这标志我国传媒行业进入了媒体融合乃至产业融合的时代。在媒体融合时代,电视节目制作方与播出方关系,以及各种新型视听产品的生产交易关系变得越来越复杂。这是因为媒体融合时代传媒生产涉及的机构、技术、产品变得越来越多元,也因为互联网媒体在传播影响和广告吸附力上对传统电视都构成了激烈的竞争替代,电视台已经失去了以往绝对主导节目交易市场的垄断优势。因此,为了协调生产过程和合作关系,电视台在保障舆论导向安全等社会价值的前提下,不得不探索与各种机构生产合作、资本运作的新模式,尝试电视台内部的制作体制、激励机制的深化改革。

2014年,SMG规模宏大的重组整合再次成为中国传媒体制改革经典案例之一。当年3月,上海广播电视台、上海东方传媒集团有限公司与上海文化广播影视集团全面整合而成"上海文化广播影视集团有限公司"(仍沿用英文缩写简称SMG);11月,上市公司"百视通"通过新增股份交换吸收合并"东方明珠",打造统一的产业和资本平台;2015 年 6 月,重组后的上海东方明珠新媒体股份有限公司在上交所挂牌,成为中国 A 股首家市值超千亿的文化传媒公司,复牌日市值曾超 1600 亿元[23]。这次重组是一个极其复杂的资本运作、政策协调改革过程,百视通与东方明珠母公司股权结构也几经变更。2014 年 SMG 旗下的第一财经也进行了复杂的市场重组,先由 SMG 与阿里巴巴成立一家控股公司,再通过重组持有第一财经的股权。控股公司中 SMG 与阿里巴巴分别持有约六成和四成的股权,SMG 是以原有股权出资,阿里则以现金认缴控股公司注册资本。重组后的第一财经内部构架、高管人员、新的数据业务都进行了重大调整,整个改革过程体现了强烈的市场化导向、经济效率导向和媒体融合导向。独立制作人制度也是 2014 年 SMG 体制改革的重大措施,它与全台的节目机构重组、创新创优、制播分离联系紧密,但其实质上是对传统电视台内容决策机制、资源配置机制、激励约束机制的创新。2014 年 3 月,由东方卫视、新娱乐、星尚、艺术人文、七彩戏剧等频道组成的千人大中心——东方卫视中心正式开始运营。同时,18 组东方卫视中心独立制作人团队也正式成立。独立制作人团队获得了资金、人员、资源等诸多体制、机制方面的灵活自主权。SMG 高层指出,要把独立制作人制度作为改革的先行者,"好的机制、政策都要给足,台、集团各个方面也都要有这种共识","现在市场竞争越来越激烈,市场的开放度也是越来越大,我们还要研究一些新招,在人才培养、使用和激励方面要有一些新政策和对策"。[24]独立制作人制度让 SMG 突破了电视节目模式创新的瓶颈,在国内多数热播节目靠从国外购买成功的节目版权背景下,他们却创造了大批自己的品牌节目,不少还成功融合了互联网传播元素。与此同时,SMG 也通过新技术领域的合作运营,推进了 VR 产业的发展和云端服务。

从全国来看,湖南广电、浙江广电等机构也都在保障电视产品社会价值的前提下,进行了旨在促进产业增长的产品创新和体制改革。尤其是湖南广电的经营创新非常突出,它一方面有效拓展了市场合作,另一方面在网络平台芒果 TV 上又采取独播战略——某种意义上这是一种"制播一体"的经营策略。总体而言,媒介融合和产业融合条件下,我国传媒产业链逐渐延伸,各个环节的市场主体都在竞争合作中进行着旨在提高经济效率的经营创新。

但是,我国许多电视台也出现了节目制作"空心化"现象,许多节目尤其是大型节目、优秀节目过度依赖制播分离、社会制作。我国许多电视台制播分离的初衷,是在市场竞争激烈、电视广告市场逐步萎缩的环境下,通过分离节目制作业务来降低制作成本、获得外部优秀节目。这也说明,我国许多电视台缺乏降低成本、创作优秀节目的能力,这种现象往往被归因为国有体制缺乏充足的激励约束。与此同时,许多电视台的优秀人才也大量向影视制作公司、网络视频机构流动,从传媒行业整体来看这是一种制播体制市场化条件下资源优化配置的现象;但是对电视台来说,这却是资源流失,更是行业吸引力下降、内部体制机制竞争力下降的表现。

五、结语

从上文梳理的中国电视"制播分离"制度变迁历程来看,我国广播电视制播分离大致经历了自发试行、禁止与探索、高调重启并平稳推进这几个阶段。世纪之交的自发试行阶段社会制作机构参与节目制作活跃,2009 年重启后的制播分离重点则在于国有电视制作机构转企改制、可经营性资产剥离。在媒体融合时代,我国电视新闻节目以外的制播关系已经演化为更加复杂的产业链之间分工合作关系,制播体制改革新趋势是在保障电视社会价值前提下,通过电视结构内部、外部的管理创新和体制改革,来提高经济效率并促进产业发展。

从我国电视"制播分离"制度变迁过程也能发现,市场需求和宏观制度环境起到了决定性作用。自发试行制播分离多是因为节目需求增加、自身制作能力有限、自身制作成本更高,特别是在广告市场需求萎缩、市场竞争激烈的条件下,电视台更有内在的动力实施制播分离来应对困境,这类似于制度变迁理论中的"诱致性制度变迁";国家宏观制度环境显然对制度变迁起着关键的决定作用,禁止或者提倡政策,都直接制约或推动电视机构实施制播分离,制度变迁理论中的"强制性制度变迁"理论也得到一定程度的验证。

由此不难推论,如果传统电视广告市场被互联网媒体持续吞噬、传媒竞争持续加剧,以制播分离为基础的管理创新、体制改革、市场整合一定会持续,民营节目制作机构、网络视频机构的市场份额可能扩大。如何避免市场整合中电视台的"空心化"?从制度的角度看,就是要通过深化制播体制改革来提高电视台内部体制活力和外部有效的重组整合。显然,这是一个改革原则和具体条件相结合的艰巨任务。目前成功的案例有不少,但是处于困境中的电视台似乎更多。鉴于传媒行业承载的社会功能,我国提出了"线上线下统一标准"的内容管理原则,这对国有电视机构经营其实是一个利好政策。总之,宏观制度环境上我国强调发挥市场配置资源的决定性作用和更好地发挥政府的作用,所以我国电视产业和融合媒体产业体制改革,将在市场竞争重组加剧、内容导向规制强化的大趋势下博弈演化。

注释

[1] 唐世鼎等:《制播体制改革与电视业发展问题研究》,中国传媒大学出版社 2005 年版,第 44 页。

[2] 许婧:《2016 年度电视业试错容错纠错的广电管理和潮流趋势》,《电影评价》2017 年第 14 期。

[3] 中国广播电视年鉴编委会:《中国广播电视年鉴(1989)》,北京广播学院出版社 1989 年版,第 81 页。

[4] 郭镇之:《中外广播电视史》,复旦大学出版社 2005 年版,第 283、300 页。

[5] 杨伟光:《中国电视论纲》,中国广播电视出版社 1998 年版,第 325 页。

[6] 陆地:《解析中国民营电视》,复旦大学出版社 2005 年版,第 3 页。

[7] 唐世鼎等:《制播体制改革与电视业发展问题研究》,中国传媒大学出版社 2005 年版,第 44 页。

[8] 黄升民:《网络与组织的双轨整合——解读中国电视媒介经营走向》,《现代传播》2001 年第 1 期。

[9] 唐世鼎等:《制播体制改革与电视业发展问题研究,中国传媒大学出版社 2005 年版,第 44、2 页。

[10] 中国广播电视年鉴编委会:《中国广播电视年鉴(2001)》,中国广播电视出版社 2001 年版,第 19 页。

[11] 黄升民:《制播分离:制度创新的补药还是泻药?》,《媒介》2009 年第 11 期。

［12］陆地:《解析中国民营电视》,复旦大学出版社2005年版,第4、198页。

［13］数据来源:国家广电总局广播影视发展研究中心网站。

［14］朱虹:《国际金融危机对我国广播影视业的影响及其对策》,《传媒》2009年第7期。

［15］参见中华人民共和国中央人民政府门户网站。

［16］王道军:《转企改制 上海文广领跑》,《上海国资》2009年第11期。

［17］李君娜:《上海广播电视率先制播分离》,《解放日报》,2009年10月22日第1版。

［18］相关内容参见上海广播电视台官方网站,数据来源分别为《2010年中国广播电视年鉴》、上海东方娱乐传媒集团有限公司官网,http://www.etsmg.com/xwzx/ztnews/zgdsj/2012－02－20/182.html。

［19］朱虹:《论广电"上海模式"》,《第一财经日报》,2009年11月10日第A13版。

［20］黄文:《跨区域合作:希望与困难同在》,由湖南广播电视局办公室2010年7月29日提供。

［21］赵丽颖:《2009年中国电视产业跨界与重组》,载崔保国《2010年:中国传媒产业发展报告》,社会科学文献出版社2010年版,第259—260页。

［22］《资本"连环阵"运作东方明珠市值超千亿》,来源:http://it.sohu.com/20150629/n415809171.shtml。

［23］《SMG如何建设独立制作人? 王建军台长详解3大关键词》,来源:https://www.tvsou.com/article/f6617c2a97cfbbac6e62。

融媒时代电影产业的蝶变与突围

陈 端 张 涵 张 微 聂玥煜

摘 要 2016年,中国电影产业发展触及多重天花板,票房和资本市场双双低迷,引发业界和学界的热烈讨论,其中不乏悲观情绪。本文立足于融媒时代电影内涵与外延的深刻嬗变,认为电影作为产品无论从表现形式、社会功能抑或消费价值上都呈现出与以往不同的特质,而电影作为产业在上述特质变化和互联网巨头们的渗透下也表现出与以往不同的产业特征与产业发展逻辑。盘整之后,产业以生态化重构为趋势面临新的蝶变契机,亦为有志者提供了弯道超车的战略机遇。

关键字 融媒时代,电影产业,蝶变,生态

一、监管趋严,票房与资本市场双低迷,触顶"多重天花板"后电影产业突围路在何方?

图1 2011—2016 中国内地年度票房增长

数据来源:2016年中国影市报告

作者简介 陈端,女,中央财经大学新闻系副教授,博士。研究方向:传媒经济与管理。电子邮箱:annachenduan@163.com。张涵、张微、聂玥煜,中央财经大学新闻系学生。

　　2016 年中国电影总票房以 457.12 亿元收官,打破了自 2010 年以来连续 40% 以上的增幅,创下 6 年来的增速新低。[1]2016 年 3 月,《叶问 3》非正常时间虚假排场 7600 余场、涉及票房 3200 万元,总票房中含有发行方砸 5600 万元自购票房,幕后"金主"快鹿集团用"票房换股价",其票房造假涉及投资、发行、放映多方合谋,引发舆论哗然[2]。同时,IP 过度开发、原创疲软、烂片充数、明星天价、估值泡沫、产量过剩、保底泛滥、产业链垄断等诸多问题接连在 2016 年浮出水面,搅局行业发展,也引发监管重拳。2016 年下半年,电影行业监管重磅出击,证监会遏制借壳重组的短期炒作,影视公司的并购重组接二连三被否决,包括万达院线终止收购万达影业,暴风集团终止收购稻草熊影业,唐德影视终止收购爱美神文化公司等。[3]7 月中旬,深交所发布《深圳证券交易所创业板行业信息披露指引第 1 号 ——上市公司从事广播电影电视业务(2016 年修订)》,要求上市公司披露与其他投资方的分账比例以及公司与演职人员双方具体的合作方式、授权事项、排他性条款等,这一修订指向天价对赌和绑定明星的高溢价并购[4]。

　　资本市场历来是最为敏锐的。从 2016 年第二季度起,中国电影股票市场一直笼罩着股价下挫或低迷的阴影,无复 2015 年辉煌旧观。截至 2016 年 12 月 31 日,影视龙头股万达院线、华谊兄弟、光线传媒市值分别下滑约 780 亿元、295 亿元、195 亿元。万达院线(后更名为万达电影)全年下跌超过 50%,华谊兄弟跌幅超过 40%,光线传媒跌幅达 35%。[5]这些耳熟能详的影视明星股无一例外地在 2016 年遭遇"滑铁卢",中国电影市场高度增长的神话由此告一段落。

　　展望触顶多重"天花板"的电影产业,未来突围路在何方? 以既有的惯性思维指导产业未来破局之道显然行不通。与其认为 2016 年是中国电影产业发展的拐点,莫若说原有的发展模式和结构遭遇天花板。当前,在移动社交媒体驱动的新一轮媒介融合时代大背景下,从电影的生产制作到发行放映,从电影语言的迭代到电影美学的革命,从观众观影心理的调整到电影消费方式的嬗变,网络因素和社交因素的介入都促动传统电影产业开启跨界互动之旅,电影作为一种精神消费产品在表现形态、内容制作模式、价值变现方式、产业结构和资本布局等方面都在经历一场深刻转型,呼唤我们立足新的技术、文化、社会和消费语境,对电影产业内涵与外延的衍变进行反思,厘清驱动产业变革的深层力量与产业衍变逻辑,为电影业界未来战略布局提供思路镜鉴。

二、融媒时代电影产业内涵与外延的衍变

工信部《2017 年 1—2 月份通信业经济运行情况》数据显示:截至 2017 年 2 月底,中国移动互联网用户总数已达 11.2 亿户,使用手机上网的用户数接近 10.6 亿户[6],移动社交媒体使用习惯的普及逐渐培育起电影观众的社交分享习惯,传统的电影"先立项制作,再宣发公映"的线性链条越来越衍变为"立项初期即话题预热—拍摄全程动态播报—宣发过程话题导流—院线公映口碑正负向强化—衍生品开发持续获利"的模式。在以移动社交媒体所驱动的新一轮媒介融合大背景下,互联网的技术、用户和渠道资源以及多媒融合、多声部交响的传播模式为电影内容 IP 立体化打造与多元化变现提供了良好的架构基础,进而对电影核心内容的表达和审美特征带来改变。电影的整个生产制作及传播都体现为围绕核心 IP 多形式展示、多终端呈现和多屏协同的过程,形成了全新的多层次影业关联消费体验。电影正在超越银幕的媒介形态,融入了互联网+的宽泛媒介文化和传播渠道中,而登陆院线大屏幕进行公映的只是整体 IP 产品集群中最核心者。

概括而言,融媒时代电影产业本质与内涵的衍变体现为如下三个方面。

(一) 公共议题的重要来源

2015 年初,许鞍华导演、汤唯主演的《黄金时代》登陆大银幕,掀起了一股"民国热",《南方周末》《三联生活周刊》等主流媒体先后都结合电影人物和背景做了文化层面的解读,张爱玲、林徽因、苏青、丁玲、陆小曼等"民国才女"一时也随之成为热议和比较的话题。自媒体时代,社会关注点日益碎片化和多元化,传统新闻性内容的议程设置能力减弱,而一些品质精良且与公众情绪形成时点性呼应的电影大片作为公共文化消费的规模化载体,在公众议程设置中的地位不断提升。

2016 年,在总票房增长仅 3% 的情况下,微博电影兴趣用户(通过用户关注关系、频道浏览、微博自定标签等维度确定)全面增长达到 1.2 亿,较 2015 年同比增长 20%。[7]是否选择了合适的

时间节点,能否结合特定时间节点的公众关切营造话题、设置议程,能否争取到这些微博电影兴趣用户的关注,这些都与票房成败息息相关。除了影片本身内容带来的公共议题价值之外,借力于事件营销、话题营销、明星营销等整合营销方式和线上线下媒体融合宣发的推广方式,2016年的电影宣传期成了全媒体性的社会公共议题产生、讨论和传播的重要爆发点。2016年票房Top20电影主话题微博平均阅读量超10亿,是2015年的2.4倍,平均讨论量超133万,是2015年的2.9倍。从议题内容来说,2016年电影头部用户(电影官微及电影大V)短视频播放量飞速提升,环比2015年增长650%。[8] 片方视频物料的发布,包括片花、花絮和表情包等,为电影用户在多媒体平台上生产内容提供丰富的素材和创作空间,进一步拓宽了根植于电影本身的公共议题的全民讨论维度。

2017年暑期,低迷的电影票房开始上演局部逆袭。以公映42天55.91亿(票房数字继续更新中)的成绩再破国产票房纪录的《战狼2》,既有《战狼1》IP打下的基础,也有档期选择在建军80周年纪念时节和中印边境摩擦带来的国内爱国主义情绪高涨等综合因素的加持。而原本属于小众类型的纪录片《冈仁波齐》在上映首日仅以1.6%的排片量开画,却以"情怀"牌击中了诸多中产观众的心弦,凭借社交媒体和豆瓣、猫眼等电影平台上的高评强势逆袭,"人生没有白走的路,每一步都算数"更成为一时的流行语。

但是,水可载舟亦可覆舟,刻意打造公共议题有时反而形成负面影响。频繁地提供爆点话题信息会抬升观影人群的期望值,一旦观影体验与期望值之间落差过大,就可能带来口碑上的负向评价,进而以其晕轮效应影响下一波票房表现,导致高开低走的结果。

(二)体验型的多层次消费

进入移动互联网主导的融媒时代,随着大数据、移动支付、O2O等新技术的发展,消费形态与相应的商业模式都处在深刻嬗变之中,以用户增长带动广告收入的流量经济初级阶段逐步向以媒介载体融合推动"内容+场景"体验消费的会员经济高级阶段演变,围绕电影核心IP,从创意、投资、参演、推广、宣传、分享到影视基地、影视旅游项目,电影生产制作、公映乃至映后的每一个环节都可以与体验经济有机融合,将之转换为消费环节。体验型多层次电影消费市场长尾效应的发掘可以进一步激发电影市场潜力空间,推动产业进一步融合发展。影视产业的爆发式增长成为拉动文化传媒板块整体增长的一只强力引擎,带动了以 IP 整合开发为特征的泛娱乐产业的繁荣。

2016 年,万达院线深入部署体验型的电影消费场景,包括映前映后电影信息的推送,互动性事件话题的策划实施以及分享渠道导流,4D 观影体验的提升,APP 约吧功能增加,和腾讯签署战略合作协议丰富院线内对腾讯游戏的体验以及开发 VR 与更多电影结合的衍生品等。截至 2016 年 2 月,万达院线旗下开业影城 300 家,银幕总数达 2617 块,全国 TOP300 影城中万达影城占三分之一,拥有超过 6000 万的高粘度会员体系,以线下影城为基础,建立开放式电商平台和网络院线,开展跨界整合营销,打造融媒时代下用户体验型多层级电影消费场景和平台。[9] 以 2016 年乐视影业出品的自带粉丝属性的超级 IP《爵迹》为例,乐视影业打通线上线下的各交叉渠道,充分扩大了用户量,从影业 IP 到乐视超级手机、超级电视、超级汽车及 VR 的多屏互动,再到乐视会员独享优惠、919 乐迷节的狂欢、乐视商城的线上售卖等,让用户从发现、喜爱到购买的体验实现升级。

三、电影产业新玩法:生态化运作主导格局重构

西方电影产业的发展早已进入"后票房时代",电影衍生品及产业周边产品收入比重不断提升,我国电影产业在过去十年间的快速发展主要表现在屏幕数与观影人数的激增与票房收入的井喷,但票房之外的周边产业开发力度并不算大。2014 年到 2015年,影视行业发生巨大变革,互联网巨头们挟资本、流量和生态优势强势进入,争相控股影视行业的优质资源,在很多传统影视公司的股东表里都能发现互联网公司的身影。2014 年,阿里影业、爱奇艺影业公司成立,优酷土豆成立合一影业;2015 年,企鹅影业和腾讯影业成立。其他互联网企业也相继进军影视领域,乐视影业、小米影业、聚美影视相继成立,弹幕视频网站 bilibili 与 SMG合资成立哔哩哔哩影业,一波波互联网企业进军影视势必引起产业格局重构并开始引领电影产业格局整体重构,生态化运作或成

为未来发展主流态势。

（一）基于 IP 多层次流转与多重变现的影视漫游园一体化联动

1. 腾讯：电影作为泛娱乐生态大棋局中的影响力放大器

以腾讯为例，为了实现更大价值的联动和布局内容产业的生态闭环，作为布局内容产业和泛娱乐业务板块中至为关键的一步，腾讯成立腾讯影业。在最理想的状态下，文学、动漫、游戏、影业各个板块通过自有的商业模式盈利，又通过互动形成更大的协同效应：动漫、文学是 IP 的孵化来源，电影是影响力的放大器，通过游戏和电竞实现最大价值的收割。腾讯之所以在游戏、文学、动漫等领域获得成功，重要的一个原因是这几个产业都已经和互联网从头到尾紧密整合，作为互联网平台巨头的腾讯，可以给它们带来优势的资源补给，营造巨大的产业价值。因为在考量市场潜力和用户需求时，不管是游戏、文学、动漫，还是网剧、娱乐节目都不及电影业务。电影是最具备社会关注度及话题传播效应的文化传媒产业，也是最主流、受众群体最大的娱乐产业。游戏和网络小说到目前还属于亚文化，而它们如果想要变成主流，通常的方式就是改编成电影。例如《鬼吹灯》《花千骨》以前只是网络小说，虽然读者和粉丝也不少，但只有当它们改编成电影之后，才算是被主流社会真正认可。对于腾讯的内容业务而言，电影是最能把其各项并列的业务串起来的业务。当腾讯影业成立后，腾讯互娱就完成了自身的最后一块拼图，形成了一个完整的内容产业闭环。2017 年两会，马化腾曾说，"所谓的 IP 就是一鸡多吃，一个 IP 有各种炒法，从动漫文学走向影视剧、电影甚至到游戏，甚至舞台剧、表演等等。""一鸡多吃"的比喻，阐述了影视和文学、动漫等泛娱乐业务基于 IP 联动的思路。

2. 华谊兄弟：影响力下沉，以大娱乐生态系统夹缝突围

对于老牌内容巨头华谊兄弟而言，面临网络巨头和院线巨头的双重夹击，突围之道更加艰难。王中磊曾在出席行业论坛时表示：华谊兄弟正着力构建"大娱乐生态系统"，以促进各种形态的娱乐内容在生态体系内外的共生、流转与增值，获取 IP 价值最大化的"生态红利"。从"大娱乐生态系统"的战略角度，目前华谊兄弟已经覆盖了电影、电视剧、网络大电影、网剧、漫画、动画、游戏、综艺、直播等多种娱乐内容形式。

目前,国内排片的决定权在院线手中,在经历过多部影片叫好不叫座的尴尬后,华谊兄弟开始着力加强院线端的建设。根据公告,华谊兄弟已建成投入运营的影院为 19 家,还通过其全资子公司华谊兄弟互娱(天津)投资有限公司以 7885 万元参与大地院线定增。在加强院线建设的同时,华谊兄弟也开始一步步强化其发行能力。2015 年,华谊兄弟(北京)电影发行有限公司正式成立,这是华谊兄弟进入电影行业近 20 年来首次组建专业发行公司,紧随其后华谊兄弟又通过华谊兄弟(北京)电影发行有限公司携手上影集团、微影时代、大地时创等各具优势的股东设立了华影天下(天津)电影发行有限责任公司,其进一步提升对终端市场影响力,加强电影主营业务的决心可见一斑。

但身为影视行业的"老大哥",华谊兄弟似乎玩得更杂、走得更远。2016 年 12 月,华谊兄弟与星影聚合"盒饭 LIVE"玩起了互联网社群和粉丝经济。华谊兄弟将供给盒饭 LIVE 优势内容和全平台资源,通过高话题性、高品质娱乐内容的全新包装与资源整合,进行 PGC 内容的打造和输出。

作为华谊兄弟生态系统中规模最大的衍生业务,品牌授权与实景娱乐板块目前正处于加速推进中。根据 2016 年年报,位于苏州的华谊影城项目已进入实质性阶段,影城项目及悦榕庄酒店项目处于开发建设过程中,预计 2017 年建成开业;华谊艺术家村项目已经建成,开始销售;位于河南及湖南长沙的项目已开工建设。但 Analysys 易观智库发布的《2015 年中国电影制发市场实力矩阵专题研究报告》指出,目前国内超半数的实景娱乐项目尚处于亏损状态,实景娱乐产业链尚不算成熟,以优质内容为运作核心的实景娱乐对游客的吸引力还有限。综合市场规模和发展潜力来看,华谊兄弟在品牌授权与实景娱乐板块的资源配置与生态布局机遇与挑战并存,不能盲目乐观。

在"后物欲时代消费主宰"的游戏领域,华谊兄弟也已经建立起从游戏制作、游戏发行到电子竞技赛事的完整链条,包括 A 股第一家上市手游公司掌趣科技、新三板第一家移动电竞公司英雄互娱、打造出积攒近 2 亿用户的爆款手游《时空猎人》的银汉游戏。目前,银汉游戏正在推进《时空猎人》的 IP 二次变现,其中不仅包括与服装、快消、数码等行业领军品牌的跨界合作,还包括游戏到影视作品的 IP 转换。2017 年,银汉还将研发全新游戏《时空猎人 3D》,5 月将推出影游联动 IP 手游——《思美人》,S 级 IP 手游《拳皇命运》将于暑期上市。

华谊兄弟投资的移动电竞龙头英雄互娱在上半年实现了井喷式的业绩增长,作为其第二大股东,华谊兄弟除收获投资回报外,英雄互娱开发或经营的任何一款电竞类游戏产品改编成电影、电视剧、网络剧或其他舞台艺术作品等的权利,在同等条件下优先授权或转让给华谊兄弟享有。

2017 年,华谊兄弟又提出"明星驱动 IP"的发展模式。围绕明星个人进行 IP 定制、流转、追求价值最大化的布局逻辑,打造综艺节目、影视剧、娱乐营销及粉丝经济等一系列以明星为内核的 IP 产品矩阵。明星在驱动 IP 的同时,也成为娱乐生态的粘合剂和催化剂,加速华谊兄弟大娱乐生态圈协同和整合。

(二)资本运作带动资源整合,合纵连横重构整体生态

在新一轮电影产业版图重构的进程中,资本的力量空前彰显。新老巨头之间并非一味的零和博弈竞争关系,越来越倾向于依托各自在内容制作或宣发、渠道等方面的积累优势,以资本为纽带实现生态化利益的协同与共享,与此同时,在细分领域合纵连横隔空角力的场面也屡见不鲜。

2017 年 4 月的北京国际电影节上,华谊兄弟携手另一家内容巨头上影集团以及拥有优质影院资源的大地影院集团和互联网发行领域创新性企业微影时代成立华影天下发行联盟。万达院线与博纳影业全面战略合作,万达院线更是更名万达电影,开始着手收购不同品类的电影资产,昭示其打造生态闭环的战略布局。腾讯影业与万达、三七互娱、中手游等公司达成合作关系,共同开发斗破苍穹、择天记、最强兵王、西行纪等影视 IP 的电影、游戏改编作品。院线并购小高潮业已出现,集中化程度将愈加明显。

在众多资本运作手段中,并购是影视企业拓展业务范围、占领广阔市场的重要抓手。2015 年,影视行业并购热潮涌动,估值高起;2016 年泡沫破裂,资本浪潮逐渐退去;2017 年初,上市影企并购监管收紧,部分影视并购项目被叫停,在严格的监管之下,行业健康度进一步提升。

表1　2014—2017 年业内并购要案(不完全统计结果)

时间	并购方	被并购方	金额	股权
2014	光线传媒	蓝弧	2.08 亿	50.80%
2014	长城影视	光线影视	1.8 亿	80.00%
2014	华数传媒	视讯传媒	1020 万	51.00%
2014	北京文化	群像文化	4.2 亿	100.00%
2015	百度	星美控股	4000 万港币	3.46%
2015	光线传媒	龙视传媒	2650 万美元	25%
2015	掌趣科技	大神圈文化	5100 万	15.14%
2016(失败)	万达院线	万达影视	372 亿	100%
2016	完美环球	今典院线	2.3 亿	100.00%
2016	北京文化	世纪伙伴	13.5 亿	100.00%
2016(失败)	泛海控股	万达影视	10.58 亿	6.61%
2016	万达院线	慕威时尚	12 亿	100.00%
2016	长城影视	长城国际	3.35 亿	100.00%
2017	典扬传媒	典扬文化	—	30%
2017	思美传媒	观达影视	9.2 亿	99.99%
2017	印纪时代	印纪传媒	36.8 亿	10.50%
2017	大地院线	橙天嘉禾	33.87 亿	
2017(进行中)	乐视网	乐视影业	98 亿	100%
2017(进行中)	华录百纳	欢乐传媒	20 亿	—
2017(进行中)	保利影业	星星文化	6.8 亿	—

数据来源:私募通、投资界。

资本运作及其收入甚至成为一些老牌内容巨头在转型过程中的重要资源补给源。2017 年 3 月 27 日,作为民营影视第一股的华谊兄弟披露 2016 年年报。数据显示,华谊兄弟在 2016 年实现营业利润 11.77 亿元,同比下降 15.21%,实现净利润8.08亿元,同比下降 17.21%,而扣除非经常性损益后的净利润更是大幅下滑为负值,金额为-4018.28 万元,这一数字相较 2015 年扣非净利润4.72 亿元下滑了足足 108.52%。整个 11.77 亿元的营业利润主要来源是投资收益——因参股英雄互娱,华谊兄弟取得投资收益1.09亿元;而华谊兄弟出售所持掌趣科技的部分股份更是取得了10.16 亿元的投资收益。游戏领域的投资不仅与华谊兄弟的内容生产形成了良好的价值协同，本身也成为营收重要来源。

（三）立足融媒环境，打造基于生态的利益分成新模式

随着更高维生态型互联网企业的入局和技术、资本、政策的新变化，电影产业亟须重构新的合作机制与利益分成模式，以新的增量共享体系和激励机制促动整体资源配置最优化和市场价值最大化。这既体现在生态型巨头在自身体系内构建多元资源流转和补偿机制，也体现在不同平台和主体之间的共赢合作之中。

例如，阿里影业籍电商领域积累的用户、渠道和数据优势入局，探索出一条迥异于传统影视公司的发展路径。阿里在网络宣发领域通过淘票票平台持续大规模烧钱补贴，目的之一就是以电影作为流量入口为其电商业务导流，在电商业务板块获得回报补偿。2017年暑期档，以热门电视剧《三生三世十里桃花》IP为基础的同名电影面世，虽然口碑和票房欠佳，但影片制作方与阿里影业合作，基于原有IP价值、女性粉丝规模和淘宝后台数据开发出的三生三世同款生活用品却借势大卖，依托淘宝网实现线上线下同步销售，短短时间里即创出3亿元的销售奇迹。

2017年，10部改编于腾讯热门动漫IP的网络大电影片单发布，众多电影业内公司和互联网平台携手组建豪华合作阵容，腾讯影业负责提供IP支持和制作管理，爱奇艺负责网络电影发行，新片场负责输送创作和制作团队，二十世纪福斯国际引入国际化资源和视野，新浪娱乐、伯乐影业、好家伙影业提供宣发和营销支持，这种合作模式更是昭示了未来行业发展潮流。

四、结语

对于当前的中国电影产业而言，进入"后票房"时代，单纯的数字指标已难以完全表征行业态势，顺应未来格局变动的底层逻辑，夯实内功、合纵连横、资源共享、提质增效方是应对之道。在泛娱乐、大视觉传播年代，电影产业自身的边界日渐模糊，与其他娱乐业及商业之间的融合持续深化。同时，电影挟社会稀缺注意力资源的规模化入口优势对其他资源要素流转的杠杆带动效应会不断强化。盘整之后，我们期待中国电影产业换道再启航，继创新辉煌。

注释

[1]《2016 年中国影市报告》,淘票票官网,2017 年 1 月。

[2] 张世豪:《〈叶问 3〉存在非正常时间虚假排场》,《成都商报》,2016 年 3 月 19 日第 6 版。

[3]《2016 年万达院线股价腰斩,华谊兄弟下跌近五成》,每日经济新闻,2016 年 12 月。

[4] 朱星:《重组新规后 44 家公司终止重组》,《新京报》,2016 年 7 月 26 日 B04 版。

[5] 凡影:《2016 电影市场总结:圈地结束,效率为王开启》,来源:http://ent.qq.co/a/20170303/019885.htm。

[6]《我国手机上网用户数再创新高总数达到 10.04 亿》,来源:http://finance.ifeng.com/a/20160928/14909822_0.shtml。

[7] 贺然:《2016 年微博电影白皮书》,来源:http://data.weibo.com/report/reportDetail? id=349。

[8] 贺然:《2016 年微博电影白皮书》,来源:http://data.weibo.com/report/reportDetail? id=349。

[9]《风来了——"内容+场景"打通电影娱乐营销打通"任督二脉"》,来源:http://www.v4.cc/News-1066432.html。

中国电影生产主体的格局转变

——基于 2004—2016 年电影制片机构的社会网络分析

贺　婷

　　摘　要　本研究运用社会网络分析法对产业化改革进程中我国电影制片行业的格局转变和现阶段的结构特征进行分析。通过历时性分析表明:越来越多的资本和机构向制片行业涌入,网络中权力分布由集中趋向于分散,行业领导者也在市场化浪潮中发生了更迭。通过现状分析表明:互联网企业正在向电影行业渗透,新的领导型企业正在形成,部分以专见长的中小型电影公司努力抓住自身话语权,电影制片格局将继续发生动荡。同时,在网络中,一些制片机构组成了合作关系紧密的小团体,通过分析发现制片人是小团体形成的纽带,系列片是促使小团体开展合作的重要因素。

　　关键词　电影生产,制片机构,联合制片,社会网络分析

　　自 2003 年我国电影开启产业化进程以来,电影行业被压抑的产能不断得到释放,年度电影总票房由 2003 年的 9.5 亿元提升到 2016 年的 457 亿元[1]。作为电影产业价值链源头的制片环节,也在市场化浪潮中得到迅速发展,中国电影制片能力得到显著提高:首先是产量不断提升,2013 年内地故事片产量仅为 140 部,2016 年提升到 772 部[2],同时,内地故事片所占据的票房份额从 2003 年起就连续超过进口影片;其次,电影题材和类型呈现多样化的趋势,主旋律电影一统天下的局面逐渐改变,动作片、爱情片、惊悚片等成为具有票房号召力的电影类型;此外,电影制片模式不断丰富,随着行业利润良好和准入门槛的不断降低,越来越多样化的资本和机构开

　　作者简介　贺婷,女,华南理工大学新闻与传播学院,硕士研究生。电子邮箱:2015136471@ mail.scut.edu.cn。

始关注并参与到中国电影制作中来,国有、民营和外资机构共同构成了中国电影制作的多元化格局。[3]

十多年来,中国电影制片业取得的成果不仅是数字上的飞跃,更是制片格局上的成功转型。[4]在存量增大的表象背后,我国电影生产主体内部结构的深刻变动更值得我们探寻。本文运用社会网络分析法,对产业化改革进程中我国电影生产主体的格局转变和现阶段的结构特征进行深入分析。"社会网络"是指由作为节点的社会行动者及其间的关系的构成的集合,社会网络分析法侧重于从"关系"角度出发研究社会行动者及其社会结构,与传统统计方法不同,社会网络分析处理的数据是量化后的"关系",这种关系被认为是一种双向属性,可以是行动者之间基于血缘、资本、情感等形成的联结。[5]社会网络分析法已经比较成熟,可以从多个不同的角度构建关系网络进行分析。在电影生产中,基于联合制片的电影公司之间会形成一定的合作关系,众多的合作关系又会构成一个广泛交错的合作网络。因此,本文基于电影公司之间的联合制片关系构建社会网络,并根据本研究的侧重点选取密度、中心性、凝聚子群(小团体)三个指标来进行分析。

一、数据来源与数据处理

本文选择2004—2016年作为研究的时间跨度,选择每年票房排名前30的国产电影的制片机构数据,来构建制片机构之间的合作关系网络。在此时间段中,选择2004年、2010年和2016年的数据来观察各个观测指标的变化情况。之所以选择这三年是因为2004年是能收集到完整数据的年份中最早的一年,2016年是能收集到完整数据的最近一年,2010年居于2004—2016这个时间段的中间。同时,选取2014—2016这三年的数据来对我国电影制片机构合作关系网络的现状进行分析。为了量化基于联合制片形成的"关系",我们根据社会网络分析中的通常做法进行假定,若一部电影由 $n(n \geqslant 2)$ 个制片机构参与制作,则其中任意两个制片机构之间形成一次合作关系。将上述所收集的2004年、2010年、2016年以及2014—2016年的制片机构名单构建成4个制片机构合作关系网络,并用社会网络分析软件

UCINET 自带的 NetDraw 功能进行可视化分析,在网络中,每个制片机构用一个网络节点表示,每一次合作关系用一条无权无向边表示,若两个制片机构之间有多次合作关系,则这两个网络节点构成的边为有权无向的。

本文参考的年度票房排名来源于电影票房数据库网站(http://58921.com/),该网站是目前国内比较权威和全面的电影票房统计网站,制片机构信息来自艺恩网,该网站是目前国内比较专业的影视产业研究网站,同时也对电影中提供的制片信息进行了数据核实。在数据的处理过程中,剔除了只有单独制片公司参与制作的电影;对于一部电影的制片机构中同时包含母公司和子公司的,只选择母公司作为研究数据;在一个研究时限内易名的公司,统一为易名后的名称。除了数据分析之外,本研究还利用新闻报道、产业资料、公司材料等作为补充资料,相互结合分析。

二、电影制片行业格局的历时性分析

在 2004—2016 年这个时间跨度中,本研究选择 2004 年、2010 年和 2016 年三年的数据来观察各个指标的变化情况。这三个年份的网络规模,见表 1。

表 1　制片机构合作关系网络规模表

时间	节点数	关系数
2004	44	146
2010	97	590
2016	191	2748

如表 1 所示,在 2004、2010 和 2016 三个年份票房排名前 30 的电影中,分别有 44 个制片机构建立了 146 次合作关系,97 个制片机构建立了 590 次合作关系,191 个制片机构建立了 2748 次合作关系,随着时间的推移,年度票房排名前 30 的电影中参与制片的机构越来越多,网络规模越来越大,合作次数也明显增加。下面选用密度和中心性两个指标来对这三个年份的网络特征变化进行分析:

（一）密度分析

在社会网络分析中,密度指标用于测量网络中各个体之间联系的紧密程度,在无向关系网中,若有 n 个节点,那么网络中包含的关系总数在理论上的最大值是 $n(n-1)/2$,如果该网络中实际关系数目为 m,则该网络的密度等于"实际关系数"除以"理论上关系数的最大值",即为 $m/(n(n-1)/2) = 2m/[n(n-1)]$,密度值一般介于 0 到 1 之间,值越接近 1,则表明网络成员之间的联系越紧密,联系紧密的网络能为其中个体的发展提供资源与协助,但另一方面也能限制其发展。经计算,2004 年电影制片机构合作关系网络的密度为 0.0846,2010 年为 0.0653,2016 年为 0.0786,总的来看,相比于电影产业化初期的 2004年,2010 年和 2016 年的网络密度有所降低,网络成员关系较2004 年疏离。但从表 1 中可以看出,2010 年和 2016 年的网络节点和关系数都较 2004 年有了较大增加,参与制片的机构越来越多,网络规模越来越大,合作也越来越频繁。由于大网络的密度一般不大,网络规模的扩大可能对 2010 和 2016 年的网络密度造成了稀释。

（二）中心性分析

中心性是社会网络分析从"关系"角度出发对权力进行的量化研究,中心性分析主要包括中心度和中心势指数。中心度是研究网络中权力分布的一个指标,本研究选用节点的度数中心度来衡量节点的中心性,若一个点与许多点直接相连,则可认为该点具有较高的度数中心度,在网络中拥有较大的权力。中心势表示网络在多大程度上表现出向某个点集中的趋势,中心势越大,网络中权力分布越集中。

图 1 为 2004 年制片机构合作关系网络图,由于网络规模较大,只选取了其中主要的 30 家制片机构进行可视化分析,图中用节点的不同形状来对制片机构的所有制性质进行区分,其中方形节点代表国有制片机构,三角形代表民营制片机构,菱形代表外资机构(包括港澳台资本),圆形代表混合所有制的制片机构。节点的大小根据其度数中心度进行了排序,节点越大,度数中心度越大,在网络中越处于核心位置,同时,图中较粗线条表示两个制片机构之间存在多次合作关系。

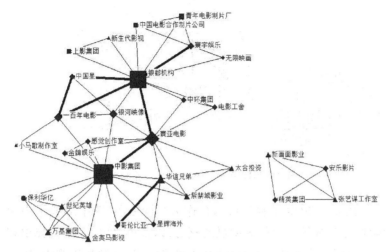

图1　2004年制片机构合作关系网络图

　　如图1所示,在2004年主要的30家制片机构中,国有制片机构有5家,民营制片机构有10家,外资机构有14家(港资12家,台资1家,外国机构1家),混合所有制制片机构有1家。中影集团、银都机构两家国有企业是网络中两个较为明显的核心,其他三家国有企业度数中心度较小,在网络中处于边缘位置。同时以寰亚电影为代表的港资企业也在网络中拥有较高的权力,从图中可以看出,国有的中影集团、银都机构和一批香港制片机构建立了较为密切的合作关系,中影集团作为国有资本的代表,在与境外电影机构合作方面具有得天独厚的条件,银都机构1982年成立于香港,是境外唯一一家大型国有电影企业,这为其行走于内地与香港两个不同市场提供了便利。民营制片机构在网络中占据了三分之一的比重,但大都度数中心度较小,其中的核心是华谊兄弟,华谊兄弟是最早开展海外布局的民营制片机构,其早在2001就与美国哥伦比亚公司联合制作电影《大腕》,2004年又合作出品了高票房电影《功夫》和《可可西里》,合作关系较为紧密。

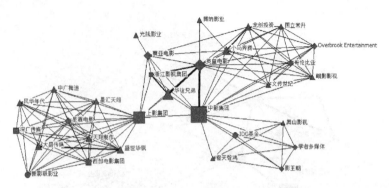

图 2　2010 年制片机构合作关系网络图

图 2 为 2010 年制片机构合作关系网络图,图中形成了中影集团、上影集团两个较为明显的核心,以及英皇电影、华谊兄弟和小马奔腾三个次核心。在 2010 年主要的 30 家制片机构中,国有制片机构有 5 家,民营制片机构有 16 家,外资机构有 7 家(港资 3 家,台资 1 家,外国机构 3 家),混合所有制制片机构有 2 家。在国有制片机构中,中影集团、上影集团处于核心位置,其他三家国有机构的度数中心度相对较小;民营制片机构的数量相较于 2004 年进一步增加,成为网络中的主体,其中的核心是华谊兄弟、小马奔腾。外资机构相比于 2004 年的数量有所减少,但来源更加多元化,其中的香港制片机构英皇电影在网络中处于较为核心的位置。网络中也有一些合作较为频繁的组合,如浙江影视集团、华谊兄弟和英皇电影在 2010 年合作出品了《非诚勿扰 2》和《唐山大地震》,中影集团和英皇电影合作了《让子弹飞》和《功夫梦》,小马奔腾和龙创投资合作出品了《剑雨》和《功夫梦》。

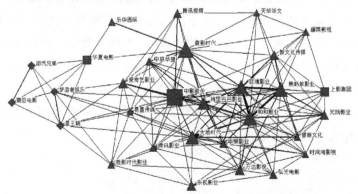

图 3　2016 年制片机构合作关系网络图

图 3 为 2016 年制片机构合作关系网络图,图中形成了中影股份、微影时代两个较为明显的核心与和和影业、黑蚂蚁影业和联瑞影业三个次核心。在 2016 年主要的 30 家制片机构中,国有制片机构有 3 家,民营制片机构有 23 家,外资机构有 4 家(均为港资)。从图中可以看出,由中影集团改制而来的中影股份仍然在网络中占据核心位置,其他两家国有企业上影集团和华夏电影的度数中心度相对来说较小。从数量上来看,国有企业的数量相较于 2004 年和 2010 年有所减少。民营制片机构的数量进一步增加,成立于近几年的微影时代、和和影业、黑蚂蚁影业等几家机构是其中的核心,且这三家电影公司因在当年合作出品高票房电影《美人鱼》、《绝地逃亡》和《摆渡人》,成为稳定的合作伙伴。网络中的外资机构数量相比于 2004 年和 2010 年进一步减少,且在网络中处于边缘位置。

中心势反映了网络中权力的集中程度。经计算,2004 年电影制片机构合作关系网络的度数中心势为 28.46%,2010 年为 26.50%,2016 年为 24.26%。可见,随着时间的推移,网络的度数中心势逐渐下降,网络不断趋于"分权",即权力从集中到分散。这一点也可从网络图中直观感受到,在 2004 年,网络中的核心机构中影集团、银都机构的度数中心度显著占据前列,其节点大小和其他机构差别较大,表明权力较为集中。2010 年,网络中不仅形成了中影集团、上影集团两个较为明显的核心,还形成了着英皇电影、华谊兄弟和小马奔腾三个次核心,核心机构节点大小和其他机构的差别相比于 2004 年有所缩小。到 2016 年,网络中核心机构的节点大小和其他机构的差别进一步缩小,权力分布进一步均衡化。

结合上文可知,在主要的 30 家电影制片机构构成的合作关系网络中,国有制片机构的数量占少数且呈不断减少趋势。同时,国有机构中也存在两极分化的现象,除中影集团和上影集团外,其他国有机构的度数中心度都较小。早在 1999 年,中影集团就拉开了国有制片机构重组改革的序幕。2001 年上影集团也获得了重组兼并批准,在政府支持引导下,它们转企改制的步伐稳步推进,市场适应能力显著增强,已成长为制—发—放一体化的综合性电影企业。但除转企改制比较成功的中影集团和上影集团外,大多数国有电影制片厂还未摆脱旧体制的束缚,国营观念和体制惯性严重影响着它们的市场适应能力,其制作的电影存在着叙事方式陈旧、创新意识缺乏等问题,不能完全适应电影观众的需求,因而在市场化大潮中逐渐被边缘化,不再是中国电影生产的主体力量。[6]这些国有制片厂要想摆脱困境,还需借鉴中影集团和上影集团的经验,在深化改革的进程中,不断明晰自身的市场定位。

在上文的三个网络中,民营制片机构在数量上均明显超过国有机构,并且越来越占据绝对主体地位,同时其度数中心度不断提高,和国有制片机构的差值在不断缩小,甚至有部分民营机构的度数中心度已经达到或接近中影集团、上影集团的水平。这不仅反映出民营制片机构规模的扩大,也表明其整体实力的提升。以产业化初期原国家广电总局颁布的《电影制片、发行、放映经营资格准入暂行规定》为起点,政府部门不断降低民间资本在电影行业的准入门槛,推动电影投资主体多元化格局的形成,民营制片企业在中国电影产业结构中呈现"从无到有、从弱到强"的强劲生存态势。它们不断冲击与改变着原有的市场格局,整体来看已经显现出超越国有企业的市场生存能力,逐渐成为中国影视行业的中流砥柱。历年票房排名前30的国产影片,绝大部分都是由民营制片机构投资或合资生产的,华谊兄弟、博纳影业、光线影业等一批规模大、实力强的民营电影公司逐渐成为行业的领导者,它们凭借自身在人才、资本、市场操作等方面的优势,逐渐树立起了品牌与特色。民营资本具有数额可观、运营灵活、市场敏锐性良好等优点,相较于外资,它们更具安全性,因而成为高投入、高风险的电影行业融资的稳妥首选。[7]民营电影生产力量为中国制片业注入了新鲜血液,它们大胆地改革与创新,改变了中国电影产业内部原有生产要素之间的关系,拉近了电影与市场的距离[8],加速了中国电影产业的转型升级。

在网络中,外资机构的数量在不断减少,这一方面是由于样本选取的限制,另一方面也与内地制片公司的发展壮大有关。结合相关产业资料可知,顺应电影产业全球化发展趋势,我国电影制片机构也不断和外资机构开展合作。中外电影合作制片主要有合拍、协拍和代拍三种方式,其中合拍是最主要的合作方式,中外合拍片主要分布在大制作和中制作影片中,这种合作方式能实现"资源互补、分享分担、利益共享"[9],更重要的是,通过跨境的制片合作,可以减少作为外片所受的税收等附加限制,甚至获得合作国家的电影政策优惠,有效跨越贸易壁垒,顺利进入目标市场,实现"走出去",这是许多电影开展跨国合作的重要原因。在产业化改革和相关合拍政策的激励下,各种类型和题材的合拍片纷纷出现,合拍片数量与票房都得到了迅速增长,合拍对象日渐多元,美国、日本、韩国、中国香港和中国台湾等国家和地区成为重要的合作伙伴,其中又以内地与香港的合拍片为绝对主力。

需要说明的是,本研究选取的样本只是高票房电影,而且只选取了历年度数中心度排名比较靠前的制片机构进行分析,所以有一些制片机构可能因为在所选择的年份电影票房表现不佳而未被选入样本。

三、电影制片行业格局的现状分析

为了研究中国电影制片机构合作关系网络的现状,本研究对 2014—2016 三年中每年票房排名前 30 的电影制片机构进行整理,构建了一个有 359 个节点和 5530 条边的合作关系网络。由于网络规模较大,图 4 中只选取了主要的 30 家制片机构进行可视化分析。

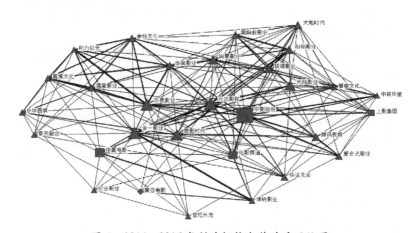

图 4　2014—2016 年制片机构合作关系网络图

（一）中心性分析

图 4 为 2014—2016 年制片机构合作关系网络图,其中有

制片机构有 4 家,民营制片机构有 25 家,外资机构有 1 家。从图中可见,国有的中影股份在网络中占据最核心的位置。另外几家国有机构在网络中较为边缘。民营制片机构是网络中的主体,老牌的民营机构光线影业和万达影视在这三年推出的电影取得了良好的市场业绩,在网络中拥有较高的度数中心度,但其他老牌机构如华谊兄弟和博纳影业在该网络中处于相对边缘位置,这与它们开始向电影产业外的多元业务拓展有关。香港的寰亚电影是网络中唯一的一家外资机构,在网络中也处于边缘地位。

在 2014—2016 年的网络图中,互联网企业向电影业跨界产生的制片机构表现瞩目。第一种是视频网站的跨界,如乐视影业、爱奇艺影业;第二种是非影视类互联网公司的跨界,如阿里巴巴旗下的阿里影业。"互联网+"是中国电影行业近年遇到的最大变革,电影成为互联网企业进军文娱产业的首要领域,互联网企业不再仅仅充当电影的播出和营销平台,逐渐开始向上游制片环节渗透,成为影响电影生产的内容平台。[10]这些互联网企业或选择与传统的电影企业联合制作电影,或收购、组建专门的影视制作部门,由于在当前产业融合背景下互联网企业拥有内容、渠道和推广上的众多优势,它们在合作中的主导权越来越明显,新的领导型企业正在形成。随着这些企业将互联网基因注入电影产业链的各个环节,中国电影产业正在实现由"完整"向"高效"的转型升级。[11]

在合作关系网络中,一些中小民营电影企业也占据着核心位置,如具有金融背景的和和影业、长于发行的联瑞影业、深耕于技术的黑蚂蚁影业和大地时代等,它们凭借自身的优势、灵活多样的题材选择和对市场的准确把握,在竞争激烈的市场"洗牌"中,努力抓住自身话语权。[12]在目前包括国有和民营在内的2000 多家电影公司中,规模小、实力弱、出品量少的中小型民营电影企业占据了相当大的比重,构成了中国电影产业的"塔基",它们的整体实力不足以参与完整的产业流程,所以大都结合自身优势在某一制片要素上进行重点突破,以专见长。大小公司并存的局面,能够使市场结构比较合理,在很大程度上保证电影生产的多样化,部分中小电影公司未来可能还会成长为大企业,其发展前景直接关系到中国电影行业的良性有序发展。

（二）小团体分析

由于数据量较大，为了找到关系更为牢固的派系，剔除了合作次数在 2 次以下的合作关系，用 UCINET 软件进行分析，可发现存在 7 个派系：

1. 星皓影业、横店影视、文华东润、金海岸影业、中影股份

2. 星王朝、寰亚电影、邵氏兄弟

3. 华强动漫、优扬动漫、珠江影业

4. 乐视影业、华策影业、麦特文化、和力辰光、最世文化、嘉博文化、麦颂影视、天娱影视、东方传媒、可米必富、中联传动、儒意影业

5. 春秋时代、登峰文化、传奇人影视

6. 电广传媒、恒业影业、重庆电影集团、完美星空

7. 华谊兄弟、亚太未来、蓝巨星传媒

对这些派系的合作行为进行分析，发现存在着两个特点：

首先，制片人是促成这些派系形成的纽带。换而言之，每个派系中的制片机构合作的电影均为同一制片人出品。在 2014—2016 年，第一个派系合作拍摄的《西游记之孙悟空三打白骨精》和《西游记之大闹天宫》的制片人都是刘晓光；第二个派系合作拍摄的《澳门风云 2》和《澳门风云 3》的制片人都是于冬；第三个派系合作拍摄的《熊出没之夺宝熊兵》、《熊出没之雪岭熊风》和《熊出没之熊心归来》的制片人都是尚琳琳；第四个派系合作的《小时代 3》和《小时代 4》的制片人都是李力；第五个派系合作拍摄的《战狼》和《大话西游 3》的制片人都是吕建民；第六个派系合作拍摄的《闺蜜》和《京城 81 号》的制片人均为林朝阳；第七个派系合作拍摄的《奔跑吧！兄弟》和《寻龙诀》的制片人都是叶宁。一部电影的制作本身就是一个项目或工程，制片人则是这个过程中的灵魂，在当今的商业电影的制作体系中，制片人的职能拓展到了产业价值链的各个环节，从选题策划、寻找投资、团队组建到市场营销，这些环节的控制权都被制片人掌握。[13] 上述 7 个派系中的制片人或如刘晓光、林朝阳拥有着多年的电影创作经历，或如于冬、尚琳琳、李力、吕建民、叶宁在影视公司担任要职，他们具有较强业务能力和个人影响力，能动用自己的社会资源聚集一批投资者参与电影项目的制作，久而久之形成稳定的合作关系。

其次，纵观这些派系的合作行为，可以发现系列片是促使小

团体进行合作的重要因素。在 2014—2016 年,第一个派系合作拍摄了西游系列电影《西游记之孙悟空三打白骨精》和《西游记之大闹天宫》;第二个派系合作拍摄了系列电影《澳门风云》第二、三部;第三个派系合作拍摄了系列电影《熊出没》中的三部;第四个派系合作拍摄了系列电影《小时代》第三、四部。系列电影是商业电影最为成功的生产模式之一,系列电影的后续作品可以依靠前期作品的品牌效应和观众积累,降低推广成本和制片风险。近年来国产电影也开始呈现系列化发展趋势,这是中国电影在产业化改革中对行业规律的认识不断加深的结果,表明中国电影开始注重品牌塑造,向成熟的电影工业转变。[14]对近几年取得良好市场效应的国产系列电影进行审视可以发现,这些电影的后续之作一般都是由于第一部电影的成功,制片方想要复制这种高效的商业模式而进行的续集创作,出于最大程度减少风险和扩大收益的考虑,原先的制片机构一般会继续投资续集电影,共同的利益期许促使了合作关系的稳定。

四、结论和不足

制片作为电影产业链的核心环节,其行业格局在产业化和全球化的浪潮中发生了显著的变化,本研究运用社会网络分析法对2004—2016 年我国制片机构合作关系网络进行了分析。结果显示,除拥有垄断资源的中影集团和上影集团外,国有阵营中的其他制片机构都在市场化浪潮中被边缘化;民营制片机构在中国电影产业结构中呈现"从无到有、从弱到强"的强劲生存态势,在市场化浪潮中,形成了一批强势影视品牌。同时,近几年一批中小型企业也运用自己在产业链中的优势抓住了话语权,随着中国电影产业进入互联网时代,行业格局必将继续发生变化。入世以来,我国电影产业也积极顺应全球化发展态势,电影生产中的外资来源越来越多元,国内外联合制片日益频繁。同时,一些制片机构出于共同的利益期许,会在长期的合作中结成小团体。本文通过数据分析的结果表明,制片人和系列片是促成小团体形成的两个重要因素,制片人和系列片都是北美影视工业体系下的产物,这表明我国电影产业经过 14 年的产业化发展,不断借鉴先进国家的经验机制,正在逐步向现代影视工业转变。

　　需要指出的是,由于历年整体的电影制片机构合作网络数据庞大且部分年份数据缺失,本文只选取了每年票房排名前 30 电影的制片机构来构建合作关系网络,虽然年度票房排名前 30 的电影能够在一定程度上代表当年电影的生产状况,但不一定能全面地反映整体网的结构特征。在根据所选样本进行计算的过程中,2014—2016 年历年的网络密度和中心势指数并没有呈现理想的连续性变化趋势,故我们参照相关研究选取了等时间间隔的三个年份来观察其大体的历时性变化情况。最后,本文所选择的用来量化的"关系"是电影公司基于联合制片形成的合作关系,用合作的电影数量来衡量其关系强度。在实际中,两家制片公司的合作关系可能不仅限于此,但真实准确地衡量两者之间的关系可能还需部分非公开的资料,这给研究带来了一定难度,故我们采取了一种较为简化的方法。同时,社会网络分析中用网络中的"实际关系数"除以"理论上关系数的最大值"来计算密度,用与节点直接相连的其他点的个数来衡量节点在网络中的权力大小,这种方法目前尚未考虑节点之间合作关系的强度差别,故软件计算出来的结果可能与实际情况有一定偏差,希望后续能有更完善的方法对上述不足加以改进。

注释

[1] 数据来源:国家新闻出版广电总局。

[2] 同[1]。

[3] 杨永安、邢建斌、韩晓宁主编:《变革与发展:中国电影产业新世纪十年》,中国电影出版社 2013 年版,第 8 页。

[4] 刘汉文、王晨晨:《中国电影制片格局的转型分析》,《当代电影》2012 年第 7 期。

[5] 刘军:《整体网分析讲义:UCINET 软件实用指南》,格致出版社 2009 年版,第 2 页。

[6] 尹鸿、王晓丰:《中国电影产业年度备忘》,《当代电影》2005 年第 2 期。

[7] 吴曼芳:《电影产业:制片策略与院线运营》,中国电影出版社 2015 年版,第 42—43 页。

[8] 丁亚平主编:《当代中国民营电影发展态势研究》,北京师范大学出版社 2014 年版,第 44 页。

[9] 程文:《耦合与嬗变:21 世纪合拍片的繁荣与华语电影新形态》,中

国传媒大学出版社 2013 年版,第 12 页。

[10] 靳斌:《重构与融合:电影产业新格局》,知识产权出版社 2016 年版,第 44 页。

[11] 王广振、王新娟:《互联网电影企业:产业融合与电影产业链优化》,《东岳论丛》2015 年第 2 期。

[12] 周斌:《中小规模民营影视公司发展的现状、策略与前景》,《浙江传媒学院学报》2016 年第 2 期。

[13] 司若:《制片人——影视剧项目经理的角色定位与工作责任》,《当代电影》2010 年第 6 期。

[14] 李苏伟:《消费视阈下电影品牌化的试建——论国产系列电影的现状与发展策略》,《新疆艺术学院学报》2014 年第 4 期。

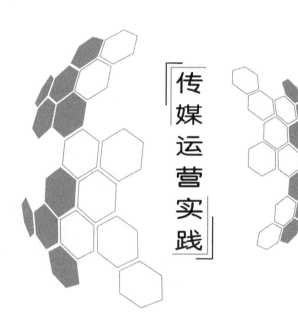

传媒运营实践

传媒业类合伙人制模式的特点、动因及条件探析

钱晓文

摘 要 基于混合所有制的类合伙人制为标志的传媒新体制已经初步成型,但目前对这方面的理论研究还相对缺乏,未引起足够的重视。所谓传媒业类合伙人制,是指媒体通过内部合伙人改造或引入外部合作伙伴,建构媒体与内部员工以及外部企业或个人之间的合作伙伴型新关系,通过价值共创共享和风险共担机制,取得合作共赢的效果。本文结合合伙人制理论考察当前传媒业类合伙人制的若干模式、特点和利弊,并从媒介生态学和价值创新理论的视角来探讨和分析传媒业引入合伙人制的动因和条件。

关键词 传媒业,类合伙人制,特点,条件

一、传媒业类合伙人制的界定及其重要性

基于混合所有制的类合伙人制为标志的传媒新体制已经初步成型,急需理论规范,但目前对这方面的理论研究还相对缺乏,尚未引起足够的重视。原因主要有三:(1)政策敏感性强。从政策层面看,当前管理层对传媒业是否允许实行合伙人制还没有明确表态,但这并不代表管理层对此是否认的态度。从历史发展看,传媒政策往往落后于实践,比如"事业体制、企业化管理",事业性与经营性双分开,媒介融合政策等都是先由媒体实践先探索,然后管理层认可并加以推广,即先有事实后政策确认。(2)实践超前。从实践层面看,随着媒介融合的深入,传媒

作者简介 钱晓文,男,上海师范大学人文与传播学院教授,博士。研究方向:媒介经营管理。电子邮箱:hidoctorqian@163.com。

业类合伙人制为标志的传媒新体制已经初步成型。各种媒体纷纷建立"工作室",比如人民日报的融媒体工作室,南方日报报业集团的名记工作室,扬子晚报的医疗健康工作室,中央人民广播电台的海阳工作室,电视媒体的工作室,还有媒体创新创业中涌现的各种新媒体项目等。融合和跨界是其重要特点,需要整合资源和其他媒体以及社会相关部门、企业合作,所以在不违背现有政策的前提下采取基于混合所有制的类合伙人制,已经突破了传统媒体体制机制的束缚。(3)对传媒类合伙人制的重要性认识不足。类合伙人制不应被视为人力资源管理创新,对传媒业发展来说是战略性举措,可以说是改革开放以来传媒业体制机制的重大创新和突破,将彻底改变传媒业的面貌和运作方式,其影响之深远和深刻远远超过此前的"事业单位、企业管理"和"双分开"。

互联网改变了人与人的关系,也改变了传媒与用户、内部成员以及其他组织等之间的关系,一批走在前列的媒体引入企业界,特别是互联网企业行之有效的合伙人制的理念和实践,以适应互联网时代传媒融合转型发展的需求,如 2017 年 5 月 18 日上海文广的百视通启动"未来合伙人计划"。目前,已有 158 家不同领域的企业分别成为百视通"内容合伙人"、"产业合伙人"、"异业合伙人"和"资本合伙人"[1];4 月 19 日网易发布"媒体合伙人 2.0"战略,并将投入 10 亿元专项生态基金促进内容消费升级[2];此前上海读客图书公司、北京文通天下、磨铁公司、湖南出版集团等出版传媒纷纷引入合伙人制。这些探索引发普遍的关注与争论,争论的焦点在于:传媒尝试合伙人制是推动媒体战略转型的创新之举还是昙花一现的权宜之策? 由于实施合伙人制在传媒业尚属少数,学界对合伙人制的研究主要集中于阿里巴巴、万科这样的互联网企业和房地产企业,对传媒业引入合伙人制的研究相对较少,集中在出版业合伙人制,代表性成果有李凌芳的《出版企业内部推行合伙人制度探讨》等[3];鲜见对传媒业类合伙人制的专门研究,而且现有相关研究多停留在现象描述、经验总结层面,缺乏深入的理论思考和探讨。

合伙人制度适应了互联网时代价值共创、风险共担和利益共享的企业生态系统的需求。互联网产生的重要效应之一就是使企业组织边界开放。从微观上看,这会导致企业价值的创造方式发生变化;从宏观上看,组织之间的开放和融合使得全社会呈现出高度关联的一体化网络形态,从而使现代企业制度与社会化大生产相互兼容。随着企业边界的打开,企业自身的价值流程可以扩展为一个由企业自身、顾客、供应商、合作伙伴、同盟者等相关利益者甚至竞争对手等组成的价值网络。企业边界一旦开放,必然成为一个价值创造的平台。既然组织是开放的,企业价值链是"虚拟"和"实体"相互结合、内外部相关利益者相互融合、内外部要素和流程相互嵌入的动态开放结构,那么其利益机制和结构则往往是分享型的:价值链(网)上的相关利益者(供应商、渠道、用户等)共享价值创造的成果。[4]所谓传媒业类合伙人制,是指媒体通过内部合伙人改造或引入外部合作伙伴,建构媒体与内部员工以及外部企业或个人之间的合作伙伴型新关系,通过价值共创共享和风险共担机制,取得合作共赢的效果。合伙人可分为内部合伙人与外部合伙人两种形式:一是内部合伙人,属于管理意义上的合伙制,即在不改变公司性质的前提下,媒体内部管理采用合伙人制度,以人才为核心,以利益为纽带,激发人力资本的创造性和组织活力。与互联网企业的事业合伙人制不同,媒体内部合伙人制的目的不是建立合伙制企业,而是一种媒体组织模式的变革和管理创新,也就是将企业中的核心成员以合伙人的方式吸收到经营队伍中来,通过授予员工一定条件下的公司管理决策权和收入分配权,给所有员工描述了清晰的职业发展规划和责、权、利相结合的价值实现空间。[5]二是外部合伙人,即媒体与产业链成员之间建立基于业务合作的伙伴关系而不是基于并购的投资控股式关系,产业链成员企业或个人通过提供专业服务成为媒体产业链合伙人。

目前传媒业引入合伙人制尚处在探索阶段,各个媒体因企业类型的差异、所处发展阶段的不同,对合伙人的理解和实施重点和策略也各有不同,缺乏成熟的、可复制的统一模式。按照实施合伙人制的范围和层次,大致可分为媒体内部业务合伙、媒体内部创业(事业合伙人)、媒体联盟式合伙等三种模式。本文拟结合合伙人制理论考察当前传媒业类合伙人制的若干模式、特点和利弊等,并从媒介生态学和价值创新理论的视角来探讨和分析传媒业引入合伙人制的动因和条件。

二、媒体内部业务合伙模式及特点

1. 媒体内部业务合伙模式概述

主要表现为内部项目的业务合伙,属于媒体合伙人制的初级层次。比如浙江广电集团在卫视等频道或经营单位探索建立"项目制""工作室""独立制作人""节目合伙人"等新机制,创新薪酬分配激励机制,让有重大贡献的核心人才得到更多实惠。[6]社会科学文献出版社的"甲骨文"品牌、二十一世纪出版社的"南极熊"品牌图书,均是内部业务合伙方式下的代表性产物。甲骨文品牌以西方学术经典和学术畅销书为主打产品,依托传统出版机构进行市场化运作尝试取得成功,2015年该品牌年收入达到4000—5000万元,并成立了自己的编辑室。[7]浙江卫视2016年推出真人秀节目《食尚合伙人》,由厨艺竞技与合作经营两部分组成,除了炫美食厨艺比拼外,还首次把赛场延展至线下——经营实体餐厅,并以最终的营业额作为评判标准,冠军选手将获得投资方投资其开设的连锁餐厅,并获得该餐厅15%的股份。[8]

这种模式的对象是媒体内部的业务骨干和核心,而不是所有的员工。内部业务合伙人模式的目标是创新用人机制,促进业务发展,其运作方式是打破以部门或个人为考核单位的束缚,通过更灵活的制度设计,给知识型员工等更丰厚的待遇、更大的选题变现权等。比如2012年社科文献出版社免去了甲骨文出版团队版税资金、个人收入、图书装帧设计等方面的后顾之忧,甲骨文工作室的董风云说,甲骨文在选题上相对比较自由开放,在运行机制上与社里其他部门是一样的。[9]

2. 媒体内部业务合伙模式的特点及利弊

这种模式的特点是在不改变传统出版组织机制的前提下,通过设置内部改革"特区",改革人力资源管理,创新编辑出版/节目制作、发行营销、利润分配等激励机制,进行增量改革,比如2012年湖南出版投资控股集团有限公司曾试点合伙人制度和事务所制度。其优点在于鼓励优秀编辑成为出版社的合伙人,为作家提供点对点的终身服务,为顾客创造更多的价值,意在通过这种新的制度改造将传统编辑变成出版服务经纪人。[10]这种模式的优点是可以依托和充分利用传统媒体的平台、品牌、资源和各方面的扶持,快速发展起来,特别适合规模宏大、投资很大、工作量大、时间要求紧而且存在一定经济风险的项目,入手容易而且创新成本较低,将成为传统媒体鼓励创新、鼓励大项目运作的突破口。其缺点是局限于业务层面,即围绕产品和项目的开发经营而组成项目合作团队,其发展仍然受到传统体制机制的束缚,未能上升到组织结构层面从而推动整个传媒集团的改革与创新。

三、媒体内部创业模式及特点

1. 媒体内部创业模式概述

互联网不仅改变了企业传统的生产流程、业务流程,而且改变了企业与企业以及社会成员等的关系,颠覆了企业内部管理者与员工之间的雇佣关系,企业管理者与员工以及外部社会成员之间形成了合作伙伴之间的新关系和"命运共同体"。传媒借助互联网实现创新创业,引入互联网创新创业文化,如浙报集团的传媒梦工场、南方报业传媒的"ND 蜂巢"创新项目等。[11]媒体内部创业属于事业合伙人制,是合伙人制的高级阶段,即从内部培养"合伙人",在媒体内部设立孵化器等帮助员工创业,同时从资金、政策等层面予以扶持,比如中国轻工业出版社通过新媒体项目帮助图书板块开发衍生产品(如 APP)、在项目上做增值,引进专业人员做设计,出版社内的项目参与者将成为"联合创始人",项目初期个人即投资入股,持有 15% 至 20% 的股份,与项目成败休戚与共。[12]2015 年 5 月上海报业集团启动"新媒体创新创业扶持计划",鼓励员工内部创业。"海阳工作室"、"黎婉仪财富管理工作室"等广播工作室实际上是以节目为产品,通过项目运作的管理方式走向市场;通过权力下放,管理扁平化,激活广播工作室,激发传统广播人通过内部创业走向市场。[13]这种模式的对象是媒体内部所有愿意且有条件创新创业的员工,也包括外部人员。

该模式的目标有二:一是通过内部创业、投资参股等方式,创建更多的新媒体产品和品牌,促进传媒融合转型。如传媒梦工场遴选有优秀创意、具有良好市场前景的新媒体产品及创业团队,为其提供发展所需的相关资金、资质、资源及成熟管理,帮助其成长。创业项目孵化成功后,集团控股的上市公司有优先收购权;孵化项目、团队人员既可来自外部,也可来自集团内部,均需通过项目认证与遴选审核。[14]南方报业传媒的"ND 蜂巢"创新项目依托《南方都市报》在品牌、人才、市场及架构上的优势,打造出具有权威性及公信力的南方报业传媒集团拳头产品。[15]二是激发一线活力、留住人才,调动员工的积极性、主动性和创造性,为媒体优秀人才提供更多的发展空间和机遇。

2. 媒体内部创业模式的特点及利弊

这种模式的特点是从组织层面进行组织创新和管理创新,以项目为中心,组织结构扁平化,从战略高度提升组织绩效。比如中信出版社打造"出版人平台",建立了以产品线为纵向脉络、以客户导向为横向脉络的网格式业务组织,鼓励员工成立专门工作团队,帮助有理想有能力的策划人建立自己的品牌,旗下的 26 个分社均各自组成一个创意团队,为其图书的出版发行注入了来自基层员工的活力与灵感。2015 年北京磨铁图书在公司内部进行组织模式变革,推行独立产品经理和主编制多元化的组织模式,从薪水、团队、环境、平台等方面给予全方位激励,努力构建出以产品经理为核心的运营体系,目标是通过业务层级扁平化管理,打破僵化的行政管理思路,为创意人才创造可持续的、自由的、多元化的职业发展路径。[16]中南传媒借改制重组和上市之东风,在出版单位强力推进事业部制,通过划小生产单位和盈利核算单元,引入合伙人制度,鼓励优秀编辑牵头成立事业部,同时加速与优质民营机构合作建立事业部,在财务集中管理的基础上,自主经营、独立核算,一系列举措激发了中南传媒内容创造的活力、动力。[17]

媒体内部创业模式的优势在于:一是改变媒体金字塔结构、克服科层制管理的效率低下等问题,实现组织管理的扁平化,最大限度地激励员工的积极性和创造力;二是传统媒体凭借自己的品牌资源和资本与其他社会力量包括内部员工合作打造新媒体项目孵化器,创办新媒体,利益共享,风险共担,有利于拓展新产品和新市场,有利于实现企业与员工的双赢,丰富了合伙人制度在传媒业的表现形式。这种模式的不足在于:一是组织结构层面看,媒体创新创业带来的组织的边界和组织内部的裂变有其限度,合伙人的个人目标和短期目标追求盈利为主,与媒体企业的战略目标可能不一致,不利于媒体的长远发展,这就需要传媒围绕品牌对内外合伙人的发展与媒体的战略目标不断进行协调和协同,使合伙人的目标始终服务于媒体企业的战略目标。二是媒体引入类合伙人制,打通采编、制作、营销等环节,建立事业部或类似事业部制,将采编与经营"混编",有可能带来媒体片面追求经济效益忽视社会效益和社会责任等问题。按照2015年9月中共中央办公厅、国务院办公厅颁发的《关于推动国有文化企业把社会效益放在首位、实现社会效益和经济效益相统一的指导意见》,国有传媒引入合伙人制需要健全党委领导与法人治理结构相结合的领导体制,建立采编与经营两分开的机制,这也是媒体克服合伙人制弊端、保障实现"双效益"的必然选择。三是这种局部创新对于推动具有规模经济属性的传媒集团的转型作用有限。

四、媒体联盟式合伙人模式及特点

1. 媒体联盟式合伙人模式概述

媒体联盟式合伙人模式属于产业链层面,是指媒体与内部员工以及产业价值链上的外部企业成员结成合伙人关系,以实现从内部事业合伙人向生态链合伙人的转变。比如读客图书建立内部合伙人制与打造IP产业链合伙人相匹配,读客董事长华楠认为,影视、出版、游戏、动漫等文化产业板块正在融合,每一个板块在融合的过程当中都可以产生IP,但产生最多的仍然是传统出版业,传统出版业处在整个IP产业链的最上游,其前景是一条更加长期、更具质量、更有生命力的产品线。[18]国有出版社与民营出版企业为主的文化公司合作结成"合伙人"也属此类。民营书业通过与国有出版社合作实现出版,出版社则借助外脑,取长补短,扩大图书发行、增加经济效益[19],如2012年中国出版集团下属人民文学出版社有限公司某策划人组建的脚印图书工作室便是个人与国有出版社的"合伙",集团和公司投入50万元启动资金,而个人则投入15万元[20]。还有湖北长江出版集团、长江文艺出版社与金丽红、黎波、安波舜共同出资成立的长江新世纪文化传媒有限公司也可视为国有资本和策划人智力、资源的"合伙"。由于受到体制、资本等各种因素制约,目前传统出版机构真正实行合伙人制的属少数,出版社产业链合作大多停留在资源共享与互动的层面。

媒体联盟式合伙人模式的对象一般是产业链上下游企业或个人,低门槛甚至无门槛,如百视通作为拥有上亿用户的平台,面向技术、渠道、内容、应用、终端等各类创新企业寻找合作伙伴,不设门槛,只要有创新点和成长性即可。该模式的目标各有不同:网易是为了解决新媒体内容来源问题,读客、阅文集团是为了打造畅销书,通过 IP 产业链运作赚取最大化的利润,百视通则是为了落实东方明珠新媒体"娱乐+"战略,打造平台,培育新的增长点。该模式的运作方式一般通过项目合作切入产业链,合作方提供各自的专业化服务。如 2017 年初百视通联手江西电信、江西广电、华为开发大屏 IPTV 视频 3.0 系统。将近半年,500 名华为人和 100 多名百视通人形成了一个战队,"电信+广电+华为+百视通"联合研发成为 IPTV 创新的最佳拍档。[21]在这种模式中,媒体与外部价值链各节点即合作伙伴之间不再是"零和博弈",而是协同进化关系,即在竞争中合作、在合作中竞争,互惠互利,资源共享、价值共创、利益共享、风险共担,共同把市场蛋糕做大。

2. 媒体联盟式合伙人的特点及利弊

跨界与融合是媒介融合时代以传媒业为核心的文化产业发展趋势,媒体联盟式合伙人的主要特点是从媒体(集团)层面上升到产业链层面,通过对产业价值链以及内部资源的重新整合来创新价值来源,建立与合作伙伴(顾客、内部员工、外部成员等)甚至竞争对手价值共创共享机制,构建媒介商业生态圈,主要适合于平台型媒体。拥有起点中文网、创世中文网、潇湘书院、红袖添香、榕树下、QQ 阅读等网文品牌的阅文集团 2016 年提出了 IP 共营合伙人制度,将处于产业上下游的作家、粉丝、影视游戏动漫的开发方、资本方等串联起来,把不同领域合作伙伴的利益捆绑在一起,对一个 IP 进行长久深入的开发,合力打造出更加优质的、可持续输出的 IP 文化精品。[22]

媒体联盟式合伙人模式的主要优势在于媒体以拓展价值创造的源泉为核心建构价值网络,即在专业化分工的生产服务模式下,通过一定的价值传递机制,在相应的治理框架下,处于价值链上不同阶段和相对固化的彼此具有某种专用资产的企业及相关利益体组合在一起,共同为顾客创造价值[23],发挥共生优势和协同效应,取得多赢共赢的效果。据悉,网易新闻旗下的内容开放平台——网易号 2016 年上线以来,自媒体账号从 1 万多跃升到 20 万,增长了 18 倍,短视频观看时长,每天也超过了600 万秒。目前网易号每天的阅读量已经超过 10 亿,聚集了大量各垂直领域的优质内容生产者。在"内容合伙人"机制下,网易新闻目前每天的短视频播放总时长已经超过 600 万秒。[24]媒体产业链合伙人可以低成本掌控产业链,但也可能导致重资产化,而且构建和管理媒体产业生态链知易行难,成功者寥寥,这也是媒体联盟式合伙人模式的局限所在。

与当前国企改革的混合所有制改革如联通的混改相比,传媒类合伙人制改造的现状的特点大致如下:(1)涉及层次:类合伙人制局限于媒体集团的子媒体甚至更下的子媒体层面,没有涉及媒体核心业务层面。(2)股份比例:媒体类合伙人所占股份比例多少不一。(3)员工持股:只涉及媒体内部少数骨干员工,并未全面推开。(4)业务方面:以新媒体项目特别是媒介融合项目为主。

五、传媒业引入合伙人制的动因与条件

合伙人改造是一种行之有效的发展策略,但是这种策略并不适合所有的行业和企业,它的施行需要特定的环境和条件,是企业在特定发展阶段和背景下的产物。[25]传媒业引入合伙人制度不失为一种制度模式的创新,但对合伙人制只能借鉴不能照搬。除了坚持党管媒体原则不变外,媒体实施合伙人制还有以下方面的动因和前提条件。

1. 政策动因和条件

从政策环境看,在"大众创新、万众创业"的背景下,合伙人制作为企业实现混合所有制改革、员工持股计划和"双创"的重要模式,成为企业界特别是互联网企业如万科、海尔、小米、阿里巴巴等成功的管理模式和组织创新策略,对于互联网时代传媒业融合转型发展具有重要的借鉴价值和启示意义。民营出版企业直接引入员工持股的合伙人制,如上海读客图书公司于 2016

年 1 月 5 日正式公布引入 5 位合伙人,合伙人可以获得公司的期权以及利润分红;读客公司的运作模式与其说像出版社的编辑部,倒更像是互联网创业公司:每本图书的出版都是一个项目,依靠不到 10 人的团队全程跟进,打通编辑、发行、营销等各个环节,以打造畅销书产品。[26]读客的合伙人制是从组织结构上提升管理的一种方式,通过合伙人制提升凝聚力,使公司成为员工创业的平台。采用合伙人制的媒体企业具有市场化程度高、控制权稳定的条件。

国有传媒由于政策限制现阶段还不能像民营传媒企业那样直接实行员工持股的合伙人制,于是采取类似合伙人的体制机制创新,以避开相关政策壁垒。目前,一些在图书经营上有声有色的国有出版机构已经建立起了类似合伙人制的体制,由一些资深编辑领衔的工作室等对推动社内图书在市场上打响起到了重要作用。[27]国有媒体企业内部创业过程中也采取类似合伙人制理念的制度设计,如新项目公司化运营、团队持股、"类期权"安排等,比如上报集团的新媒体项目按照集团与项目团队之间的出资比例安排股权,做了"类期权"的安排,就是团队达到某种 KPI 的指标以后,在 A 轮融资的同时,公司以发放奖金的方式给团队资金,以原始价格来购买股权,实现增持,这样可以清晰地界定股权,并使创业团队分享股权激励等利益[28];浙报集团内部员工在新项目获得成功后,也可转换身份,借助孵化器机制实现创业,成为集团的合作伙伴[29]。

2. 人才动因和条件

从企业的生命周期看,在媒体不同的发展阶段需要采取不同的治理结构和机制,合伙人制一般适合处于转型期的传统媒体以及正在扩张的媒体企业。例如,出版业、报业等传统媒体融合转型期遇到阶段性的瓶颈是人才流失严重。北京文通天下是最早一批实践合伙人制度并取得成效的图书公司。为了留住人才,文通天下决策层把合伙人制度引入进来,让有能力的员工拿股权,给予他们更大的权利,比如说开分公司,完全自主运营、自负盈亏。[30]从实施时间上看,互联网企业从成立伊始就采用合伙人制,而传媒业在事转企之后多采用的是股份制,在传媒业转型发展过程中引入合伙人制,传媒业的合伙人制带有明显的职业经理人特色,因此传媒业的合伙人相对于互联网企业拥有的自主权和选择权更小。

从价值创新的角度看，知识经济时代的企业价值创新源泉呈现从资本向人才转移的趋势，在机器设备、资本、人才等生产要素中，人才资源超越其他生产要素成为价值创造的主导因素和重要来源。轻资产型媒体比较适合采用合伙人制，它们对人才资源依赖程度高，如图书出版、报刊、互联网媒体等。以出版业为例，出版题材策划对智力资源高度依赖，优秀编辑和策划人替代传统的经营者成为出版企业价值创造的核心，核心员工的价值体现在其掌握的行业资源上，一些核心编辑对作者资源的掌握就具有一定的垄断性。2008年6月，路金波转投与辽宁出版集团合作成立的"万榕书业"，他手上的知名作者也自愿跟随他"转会"。与其说是认出版社的品牌，作者更倾向于认编辑的个人品牌。[31]传媒业属于人才密集的知识型行业，不仅仅需要普通的劳动力和资金，更需要掌握专业知识技术的人。知识型员工在媒体价值创造中的作用已经超过资本、物质资料等生产要素，成为决定企业发展和企业利润的关键所在，合伙人制成为知识型员工参与媒体经营管理、拥有决策权和提高话语权的最优选择。如何吸引并留住人才、重视人力资源的开发成为传媒事业成败的关键要素之一，也是媒体引入合伙制应对人才流失的重要动因和条件。

3. 资本的催化条件

从资金来源看，合伙人制体现了人才与资本的对接，除了人才资源，传媒业实行合伙人制离不开资本的介入和助推，资本的催化作用和条件至关重要。媒体内部创业的资金来源一般由媒体与个人共同投资，乃至引进风投等第三方投资，如浙报集团的传媒梦工场通过资本运作及传媒运营资源的投入，为早期创业者提供资金、商业、技术、市场、人力、法律、培训等一揽子服务，帮助补其短板、快速成长，实现成功创业。同时，浙报集团将成立"梦工场基金"，引入政府创业引导基金，还将有天使基金、VC、PE等一轮轮的投资机会向创业者——敞开大门。[32]浙报集团对创新创业项目所有的资金投入以股本形式进入公司，股权比例相对较低，基本上由创业团队控股。[33]

文化产业的细分领域良好的利润前景吸引了资本的进入，如读客、阅文集团等借助资本的力量打通IP产业链，事实上，资本对出版业优质内容与人才的争夺日趋激烈。2014年,童立方获得战略投资后,一开始就实行"平台+品牌"的模式,旗下的小行星、森林鱼、印刻小书院都是独立的出版品牌,各品牌的创始人均为公司的合伙人;2015年,读客高调宣布实行合伙人模式;2016年,磨铁、小中信、新经典也宣布实行合伙人制度,一方面,内部分离,优秀员工自行组建团队,成立独立出版品牌,独立核算;另一方面,抛出橄榄枝,投资外部的出版公司和策划人,成立新公司。这些宣布进入合伙人模式的公司背后,资本的影子若隐若现。在资本介入之前,出版公司要留住优秀员工,往往是一件困难的事情。但资本的介入,传统的职员模式将被颠覆,一部分优秀员工将成为受益者,实现从打工者到合伙人的转变,合伙人模式将大行其道。[34]资本的介入一方面推动了出版资源的重组,催生出童书合伙人制度,另一方面说明知识资本和货币资本合作的重要性,知识生产力只有与资本合作才能得到释放和完全体现。

4. 传媒商业模式的创新

近年来跨媒介、跨行业、跨区域和跨所有制的媒体集团规模日益膨胀,规模化与创造性的矛盾成为传媒转型创新的困境所在。创造性对于竞争激烈的传媒业来说是其生命源泉所在,新闻集团总裁切宁认为:"规模带来的所有好处都是创造性的大敌。"[35]传统媒体企业在互联网转型过程中普遍受到其传统组织架构和管理体系的制约,传媒业探索合伙人制的一个重要考量,就是期望抓住企业经营过程中人的问题,改变过去由"企业所有者一个人驱动"为"企业经营团队一个团队驱动"的新驱动体系,通过合伙制解决传统企业体制和机制在互联网时代的一系列矛盾与冲突。[36]

从媒介生态学理论看,媒体竞争已经从产品竞争、单个媒体竞争等层面上升到价值网络和媒介生态系统的竞争。新的传播生态不利于单打独斗,媒体需要开展合作伙伴经营,通过对产业价值链以及内部资源的重新整合来创新价值来源,建立与合作伙伴(顾客、内部员工、外部成员等)甚至竞争对手价值共创共享机制,构建价值网络和媒介生态圈。网易倡导的基于生态链的"合伙人媒体"模式最有代表性。它由网易提供品牌、平台、用户、技术和服务,由"媒体合伙人"提供稳定的优质内容,双方共享流量转化的收益和平台增长的红利,以此来构建一个更为开放共赢的内容生态圈,将由包括内部合伙人(工作室)、外部合伙人(网易号、直播 PGC 等自媒体)、机构合伙人(机构媒体)、战略合伙人(专注于内容投资的机构)、营销合伙人(自媒体营销机构)在内的多个同心圆构成,从个性分发、原创保护、现金激励、创业孵化、平台分红等多个维度展开全面合作。[37]

　　随着互联网和移动互联网的变化,新闻传播格局发生重大变化,就是自媒体为代表的自媒体崛起,如个人自媒体(网络大 V、媒体内容创业者如逻辑思维、虎嗅等)、企业、政府机构等办的自媒体,打破了机构媒体主导新闻传播的格局。以传统媒体为代表的机构媒体要想继续成为互联网时代的主流媒体,只有两个选择:一是从组织内部创业创新,发展机构媒体的自媒体,这是传统媒体各种工作室、澎湃新闻等兴起的重要动因;二是整合已经产生影响的自媒体,将其纳入麾下,成为传统媒体的组成部分。由于融合+跨界是"互联网+"时代传媒业发展的重要特点,"新闻+服务"是媒体商业模式转型的重要途径,采用类合伙人制成为媒体发展的必然选择。比如湖北经视收视率很高、被称为中老年版的"非诚勿扰"的栏目"桃花朵朵开",围绕这个栏目在线下运作一家婚介公司,主打二婚市场。湖北经视拥有 5 个类似的线上电视栏目加线下运营公司这样的模式合作。《扬子晚报》通过扬子晚报有限公司这一平台来培育各种新媒体项目,其下属的公司除一家是《扬子晚报》全资外,其他都是和社会资本合作,实行混合所有制,报纸控股在 30%—40% 的份额,其余大头股份让给社会上两到三家合作伙伴一起来做,这样既可以规避很多体制机制上的问题,还能引进他们的先进理念、管理模式和管理方法。[38]媒体这种运作模式的创新需要整合社会资源,通过混合所有制突破既有媒体体制与机制的束缚,以类合伙人制为标志的混合所有制随着媒体融合转型的深入业已初步成型。

注释

　　[1] 史支焱:《跨界泛娱乐 百变合伙人——流媒体网论道 2017 广州主论坛演讲》,中国经济新闻网,2017－05－25,http://www.cet.com.cn/it-pd/sdyd/1929429.shtml。

［2］《网易传媒升级媒体合伙人战略》,《法制晚报》,2017 年 4 月 28 日 A18 版。

［3］李凌芳:《出版企业内部推行合伙人制探讨》,《出版与发行研究》2012 年第 5 期。

［4］施炜:《重生:中国企业的战略转型》,东方出版社 2016 年版,第 150—154 页。

［5］李凌芳:《出版企业内部推行合伙人制度探讨》,《出版与发行研究》2012 年第 5 期。

［6］吕建楚:《打造新型媒体集团 争当勇立潮头标兵》,《视听纵横》2017 年第 2 期。

［7］赵冰:《出版业的人才之惑》,《出版商务周报》,2015 年 12 月 7 日第 6 版。

［8］《乐嘉加盟〈食尚合伙人〉》,《安徽商报》,2016 年 5 月 30 日第 16 版。

［9］孙海悦:《甲骨文工作室:一定要做出品牌》,《中国新闻出版广电报》,2016 年 12 月 12 日第 6 版。

［10］《部分出版企业引入合伙人制度》,《文汇报》(上海),2016 年 5 月 8 日第 1 版。

［11］钱晓文:《借助互联网实现传媒创新创业》,《中国报业》2015 年第 11 期。

［12］赵冰:《出版业的人才之惑》,《出版商务周报》,2015 年 12 月 7 日第 6 版。

［13］王丽、张斌:《广播工作室激活广播》,《中国广播》2015 年第 5 期。

［14］王纲:《报业集团全媒体转型的路径选择》,《传媒》2012 年第 2 期。

［15］《六个创新项目入孵"ND 蜂巢"》,《南方都市报》,2014 年 10 月 1 日 A09 版。

［16］李福莹:《出版业进入合伙人时代》,《深圳晚报》,2016 年 1 月 24 日 A08 版。

［17］金晶:《中南传媒:改革释放企业潜能》,《经济日报》,2015 年 1 月 15 日第 9 版。

［18］卞文超、华楠:《"合伙人"领队出版"轻骑兵"》,《大众日报》,2016 年 2 月 5 日第 5 版。

［19］邓崎凡:《出版:既要"同路人",也要"合伙人"》,《工人日报》,2016 年 1 月 18 日第 7 版。

［20］《"合伙人制"对出版业意味着什么》,《文汇报》(上海),2016 年 5 月 8 日第 4 版。

［21］史支焱:《跨界泛娱乐 百变合伙人——流媒体网论道 2017 广州主论坛演讲》,中国经济新闻网,2017－05－25,http://www.cet.com.cn/itpd/sdyd/1929429.shtml。

［22］《文创产业:创意创新引行业升级》,《中国企业报》,2016 年 12 月 27 日第 4 版。

［23］王盼群,曹福军:《全媒体转型中报业价值链的重构》,《新闻战线》2012 年第 4 期。

［24］李黎:《网易传媒率先提出内容消费升级引领者全新战略》,网易科技报道,2017 年 4 月 19 日,http://tech.163.com/17/0419/14/CID2URQ600097U7R.html。

［25］蔡余杰,纪海,许嘉轩:《合伙人制:颠覆传统组织架构的管理新思维》,当代世界出版社 2015 年版,第 232 页。

［26］《"合伙人制"对出版业意味着什么》,《文汇报》(上海),2016 年 5 月 8 日第 4 版。

［27］周俊生:《民营出版合伙人制可向传统出版推广》,光明网,2016 年 5 月 10 日,http://wenyi.gmw.cn/2016－05/10/content_20027663.htm。

［28］《上报新媒体扶持计划答疑会实录》,新浪网,2015 年 6 月 24 日,http://news.sina.com.cn/m/wl/2015－06－24/doc-ifxefurt9715008.shtml。

［29］王纲:《报业集团全媒体转型的路径选择》,《传媒》2012 年第 2 期。

［30］《出版社与编辑权利共享、义务共担 出版"合伙人"制度悄然升温》,《辽沈晚报》,2016 年 11 月 11 日 B08 版。

［31］《"合伙人制"对出版业意味着什么》,《文汇报》(上海),2016 年 5 月 8 日第 4 版。

［32］王纲:《报业集团全媒体转型的路径选择》,《传媒》2012 年第 2 期。

［33］郭全中:《传媒梦工场的体制外转型探索》,《中国新闻出版报》,2013 年 7 月 9 日第 6 版。

［34］牟沧浪:《2016 年,童书出版的五大变局》,《镇江日报》,2016 年 5 月 20 日第 15 版。

［35］钱晓文:《当代传媒经营管理》,中山大学出版社 2014 年版,第 68 页。

［36］《合伙人制度研究》,百度网,2016 年 11 月 7 日,https://wenku.baidu.com/view/6f59131df68a6529647d27284b73f242336c31e9.html。

［37］杨彬彬、谢云巍、齐亚伦:《网易号:"合伙人媒体"时代到来》,《南方传媒研究》2017 年第 3 期。

［38］《媒体融合系列高端对话之——王文坚 VS 徐立军》,人民网,2017 年 4 月 17 日,http://media.people.com.cn/n1/2017/0417/c14677－29216407.html。

我国媒体融合创新中的资本运作研究

秦宗财　郭金玲

摘　要　传统媒体与新兴媒体的融合创新离不开资本运作。
近两年我国媒体融合资本逐年增长,融资手段呈现多元化趋势。
通过上市、跨界合作、兼并重组、深耕互联网生态圈、设立文化产
业投资基金等方式筹集资本,金融资本在推动新旧媒体融合创新
中发挥了重要作用。在融媒创新驱动下,我国传媒资本还存在着
上市瓶颈难破、金融风险大、深度融合壁垒多等诸多难题,而光线
传媒作为我国最大的民营传媒娱乐集团,通过推动媒介经营体制
改革、创新交易方式、优化产业链布局等,逐渐探索出了一条较为
成功的融媒资本运作之路。

关键词　媒体融合,资本运作,光线传媒

2009 年以来,我国不断深化传媒行业改革,促进传媒领域日
趋发展演变,具体表现在:我国加大力度深化文化体制改革,促进
传媒事业单位转企改制,以市场为资源配置激发传媒企业活力;
传媒企业寻求社会融资,积极上市;传媒市场出现并日趋增多的
并购交易,促进市场结构调整和资源重新配置[1]。尤其是 2014 年
国务院办公厅发布《关于印发文化体制改革中经营性文化事业单
位转制为企业和进一步支持文化企业发展两个规定的通知》(国
办发〔2014〕15 号)和文化部、中国人民银行、财政部联合发布《关
于深入推进文化金融合作的意见》(文产发〔2014〕14 号)积极推
动了文化产业与金融业的对接,传媒行业受益匪浅。2014 年 8 月
18 日,中央全面深化改革领导小组第四次会议审议通过《关于推
动传统媒体和新兴媒体融合发展的指导意见》。这是我国媒体融

作者简介　秦宗财,男,安徽师范大学新闻与传播学院教授,博士。研
究方向:徽商研究、文化传播与产业创新研究。郭金玲,女,南京师范大学马
克思主义学院研究生。研究方向:文化政策法规研究。

合进程中标志性事件,成为我国媒体融合的行动指南。在传统媒体与新兴媒体融合创新实践中,资本运作是其有效融合的方式之一。媒体融合过程中需要大量的资金,而媒介自有资金的积累又需要漫长的时间进行积累,因而借力资本市场,通过传媒业与资本业的对接,通过兼并、收购、重组等方式积累资本,改变传媒业单一的投资渠道和募集资金方式,使传统媒体和新兴媒体利用各自的资源,进行优势互补,使得资源得到合理配置和使用,从而推动传统媒体和新兴媒体融合创新。

一、近年来我国媒体融合中资本运作概况

新世纪以来我国不断深化文化体制改革,促进传媒事业单位转企改制,发挥市场配置资源的基础性作用,激发传媒企业活力,传媒企业寻求社会融资,积极上市。传媒市场出现并日趋增多的并购交易,促进市场结构调整和资源重新配置。近两年,在资本市场和"互联网+"推动下,我国媒体融合资本逐年增长。

截至 2015 年底,上市文化企业数量达到 189 家,文化企业的融资规模达到 128.07 亿元。从上市文化企业公司的总数来看,排在前两位的分别是北京和广东,前者拥有 62 家,后者拥有 31 家。从投融资规模来看,北京和广东在全国遥遥领先,但是两者之间差距较大。2015 年,广东上市文化企业融资规模仅为北京上市文化企业融资规模的三分之一。从行业分布来看,文化创意和设计服务、文化信息传输服务是两个最主要的行业领域。以北京为例,在这两个领域的上市文化企业数量分别为 31 家和 11 家,融资规模分别为 266.67 亿元和 95.93 亿元。从具体的融资手段来看,主要是开辟子公司、外部股权投资、设立并购与投资基金等。2016 年,新三板文化企业呈现持续发展的趋势,根据中国文化产业投融资数据平台数据调查发现,2016 年 4 月,87 家文化企业挂牌新三板,环比增长 2.35%,2016 年文化企业和 2015 年文化企业在行业分布方面呈现相同趋势,主要集中于文化信息传输服务和文化创意与设计服务,其中,2016 年 4 月,文化信息传输服务有 31 家企业挂牌上市,在整个上市企业中占比 35.63%,文化创意和设计服务有 22 家企业挂牌上市,在整个上市企业中占比 25.29%,融资手段和渠道较 2015 年更加多元化。根据中国文化产业投融资服务平台的数据显示,2016 年 4 月挂牌上市的文化企业进行融资事件达 42 件,融资规模达到 36.22 亿元,较去年增长显著,融资手段亦呈现多元化趋势,定向发行股票是主要的融资渠道。

上市文化企业主要集中于文化信息传输服务,这主要得益于"互联网+"的热潮,使得文化信息传输服务行业的并购、融资规模呈现蓬勃发展的趋势。文化创意设计类公司大举上市与近年来文化产业得到国家和政府重视密不可分,广播电影电视服务行业上市企业的发展离不开人民群众经济水平的提高以及由此带来影视市场的繁荣。

表 1　2016 年中国影视娱乐业上市公司营收情况

股票代码	企业简称	营业收入(亿元)
002739.SZ	万达院线	112.09
600977.SH	中国电影	78.41
002624.SZ	完美世界	61.59
300133.SZ	华策影视	44.45
300027.SZ	华谊兄弟	25.03
300291.SZ	华录百纳	25.75
002143.SZ	印纪传媒	25.28
600715.SH	文投控股	22.52
002343.SZ	慈文传媒	18.26
300251.SZ	光线传媒	17.31
300528.SZ	幸福蓝海	15.38
002071.SZ	长城影视	13.56
002445.SZ	中南文化	13.40
300336.SZ	新文化	11.13
601595.SZ	上海电影	10.46
000802.SZ	北京文化	9.27
002502.SZ	骅威文化	8.12
300426.SZ	唐德影视	7.88
000681.SZ	视觉中国	7.35
002175.SZ	东方网络	5.75
600136.SH	当代明诚	5.69

来源:中商产业研究院:《2016—2021 年中国电影行业研究年度报告》,http://www.askci.com/reports/20160607/1636008500694539.shtml。

近年来,江西日报传媒集团探索传媒与资本融合之路较为典型。2015 年 2 月 28 日,江西日报传媒集团成立文化创业投资有限公司,积极引入社会资本,发展混合所有制经济,推动文化与资本的融合。在经历一系列业务整顿以及与其他相关网站资源整合之后,江西日报传媒集团形成了传统媒体、新兴媒体、文化地产、文化金融、文化创意五大经营板块,拥有包括报纸、杂志、网站、微博、微信、手机报、移动客户端等媒介形态,组建了江西日报社全媒体中心,打造了集采编、发布、经营、管理为一体的集团全媒体数字化转型技术支撑平台[2]。2015年7月28日江西大江传媒网络股份有限公司(隶属于江西日报传媒集团)登陆新三板挂牌上市。在资本推动下,该公司快速发展。据大江传媒2016年年报,该公司业绩较2015年度大幅增加,报告期内总收入达9068.68万元,其中营业收入较上一年度增长31.44%,继续保持高增长态势。截至2016年末,公司总资产为10121.31万元,净资产为4952.48万元;通过高送转,公司总股本也由1500万股扩大为3000万股,基本每股收益为0.34元。报告期内,该公司在舆情大数据、旅游、金融、房产、医疗、汽车交通等重点行业以及各分公司、各子公司的各种收入继续保持快速增长。因而,传统媒体拥抱资本市场进行转型升级已是大势所趋。资本与传媒对接,以资本为纽带,实现新、旧媒体的融合创新。在媒体融合创新中,资本运作是手段而不是目的,以资本为手段打造兼具渠道和内容的平台,整合产业链,从而达到媒体融合发展的目标。

二、我国媒体融合创新中资本运作模式及难题

媒体融合的出现,为传媒行业打开了新的大门,同时也倒逼传统媒体企业转型升级。根据媒体融合的自身特点,有效结合报纸、期刊、网站、广播电台、电视台等的采编作业,集中处理各类信息,促进资源共享,丰富信息产品类型,并借助多元化的载体渠道传递给受众。这种新型整合作业模式已逐渐成为国际传媒业的新潮流。而资本逐利性、流动性的特点将资本引入产业中,就成为一种势不可挡的趋势。在我国现有的传媒行业中,国有传媒企业受限较大,难以在媒体融合中实现真正意义上的资本运作。传媒民营企业顺势而为,在资本运作及媒体融合方面作出了示范。当前,在融媒发展趋势下,我国传媒资本呈现了多元化的运作模式:

一是直接上市。传统媒体在经历集团化和市场化改造之后，为了募集资金，开始纷纷采取上市的方式。通过定向增发股份，帮助企业更快融资以及拓宽企业融资渠道。对于企业自身而言，企业上市有利于长期发展，完善企业自身的组织结构与管理方式，同时对于企业品牌的建立以及知名度的提高均有重要的作用。2015 年 6 月 16 日"辽宁北国传媒网络科技股份有限公司"（隶属于辽宁报业传媒集团）挂牌上市，凭借资本市场持续融资之优势，进行全方位的布局与创新。近几年，在政策的引导下，新三板挂牌的企业增长迅速，2015 年挂牌新三板的有 358 家[3]，2016 年第一季度新三板文化企业挂牌数量已达到 255 家。由此可见，"上市"的政策利好对媒体资本融合有着积极的推动作用。

二是跨界合作。传媒行业具有的高利润属性持续吸引着各类资本的持续投入，这些资本的投入不仅仅局限于现有的文化、传播、出版等领域。跨界合作的多元化资本注入成为媒体资本运作的主流，跨界合作的行业具有不同的主营业务及运营内容，如 2015 年，阿里巴巴公司相继投资了光线传媒、北京社区报、第一财经、博雅天下、优酷土豆、南华早报。同时，其与财讯集团、新疆网信办创办"无界新闻"，与四川日报集团成立"封面媒体"。2016 年，一些传媒企业，如大地传媒、读者传媒、出版传媒、浙报传媒、掌趣科技、华闻传媒、中文在线、新华传媒等积极入股银行、保险、证券、担保、投资基金等各类金融企业。传媒资本与金融资本深度融合，实现跨界多元发展。

三是兼并重组。经验表明，收购一个企业比重新建立一个新企业要有利。现有的传媒行业已经具备成熟的市场化运作内容及渠道，能够在充裕的资金支持下开拓新的市场业务。在这种趋势的引领下，媒体业内的投资或并购形成强强联合的发展态势，如上海百事通与东方明珠股份有限公司、上海解放与文汇报两大媒体集团、浙报集团与盛大网络旗下游戏公司等兼并重组案例。以上海 SMG（即上海文广集团）与东方明珠股份有限公司兼并重组实现媒体融合为例，SMG 以旗下的上市公司"百视通"（BesTV）合并上市公司"上海东方明珠（集团）股份有限公司"，整合两家资源，搭建新型互联网平台[4]，实现优势互补，从内容到渠道，都达到了 1+1>2 的效果，最直观的结果就是合并后企业经营收入、净利润同比显著增长。这种以资本运作为主要特征的媒体融合方式为同类的其他传媒企业提供了新视角和新思路。

四是深耕互联网资本生态圈。媒体融合就是传统媒体与互联网"+"的一种连接,因而媒体资本运作深耕互联网生态圈就成为其主营内容之一。在传统媒体 O2O 的资本运作中,各大新媒体资本纷纷推出其基于互联网思维的及时性、体验性的消费者互动项目。同时,利用粉丝经济、网红经济、网络直播等多种形式开展起资本运营。如 2015 年东方卫视电视剧《何以笙箫默》应用 T2O 模式,开启"边看边买"模式。用户可以通过手机天猫客户端扫描东方卫视台,进入天猫购物的互动页面,在观看过程中,可购买电视剧中的同款服饰。同时,阿里影业也积极开展与多家电视集团的电子商务合作,打造电视定制剧模式,发展相关电视节目衍生业务。

五是设立文化产业投资基金。近年来,我国文化产业投资基金发展较快,突出表现在,一是投资数量大幅度增长,二是投资规模不断扩大,三是逐渐趋向国家化。产业基金由于规模和数量都比较庞大,能够满足传统媒体转型过程中以及拓展新业务的过程中对于资金的需求。如 2015 年 11 月中南出版传媒集团股份有限公司与湖南潇湘资本投资股份有限公司共同设立泊富基金管理有限公司和泊富文化产业投资基金,投资与中南传媒有协同效应的关联产业,以此推动中南传媒产融结合的发展战略。文化产业投资基金开始走向国际化,代表性的如 SMG 与华人文化产业投资基金、华纳兄弟娱乐公司、RatPac 娱乐、WPP(Wire & Plastic Products Group)集团等投资公司共同设立"跨国文化创意投资基金"(CMC Creative Fund),主要用来吸收境外投资基金,从事境内外影视剧、音乐、现场娱乐等文化创意、娱乐产品的投融资,具有较为广泛的国际影响力。

当前我国融媒资本运作模式多元化的背后,依然存在着诸多难题:

一是传媒上市之路瓶颈难破。根据 2012 年证监会发布的《上市公司行业分类指引》(证监会公告[2012]31 号),在上市公司 18 个基本产业门类中,传媒类行业没有统归一类,而是分散于相关门类之中(如 C 门类之印刷和记录媒介复制业,I 门类信息传输、软件和信息技术服务业,R 门类之新闻和出版业、广播、电视、电影和影视录音制作业)。与其他上市公司相比较,传媒类行业的上市经营较少涉及传媒企业的主体行业,这主要是由于传媒企业自身的特性决定的。一方面,目前我国传媒市场份额以国有企业为主,民营企业偏少。国有传媒企业大多被赋予"政府喉舌"的称号,即兼具国家主体事务的宣传与引导,这部分企业由于难以进行现代化的企业制度改革而退出上市计划。另一方面,在资本运作中,必然会涉及媒体企业的财务信息披露、企业经营内容的透明化、媒体行业制度的曝光等。而传媒行业本身就是内容生产行业,一旦暴露过多的企业内容信息,将损害传媒企业切身利益,因此,传媒企业不可能允许其全部业务内容暴露。由此就造成其上市计划与自身经营之间的矛盾。因此,由于自身实力有限和严格的上市条件,导致大部分媒体短期内并不能实现主板上市,只能依靠并购、参股等方式实现资本的运作。

二是媒体资本运作的金融风险较大。目前来说,我国金融市场的对外开放程度低,进入壁垒依然强大,而随着传媒市场化程度的加深,我国传媒行业对各类金融工具、金融产品等多资本运作的使用日益频繁,特别是在出版传媒行业。如在 2006 年,"东方明珠"、"中视股份"、"电光传媒"、"博瑞传播"等通过资产拆分进行上市。而正是这对自身资本进行拆分或企业改制过程中,将大量的资本运营风险带入了媒体行业中。在媒体行业运营中,存在诸多风险,如不良资本进入风险、国际金融市场风险、管理制度风险。正是这些风险的存在,使得媒体资本运营过程危险重重,而这些媒体管理者淡薄的风险意识,很容易将媒体置于资本风险之中。

三是传媒资本的深度融合尚有诸多壁垒。近些年来我国传统媒体行业的封闭、资本运作理念的缺失,成为其发展过程中面临的主要问题。在与新媒体竞争中,技术、资本与人才等方面缺乏竞争力是传统媒体处于劣势地位的主要原因,其中资本又是最核心的因素。这种情况就需要传媒业能够合理地配置资源与资本,进行跨行业与地区的兼并重组,打破行业和地区壁垒,实现真正的媒体融合创新。尽管近些年来我国出台了一系列推动传媒行业与其他行业融合的政策,但由于媒体行业自身的特性,使得媒体管理经营者不敢轻易涉足其他行业;与此同时,目前我国传媒行业存在的体制机制问题,使得媒体运营与资本运营难以彻底深度融合,如在已上市的传媒企业中还存在上市公司与主营业务关联度不高的现象,"采编经营两分离"的思想依然根深蒂固,从而导致传媒上市企业价值链的人为割裂,影响企业核心竞争力的构筑。

三、融媒驱动下我国传媒资本运作趋势与破题

集成经济是最近几年来对传媒业发展趋势的形象概括和总结,喻国明和樊拥军(2014)等研究者认为传媒经济运作历程是不断整合关联价值的过程,大致可概括为三个阶段:一是传媒追求规模经济效应;二是追求范围经济效益;三是传媒集成经济模式,集成经济可以被认为是超越传统的单一系统以整合为主的发展路径,可有效突破规模经济所带来的规模不经济和范围经济带来的范围不经济的天花板效应[5]。也就是将不同产业间进行融合创新,并非局限于传统与新兴的传媒领域,通过与相关性产业或支持性产业的集成融合以形成全新的媒介形态。我国现阶段的媒介融合基本上还处于内容融合或平台融合的状态,尚属于一种中低层次、被动的融合形态,这种融合形态已逐渐无法满足传媒市场快速发展的需要。传媒与资本的融合共生将成为传媒产业转型发展的趋势。

光线传媒经过19年的发展,已成为中国最大的民营传媒娱乐集团。主营业务包括电视节目制作与发行,电影投资、制作、宣发,电视剧投资、发行,艺人经纪,新媒体互联网、游戏等。面对当前传媒资本运作系列难题,光线传媒探索出了一条较为成功的融媒资本运作之路。

据光线传媒2016年财报显示,2016年公司营收同比增长74.27%,营业利润增长275.12%,归属于母公司所有者的净利润增长291.13%,业绩表现较好。具体来看,电影项目实现收入60862.43万元,较上年同期增加102.60%,《美人鱼》贡献较大;实现其他收入10033.04万元,较上年同期增加100%,主要原因是报告期内公司合并浙江齐聚收入,使得其他收入较上年同期增加;实现动漫游戏收入1273.62万元,较上年同期减少41.38%,主要原因是报告期内游戏收入下降较多所致。

表 2　光线传媒完成对外投资情况

投资领域	公司名称	股份占比
影视领域	北京铁血科技股份公司	5%
	霍尔果斯战火影业有限公司	40%
	上海喜天影视文化有限公司	10%
	北京锋芒文化传播有限公司	39%
音乐领域	北京多米在线科技股份有限公司	13.63%
	启维开曼公司	20%
互联网新媒体领域	天津猫眼文化传媒有限公司	19%
	杭州当虹科技有限公司	14.5%
	浙江齐聚科技有限公司	63.21%
	北京爱秀爱拍科技有限公司	30%
	北京热度文化传媒有限公司	5%
	北京七维视觉科技有限公司	51%
	上海嘉皓信息科技有限公司	40%
动漫领域	北京漫言星空文化发展有限公司	30%
	吉林省凝羽动画有限公司	30%
	京中传合道文化发展有限公司	30%
	上海青空绘彩动漫文化传播有限公司	25%
文学版权领域	霍尔果斯大象映画文化传播有限公司	49%

数据来源:光线传媒 2016 年财报。

（一）推动媒介经营体制改革,突破传媒企业上市瓶颈

十多年来,光线传媒不断创新自身的经营体制,凭借独特的营销模式,以及工业化的节目生产方式,实现快速发展壮大,已成为中国具有标本价值的民营影视企业,并于 2011 年 8 月 3 日在深交所创业板成功上市。综合而言,光线传媒能够成功突破传媒企业上市的瓶颈,主要得益于以下几点:

第一,不断开拓的融资方式。通过十余年的发展,光线传媒坚持以电视节目联供网内容运营为核心,以规模化娱乐内容生产为主体,以广告整合营销为手段,发展成为我国著名的民营娱乐内容制作商和运营商。其资本除了自有资本、广告

收入、银行贷款外,还通过发行短期融资券、银行版权质押(信贷)融资、创业板 IPO 融资、分红融资等方式,不断开拓融资渠道。第二,富有竞争力的核心优势。在工业化、品牌化、规模化经营理念的引导下,光线传媒由单纯的节目制作机构,逐渐转变为节目管理和出品机构。光线传媒拥有娱乐活动、新媒体、电视节目群等诸多平台,多平台的优势大大促进了其内容价值的实现和提升。除此之外,光线传媒还拥有中国最大的电视节目发行网络以及最有价值的观众群体,这些都有利于其快速发展。第三,强大的品牌营销。"音乐风云榜颁奖盛典"、"娱乐现场"、突显的"e"标以及"娱乐全中国"的口号,这些都是光线传媒品牌营销成功的体现。此外,光线传媒营销团队独创的矩阵式发行营销模式在企业的品牌塑造、产品推广等方面也发挥着巨大功效。第四,不断强化的人才队伍。为保证影视产品的持续创新性和制作的先进性,光线传媒特别注重对专业人才尤其是节目制作、产品营销等人才的培养,除了多渠道引进外部优秀人才外,内部管理上施行竞争上岗机制,最大激活人才动力和潜力。

（二）创新交易方式,规避融资风险

光线传媒于 2011 年正式启动 IPO 程序,根据光线传媒的报告显示,公司通过光线控股与光线传媒两家公司合计获得猫眼电影 57.4% 的股权,取代新美大成最大股东;付出的代价是 6% 的光线传媒股份和 23.83 亿元现金。光线传媒的上市公司主体以现金对价仅收购猫眼的 19%,上市公司主体部分只参股不控股,避免了触发"重大交易重组"条款,再通过其控股股东光线控股持有的老股转让形式避免了上市公司的定向增发,使一次颇具规模的收购迅速完结,成为行业整合并购中的经典案例。其具体的资本重组如图 1 所示。

与光线传媒合作融资的这三家企业均是民营传媒企业中的佼佼者,其中猫眼电影是目前国内最大的在线电影购票平台。而微影时代科技有限公司是基于移动社交的一家集演出、体育、电影等于一体的文化娱乐营销与发行公司,是由万达、鲁信、腾讯、刚泰文化、文资华夏、中国文化产业投资基金等联合投资开发建设与运营管理,主要业务范围涵盖演出、体育、电影三大板

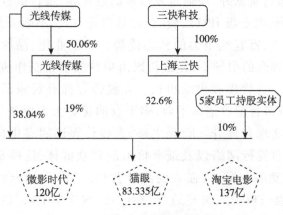

图 1　光线传媒资本重组图

块,旗下移动票务平台"娱票儿"已成为国内目前合作影院数量、观影人群覆盖率第一的在线选座平台。

为最大限度地规避融资风险,光线传媒不断优化公司制度化治理,成立了由股东大会、董事会、监事会、总裁层等决策机构,并设立审计、战略决策、题名、薪酬、考核等专门委员会。这种相互制衡的公司治理机构,对公司的融资风险规避起到了一定的作用。如加强政策分析与评估应对国家产业政策变动带来的风险;实施集体决策制度,对公司新设栏目和影视作品立项予以科学评估,以应对作品内容审查风险和消费市场的风险;制定一整套的作品制作预算体制,并由专人负责监管费用支出,以应对预付账款金额较大的风险;结合国家知识产权保护体系,并设立专门的版权保护机构,以应对盗版风险;加强公司内部审计监督职能,遵循《创业板上市公司规范作指引》及《创业板上市公司规则》的要求,定期或不定期对公司财务状况、成本管控、信息披露等审计,并加强对公司管理制度的执行情况检查和效果评估,以此促进管理制度的不断完善,强化执行力,最终提升公司管理的绩效。

(三)优化产业链布局,突破行业壁垒

近些年来,面临行业、地区、体制等诸多壁垒的限制,光线传媒不断优化自身产业链布局,创新发展方式,拓展企业新空间。借助于互联网无边界发展优势,突破行业与地区壁垒。光线传媒借鉴迪士尼公司创新发展之路,通过收购网络文学类公司、互联网视频平台和技术类公司、网游类公司、设计类公司、动画制作类公司、主题公园类公司等多个领域,加快"去电影化"的步伐,以 IP(知识产权)为核心,形成涵盖影视、实景娱乐、互联网服务(网游、新媒体)等业务的多元化服务的"泛娱乐平台",从而实现一个全产业链式的布局。[6]

事实上,进入 2014 年以来,受监管收紧以及经济形势低迷等综合因素影响,光线传媒的主营业务已出现内生增长放缓的趋势。除此之外,在企业外部,光线传媒面临的竞争形势同样也非常严峻。当下,越来越多的竞争主体开始涉足传统影视产业,甚至连互联网巨鳄阿里巴巴也不例外,阿里巴巴通过投资影视产业打起泛娱乐牌,想在影视产业分得一杯羹。"娱乐宝"的出现不仅是阿里巴巴染指传统影视产业的一个重要试水,也是传统影视产业的一个重大创新,给传统电影公司带来了巨大压力。网民借助"娱乐宝"这款互联网金融产品,出资 100 元即可投资热门影视剧作品。在这样的内外形势下,如果光线传媒想继续在市场中获取寡头利润,仅仅是依靠传统的影视制作业务是远远不够的,向产业链相关环节扩张就成了必须要走的路。

参考文献

[1] 秦宗财:《媒介转型与产业融合:2010—2015 我国传媒产业研究综述》,《福建论坛》(人文社科版)2016 年第 6 期。

[2] 李子木:《大江传媒:登陆新三板,瞄准大融合》,《中国新闻出版广电报》,2015 年 7 月 29 日。

[3] 满杉:《2015 年文化传媒并购活跃 上市企业迎新高,投中网·投中统计》,https://www.chinaventure.com.cn/cmsmodel/report/detail/1067.shtml。

[4] 郭全中:《媒体融合转型中的资本运作——从 SMG 的"百事通"吸收合并"东方明珠"的案例谈起》,《新闻与写作》2015 年第 4 期。

[5] 喻国明、樊拥军:《集成经济:来来传媒产业的主流经济形态——试论传媒产业关联整合的价值构建》,《编辑之友》2014 年第 4 期。

[6] 禾冉:《光线传媒全产业链模式布局,打造中国"迪士尼"》,《中国文化报》,2014 年 10 月 25 日。

2016 年江苏传媒业广告收入来源分布研究

姜照君　吴志斌

摘　要　本文使用 2016 年江苏传媒业广告经营额数据,对传媒业广告收入的行业来源分布进行统计分析。研究发现:(1)网站的广告经营额远超过其他传统媒体的广告经营额。(2)传媒业广告收入来源分布较为集中,前 6 个行业占据网站广告经营额的 48%,占其他传统媒体广告经营额的 60% 以上。(3)网站与传统媒体广告收入的主要行业来源有所不同,而传统媒体之间广告收入的主要行业来源较为接近。可见,作为新媒体的网站,不仅在争夺广告资源上对传统媒体构成了威胁,而且正在形成与传统媒体相差异的广告资源竞争策略,而传统媒体之间的广告资源竞争比较激烈。

关键词　传媒业,广告,广告经营额

一、引言

江苏既是经济大省又是广告大省,集聚了大量广告公司和媒体公司,广告经营额在全国名列前茅。2015 年,江苏广告经营额达到 508 亿元,占全国比重 8.51%,总量跃居全国第三。[1]2016 年江苏广告经营额达到 654 亿元,较 2015 年激增了 29%,占江苏

作者简介　姜照君,女,南京航空航天大学新闻传播学系副教授,博士,南京航空航天大学经济管理学院博士后在站。研究方向:传媒产业、文化产业。电子邮箱:zjjiang9999@ sina.cn。吴志斌,男,南京航空航天大学新闻传播学系副教授,博士。研究方向:艺术传播、传媒产业。电子邮箱:zbwoo@ 139.com。

基金项目　中央高校基本科研业务费专项资金资助项目"媒介变迁视野下的屏幕媒介研究"(项目编号:NR2016022)。

GDP 比重 0.98%；广告经营单位达到 3.9 万，比 2015 年增加了 6000 多户；广告从业人员约 30 万人，新增了 5 万多人。[2]从这些指标能够反映出，广告已然成为江苏国民经济发展的重要组成部分。喻国明认为，广告收入的提高或下降是影响传媒业发展格局的重要因素。[3]崔保国认为，传统报业的发行量与广播量都在持续下滑，电视媒体也面临增长乏力和马太效应的双重挤压。[4]徐立军、王玉飞则认为，各媒体市场格局已经趋于稳定。[5]姜照君和顾江通过 1999—2012 年数据，发现江苏省传媒业的整体竞争格局没有发生显著变化，但是网络新媒体正在迅速崛起，媒介生态变迁的拐点有所显现。[6]

　　江苏广告经营额大幅增长的同时，作为新兴媒体的互联网也在迅速崛起，截至 2016 年 12 月，江苏网民数 4531 万人，互联网普及率是 56.6%。[7]那么江苏互联网的迅猛发展是否抢占了传统媒体的广告资源？网络媒体广告收入占整个传媒业多大的广告市场份额？网络媒体广告收入受到哪些行业广告商的青睐，是否与传统媒体广告收入的行业来源趋同？这些问题亟待通过实证研究进行检验。鉴于此，本文拟使用《江苏省工商行政管理统计汇编》（2016）的传媒业广告营业额数据，对江苏传媒业的广告收入来源分布进行统计分析。

二、传媒业广告市场规模

　　首先，从传媒业广告经营额及所占的市场份额看，传媒业广告经营总额是 3762504 万元。其中，网站的广告经营额最高，达到 1663616 万元，占传媒业总体的 44%，远远超过其他传统媒体；电视台排名第二，广告经营额 1166601 万元，占比为 31%；报刊排名第三，广告经营额是 516290 万元，占比为 14%；广播电台和期刊社的广告经营额较低，占比尚不足 10%，期刊社最低，占比仅为 2%。见表 1。

　　其次，从传媒业广告收入的行业来源看，广告收入来自 21 个行业，其中前 8 大行业的广告投放额占一半以上，约为 53%。贡献最大的是家用电器电子产品行业，广告投放额为 513268 万元，占比为 14%，遥遥领先其他行业。居于第二阶梯是信息传播及服务、酒类、医疗服务行业，以及服装服饰及珠宝、食品、收藏品行业，广告投放

表1　江苏传媒业广告经营额及占比

	占比	广告经营额(万元)
电视台	1166601	31%
广播电台	339454	9%
报刊	516290	14%
期刊社	76542	2%
网站	1663616	44%
合计	3762504	100%

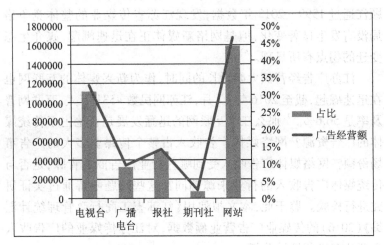

图1　江苏传媒业广告经营额与占比

额占比在6%—7%之间,其中,信息传播及服务行业的广告投放额为280798万元,酒类行业的广告投放额为277259万元,医疗服务行业的广告投放额为26459万元,服装服饰及珠宝行业的广告投放额为243086万元,食品行业的广告投放额为239395万元,收藏品行业的广告投放额为234733万元,酒类行业的广告投放额为214509万元。其他行业位居第三阶梯,广告投放额占比在5%以下。见表2。

表2　江苏传媒业广告收入来源

	广告经营额(万元)	占比
房地产	513268	14%
家用电器及电子产品	280798	7%
酒 类	277259	7%
汽 车	264596	7%
金融保险	243086	6%
食 品	239395	6%

续　表

	广告经营额(万元)	占比
批发和零售服务	234733	6%
药品	214509	6%
旅游	180294	5%
化妆品及卫生用品	160461	4%
服装服饰及珠宝首饰	133053	4%
医疗服务	120239	3%
信息传播、软件及信息技术服务	114915	3%
生活美容、休闲服务	94541	3%
招工招聘及其他劳务	88676	2%
医疗器械	85957	2%
教育	73220	2%
收藏品	68337	2%
农业生产资料	58567	2%
出入境中介	58221	2%
烟草	36	0%
其他	258344	7%

由此可见,在传媒业总体的广告市场中,网站独占鳌头,位居榜首,远远超过其他传统媒体的广告经营额。此外,传媒业的广告经营额主要集中在前 8 个行业,这 8 大行业的广告投放额占传媒业广告经营额的一半以上。

三、各传媒业广告收入来源分布对比

1. 电视台

电视台广告收入的主要行业来源较为集中,前 6 个行业的广告投放额占了电视台广告经营总额的 60%。贡献最多的是酒类、企业、家用电器及电子产品行业,广告投放额分别是 154562 万元、140779 万元,132072 万元,占比也均在 10% 以上;药品、房地产、化妆品及卫生用品的广告投放额也较高,分别是 91770 万元、91650 万元,88179 万元,广告投放额占比均为 8%;其他的行业广告投放额的占比均在 5% 以下。见表 3。

表 3　江苏电视台广告收入来源

	广告经营额(万元)	占比
酒类	154562	13%
汽车	140779	12%

	广告经营额(万元)	占比
家用电器及电子产品	132072	11%
药品	91770	8%
房地产	91650	8%
化妆品及卫生用品	88179	8%
批发和零售服务	59542	5%
食品	58707	5%
金融保险	49062	4%
服装服饰及珠宝首饰	41978	4%
信息传播、软件及信息技术服务	35067	3%
医疗服务	30814	3%
旅游	30287	3%
招工招聘及其他劳务	14618	1%
生活美容、休闲服务	14592	1%
医疗器械	14303	1%
收藏品	7336	1%
教育	4804	0%
农业生产资料	604	0%
出入境中介	33	0%
烟草	21	0%
其他	105820	9%

2. 广播电台

广播电台广告收入来源也很集中,前 6 个行业投放的广告额占 60%,但是每个行业的广告投放额占比与电视台不同。贡献最多的是房地产行业,广告经营额 56827 万元,占比 17%;汽车、药品、金融保险行业的广告投放额,分别是 33671 万元、32957 万元、31876 万元,广告投放额占比在 10% 左右;酒类、批发和零售服务、家用电器及电子产品行业的广告投放额,分别是 24020 万元、23804 万元、21088 万元,占比在 7% 左右;其余行业的广告投放额占比在 5% 以下。见表 4。

表 4　江苏广播电台广告收入来源

	广告投放额(万元)	占比
房地产	56827	17%
汽车	33671	10%
药品	32957	10%
金融保险	31876	9%
酒类	24020	7%
批发和零售服务	23804	7%

	广告投放额(万元)	占比
家用电器及电子产品	21088	6%
生活美容、休闲服务	13187	4%
旅　游	9770	3%
食　品	8566	3%
信息传播、软件及信息技术服务	7754	2%
化妆品及卫生用品	6653	2%
服装服饰及珠宝首饰	5172	2%
医疗服务	4277	1%
收藏品	3846	1%
招工招聘及其他劳务	3612	1%
医疗器械	2825	1%
教　育	2647	1%
出入境中介	613	0%
农业生产资料	121	0%
烟　草	12	0%
其　他	46156	14%

3. 报社

报社广告收入的主要行业来源是房地产行业,广告投放额167141 万元,广告投放额占比 32%,遥遥领先其他行业。金融保险行业的广告投放额是 34066 万元,广告投放额占比 7%。汽车、药品、批发和零售服务行业的广告投放额分别是 32634 万元、31449 万元、30789 万元、29378 万元,广告投放额占比均为6%。其他行业的广告投放额占比在 5% 以下。见表 5。

表5　江苏报社广告收入来源

	广告经营额(万元)	占比
房地产	167141	32%
金融保险	34066	7%
汽　车	32634	6%
药　品	31449	6%
批发和零售服务	30789	6%
酒　类	29378	6%
医疗服务	26432	5%
旅　游	17151	3%
食　品	15854	3%
服装服饰及珠宝首饰	15569	3%
家用电器及电子产品	15341	3%
招工招聘及其他劳务	15224	3%
医疗器械	11744	2%

续　表

	广告经营额(万元)	占比
信息传播、软件及信息技术服务	11457	2%
化妆品及卫生用品	6899	1%
生活美容、休闲服务	6129	1%
教育	6118	1%
收藏品	2246	0%
农业生产资料	1799	0%
出入境中介	1420	0%
烟草	2	0%
其他	37449	7%

4. 期刊社

期刊社广告收入的集中度较高,前4个行业投放的广告额占了61%。金融保险和酒类行业的广告投放额分别是15191万元、13548万元,广告投放额占比分别是20%、18%;服装服饰及珠宝首饰、房地产行业的广告投放额分别是9831万元、7397万元,广告投放额占比在10%左右;批发和零售服务的广告投放额是6048万元,广告投放额占比8%;其他行业的广告投放额占比在5%。见表6。

表6　期刊社广告收入来源

	广告经营额(万元)	占比
金融保险	15191	20%
酒类	13548	18%
服装服饰及珠宝首饰	9831	13%
房地产	7397	10%
批发和零售服务	6048	8%
化妆品及卫生用品	3143	4%
医疗服务	2786	4%
医疗器械	2528	3%
生活美容、休闲服务	2467	3%
药品	2249	3%
农业生产资料	1484	2%
旅游	1346	2%
信息传播、软件及信息技术服务	1217	2%
汽车	950	1%
食品	908	1%
家用电器及电子产品	791	1%
收藏品	357	0%
招工招聘及其他劳务	10	0%
教育	7	0%
出入境中介	3	0%

	广告经营额（万元）	占比
烟　草	0	0%
其　他	4282	6%

5. 网站

江苏网站广告收入的前 6 个行业投放的广告额占了 48%。贡献最大的也是房地产行业，广告投放额 190253 万元，广告投放额占比 11%；食品行业的广告投放额 155359 万元，广告投放额占比 9%；旅游、批发和零售服务、金融保险、家用电器及电子产品的广告投放额分别是 121740 万元、114551 万元、112890 万元、111506 万元，广告投放额占比均为 7%；其他行业的广告投放额在 4% 以下。见表 7。

表 7　网站广告收入来源

	广告经营额（万元）	占比
房地产	190253	11%
食品	155359	9%
旅　游	121740	7%
批发和零售服务	114551	7%
金融保险	112890	7%
家用电器及电子产品	111506	7%
服装服饰及珠宝首饰	60503	4%
教　育	59644	4%
信息传播、软件及信息技术服务	59421	4%
生活美容、休闲服务	58166	3%
汽　车	56561	3%
出入境中介	56152	3%
药　品	56084	3%
医疗服务	55929	3%
酒　类	55751	3%
化妆品及卫生用品	55587	3%
招工招聘及其他劳务	55211	3%
农业生产资料	54559	3%
医疗器械	54558	3%
收藏品	54553	3%
烟　草	1	0%
其　他	64637	4%

可见，江苏电视台、广播电台、报社、期刊社、网站广告收入的行业来源分布呈现出一定差异性，而且分布比较集中，前 6 个

行业是各传媒业广告收入的主要行业来源。

四、主要行业在各媒体广告投放额对比

首先,房地产、汽车、酒类、药品行业是电视台、广播电台、报社三类媒体广告收入的主要行业来源。这4大行业在电视台的投放额是478761万元,占电视台广告收入的41%;在广播电台的广告投放额是147475万元,占广播电台广告收入的43%;在报社的广告投放额是260602万元,占广播电台广告收入的50%。见表8。

表8 房地产、汽车、酒类与药品的广告投放

	电视台		广播电台		报社	
	广告投放额	占比	广告投放额	占比	广告投放额	占比
房地产	91650	8%	56827	17%	167141	32%
汽车	140779	12%	33671	10%	32634	6%
酒类	154562	13%	24020	7%	29378	6%
药品	91770	8%	32957	10%	31449	6%
总计	478761	41%	147475	43%	260602	50%

从表8和图2中还可以看到,房地产行业在报社投放广告最多,为167141万元,占报社广告经营额32%;在电视台投放广告91650万元,占电视台广告经营额8%;在广播电台投放广告56827万元,占广播电台广告经营额17%。酒类、汽车和药品行业在电视台广告投放额较多,而在广播电台、报社的广告投放额相对较少。见表8和图2。

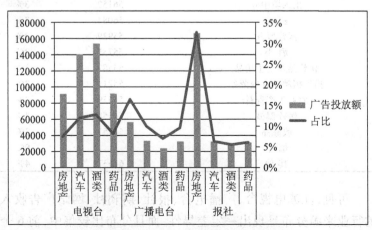

图2　房地产、汽车、酒类与药品的广告投放

其次,金融保险、批发和零售服务行业是广播电台、报社、期刊社、网站四类媒体广告收入的主要行业来源。这2个行业在网站投放广告最多,227441万元,占网站广告收入14%;在报社和广播电台的投放额差不多,报社是64855万元,占报社广告收入13%,在广播电台的广告投放额是55680万元,占广播电台广告收入16%;在期刊社的广告投放额最低,21239万元,但占比较高,占期刊社广告收入28%。见表9。

表9 金融保险、批发与零售服务的广告投放

	广播电台		报社		期刊社		网站	
	广告投放额	占比	广告投放额	占比	广告投放额	占比	广告投放额	占比
金融保险	31876	9%	34066	7%	15191	20%	112890	7%
批发零售	23804	7%	30789	6%	6048	8%	114551	7%
总计	55680	16%	64855	13%	21239	28%	227441	14%

从表9和图3中还可以看到,金融保险、批发与零售服务行业在网站的投放额最多,比在广播电台、报社、期刊社的投放总额还要多。金融保险行业在网站的广告投放额是112890万元,是在报社、广播电台、期刊社的广告投放总额的1.4倍,在报社、广播电台、期刊社的广告投放额共81134万元;批发与零售服务在网站的广告投放额是114551万元,是报社、广播电台、期刊社广告投放总额的1.9倍,在报社、广播电台、期刊社的广告投放总额共60640万元。

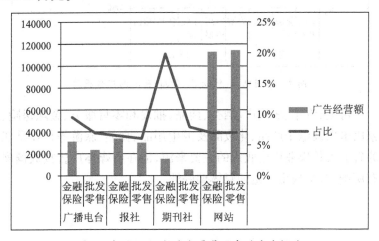

图3 金融保险、批发与零售服务的广告投放

再次,家用电器及电子产品行业主要在电视台和网站投放广告。在电视台投放广告 132072 万元,占电视台广告经营额 11%;在网站投放广告 111506 万元,占网站广告经营额 7%。化妆品及卫生用品行业主要在电视台,投放额是 88179 万元,占电视台广告经营额 8%。食品、旅游行业主要投放在网站,其中食品的广告投放额是 155359 万元,占网站广告投放额 9%;旅游业的广告投放额是 121740 万元,占网站广告投放额 7%。见表 10 和图 4。

表 10　家用电器、化妆品、食品与旅游的广告投放

	电视台		网站	
	广告经营额	占比	广告经营额	占比
家用电器	132072	11%	111506	7%
化妆品	88179	9%	55587	3%
食品	58707	5%	155359	9%
旅游	30287	3%	121740	7%
总计	309245	28%	444192	26%

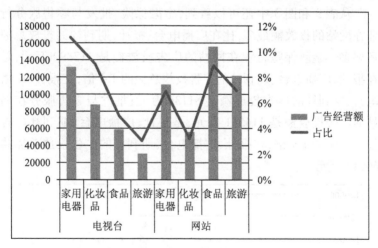

图 4　家用电器、化妆品、食品、旅游的广告投放

可见,汽车、房地产、酒类、药品、批发和零售服务、金融保险、家用电器及电子产品、化妆品及卫生用品、食品、旅游等行业是江苏省五大传媒业广告收入的主要来源,但在各媒体广告投放额度有所侧重,呈现出一定的媒体偏好性。

五、结论与讨论

本文通过分析 2016 年江苏省广告规模,以及电视台、广播电台、报刊、期刊社、网站广告收入的主要行业来源分布,得到以下研究结论:

第一,网站广告经营额最高,接近江苏传媒业广告收入的一半,远超过其他四类传媒业。

第二,江苏五大传媒业广告收入的行业来源分布主要集中在6 个行业,但相比较而言,网站广告收入分布来源比较均匀,而传统媒体广告收入分布来源比较集中,其中,报社广告收入来源最为集中,仅房地产就占了 32%。

第三,网站与传统媒体广告收入的主要行业来源有所不同,而电视台、广播电台、报社广告收入的主要行业来源较为接近。其中,食品和旅游是网站广告收入主要行业来源,而房地产、汽车、酒类、药品行业则是电视台、广播电台、报社三类媒体广告收入的主要行业来源;金融保险、批发和零售服务行业是广播电台、报社、期刊社、网站四类媒体广告收入的主要行业来源;家用电器及电子产品行业主要在电视台和网站投放广告。

综上所述,作为新媒体的网站正在争夺传统媒体广告资源,并且已经给传统媒体生存带来威胁。此外,网站正在形成与传统媒体相差异的广告资源竞争策略,而传统媒体之间的广告资源较为趋同,如果传统媒体不能适时调整广告资源竞争策略,竞争将更为激烈。

注释

[1]《江苏省工商局关于印发江苏省广告产业发展"十三五"规划的通知》,来源:http://www.360doc.com/content/17/0106/12/9851038 620484211.shtml。

[2]《江苏省工商行政管理统计汇编》(2016)。

[3] 喻国明:《现阶段中国传媒业发展的基本面分析——来自〈中国传媒发展指数蓝皮书(2013)〉的报告》,《新闻与写作》2013 年第 3 期。

[4] 崔保国:《传媒产业发展的格局与趋势分析》,《传媒》2016 年第 10 期。

［5］徐立军、王玉飞:《2018 中国传媒的基本面和机会点》,《现代传播》2018 年第 1 期。

［6］姜照君、顾江:《江苏省传媒业的广告资源竞争——基于生态位理论的实证分析》,《现代传播》2014 年第 8 期。

［7］《2016 年中国网民人数、手机网民人数、各省市网民人数及互联网普及率情况分析》,来源:http://www.chyxx.com/industry/201702/492444.html。

跨界网络及其治理分析

刘梦奇

摘 要 随着新兴技术的发展和应用,大量新型网络组织和新现象涌现,并出现了一系列的治理问题。针对新现象以及新问题,本文分析跨界网络中的参与者和各自的作用,探讨在跨界网络中社会、技术以及组织网络间的交互作用;基于关系、结构嵌入理论以及市场交易环境的四重不同维度,提出跨界网络治理的理论架构并构建跨界网络治理机制的整体框架;最后,通过仁和集团跨界网络及其治理进行实证研究,在理论上为我国跨界网络以及网络治理研究提供新的研究视角与研究思路,在实践上为我国企业实现进行跨界网络构建、产业升级转型和创新驱动发展提供学术支撑。

关键词 跨界网络,网络治理,案例研究

一、引言

伴随着世界经济的一体化趋势,不同企业间的创新行为日益复杂,科技不断变化且呈现多样化,这就使得各企业主体必须跨越传统组织和区域性边界。不管是新产品的研发还是经营模式的创新,都需要各个知识领域的内容进行交流与融合。跨业界、跨产业而进行共同发展,是我国企业突破创造力不足的困境所要进行的选择之一[1]。

同时,随着新兴技术的发展与应用,社会的整体运转、市场的协调运作等都受到了技术网络的重要影响,组织网络与管理的新现象不断涌现,如跨界网络、企业家网络及其治理问题等。因此,

---

作者简介 刘梦奇,男,江西财经大学工商管理学院研究生。

我们不仅要关注网络治理的相关理论内容,也需要立足于实践,从实践中去发现问题、解决问题以及总结新的经验,不断丰富和完善网络治理理论。在信息技术与网络治理迅速发展的过程中需要面临一系列的问题。如在公司的治理以及管理过程中发生的网络投票困境[2][3]、通过互联网进行信息传播过程中出现的风险难以控制[4]、电子市场的监督与管理难度较大及其效力问题等[5][6];在网络治理过程中,社会网络的过度嵌入所产生的负效应[7]、在企业网络治理过程中缺乏机制的约束与监督等。这一系列问题的出现表明我们经济的发展以及企业的转型与升级急需进行网络治理。组织理论、网络治理领域等研究领域的前沿理论以及实践都对跨界网络及其治理提出了新的要求。

因此,本文首先通过分析跨界网络中的参与主体和各自的作用,探讨了跨界网络中社会、技术以及组织网络间的交互作用;其次,基于关系、结构嵌入理论以及市场交易环境的四重不同维度,提出跨界网络治理的理论架构并构建跨界网络治理机制的整体框架;最后,本文通过仁和集团跨界网络及其治理进行案例实证研究,在理论上为我国跨界网络以及网络治理研究提供新的研究视角与研究思路,在实践上为我国实现企业进行跨界网络构建、产业升级转型和创新性驱动发展实践提供学术支撑。

二、跨界网络及其治理模型

随着新兴技术的发展与应用,云计算在很大程度上改变了以往的传统软、硬件等一系列资源的交付手段与使用方式,这给网络模式带来了巨大的转变,逐渐成了企业取得竞争优势的利器。与此同时,跨界网络的构建同样也对开创创新的制高点以及引领创新方向有很大的帮助,另一方面还促进了生产力的深层次发展,为中国产业创新驱动的转型和升级、提升产业和企业的竞争力提供了保障。因此,本文把云计算的概念引入到网络组织领域,研究跨界网络平台的构建及其治理的内在机理。

（一）跨界网络的总体架构

跨界网络主要包括企业、行业协会、研发机构、金融团体、创业投资管理机构以及政府部门等多个参与者和中介机构参加并且通过以上参与者组成的社会网络、技术网络、组织网络相互的协同与合作,跨越不同学科、产业和组织,以实现优化资源配置与持续发展的最终目的。其总体架构具体如图 1 所示。

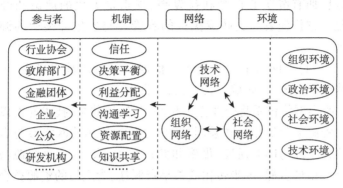

图 1　跨界网络体系架构

1. 跨界网络的参与者

跨界网络有许多的参与者,大致如下:

（1）开发者。跨界网络主要通过各参与主体之间的交流、讨论、沟通、共享而最终形成,其中开发人员作为跨界网络平台创新、科技和知识的创造人员,他们是跨界网络的新知识、新想法等开发与推广主体。而在知识产权受到保护的前提条件下,为跨界网络里的关联利益者提供知识、科技支持和保障。

（2）VC 等资金保障人员群体。VC 等金融团体为运作跨界网络提供持续的资金支持。跨界网络的构建过程当中存在资金短缺现象,并且新产品与新科技所承担的风险相对比较大,这就需要完善的金融保障才能够使跨界网络不断扩大。

（3）企业。企业是跨界网络中的主要参与主体,它的存在为跨界网络的构建提供了前提保障,是技术、知识与科技等资源的需求人员,是把资源转变成为利益价值的具体实施者,并且和顾问、行业中相关协会与另外一些间接性的合作者搭建非正式的关系疏通纽带。

（4）中介服务性团体。主要包括法律团体、咨询机构、行业中协会,这些团体是关键的知识来源,架构了和其他组织间沟通的桥梁,拥有提供服务、帮助管理、监督和协调等多方面职能。行业中的协会一方面是相关政府政策、法律、科技和市场等的信息中心,另一方面也是向企业传播信息的渠道。

（5）政府。政府是跨界网络生态系统制定制度的机构,主要起着指引、领导的作用,同时提供着资源与法律支持,政府同时也拥有鲜明的自身利益设想,谋求最大化的政治和经济利益。它扮演着相关政策执行的看管者与发生冲突后的调解角色。

（6）跨界网络平台管理者。根据云平台的基本概念,可以将其分为个人云、区域云、公有云与混合云。

跨界网络体系将企业作为核心,与知识共享、技术开发以及社会资源平台等相互联系,其子平台和另外相关网络参与者间构建合作性与同盟通道,集聚和储存技术、人才、信息资源与资金等一系列资源,逐步转化成共享资源池,为之后的资源整合提供保障。通过线上信息交换技术、相关知识、资金与创新的转移,以及跨界网络平台的相互协同,为许多网络参与者提供优质服务。依据用户的需求动态的对资源展开配置和再配置,最终实现跨界网络平台中有形资源的最大化利用与无形资源的相互分享[8]。

2. 跨界网络参与者之间的联系

跨界网络的参与者相互之间由于资源而具有关联,包括社会、技术以及组织网络。跨界网络的出现主要依靠参与者之间、人与人相互的组织网络,并通过社会网络搭建出来的互相信任价值进行知识沟通并形成技术网络,通过技术网络的互相沟通达成技术创造,并一齐作用转化成组织网络,最后把价值创造变为现实。

（1）社会网络。纵观社会学领域,近年来越来越多的学者开始关注社会网络,它主要指社会中的个体成员互动从而转化而成比较稳定的关联体系,社会网络看重个体之间的联系与沟通,强调社会行为会受到社会互动的影响。

（2）技术网络。技术网络在自然科学当中指的是电脑网络,意为使用通信线路与设备把散布在不尽相同的地点中多个自我管理的电脑系统相互联系起来,根据相同的网络协议,硬件共享、软件与数据方面资源的系统。

（3）组织网络。在管理学与经济学里面,组织网络是网络资源配置模式中的一种,同样也是组织出现的一种形态和结构。

（二）跨界网络中三种不同网络之间的互动机理

因为组织的网络化与网络组织的形成过程日益复杂,许多跨界网络主体以联合的方式汇集和蓄积技术、人才、信息和资金等相关资源,形成共享资源池。跨界网络中参与者拥有的技术网络中具有发展潜力的新科技、技术与机会在很大程度上会有助于组织快速达成目标,相互渗透并且深深的嵌入不一样的行动者共同形成的网络中去,并于组织网络中进行交流、在社会网络中进行沟通、在技术网络当中进行交换,通过三个网络之间的联系和沟通(见图2)而最终推动跨界网络的构建与发展壮大。

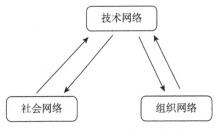

图2　三种网络的联系与互动

1. 组织网络与技术网络之间的互动

在新时代的市场竞争里,大部分企业不能通过市场获得有效竞争要求的全部关键性资源,所以通常选择借助于技术网络与具有可互补性质的资源网络搭建联结。一方面,组织网络开创的价值和网络节点的平方是正向相关的关系,即组织网络的参与主体规模越大,则组织的价值越大;另一方面,价值的分割受到资源关联主体对价值制造的科技贡献与技术网络中所处地位的影响,跨界网络中参与主体的科技贡献在一定程度上又取决于它收到的成果而起到激励的作用。与此同时,参与主体取得相对应的价值越高,对于收集更多的资源和科技于跨界网络就更有利,同时开拓其组织网络。

2. 技术网络与社会网络之间的互动

技术网络把跨界网络构建活动过程中各参与者结合到一起,让其可以实现快速互换、共同分享和推广,而这些运动都要求通过参与者之间、个人和组织之间相互联系而实现。换句话说,技术网络镶嵌于社会网络当中,社会网络通过加快技术分享与制造而对知识性资本的创造产生影响。大致表现在社会网络里面的联系类型、关系联结、准则、相互信任等不同因素,把影响技术共同分享和制造,从而影响技术网络的范围扩大和升级。

技术网络在全球范围内覆盖,跨界网络中主体之间技术的转移,通常发生在互相信任与有着共同认知组成的社会网络之中,地理上的相近不再是引发隐性技术外溢的主要因素,网络里人和人之间的社会联系在这个时候变得尤为重要,实体所开始的跨界运动由其中参与主体已经具备的正式技术网络所决定,只是在跨界网络空间内部,技术网络往往因为人际的邻近性而放大。

3. 社会网络、技术网络与组织网络之间的互动关系

跨界网络的结构是处在不断的动态变化与调整,网络中节点的替换和变化、节点联结联系的破裂和重组以及节点联结模式的改变,使得跨界网络一直处在动态改变状态。跨界网络中各参与者进行知识、技术的相互共享、推广、制造进而创造价值。组织网络所创造的价值依靠与所具有的技术网络规模、技术共同分享和推广、技术创造能力。而技术网络规模不仅受到参与者的数量、相互联系的频率影响,并且依靠于参与者相互之间的信任而产生的声誉使得越来越多参与主体加入跨界网络,从而最后变成社会资本、技术资本、组织资本产生的正向反馈的网络外部性效应。同时需要发现的是,这种自主变强的交叉网络外部效应要以社会网络的规模到达临界容量作为前提条件,不然网络的运转就会出现负面网络效应并且让网络慢慢灭亡——初始经济规模对网络的持续发展起着非常重要的影响。用户慢慢流失最后退出网络,网络将逐步缩小规模,最后走向灭亡。这也意味着,跨界网络的构建,一开始要采用多个措施(提供不同的优惠服务等)来吸引更多的参与者才能保障网络的生存。

(三)跨界网络的治理

在跨界网络组织结构中,个人和群体的联系与枢纽构成社会网络,成为跨界网络治理的网络组织根基[9]。而社会联系网络通过两种不同的镶嵌的方式对经济的运动与成功产生影响。第一是关系性嵌入。它以双方交易的完成度为基本,展现为交易双方看重两者之间的需求和成果导向的程度,以及在信任、信用与信息共同分享上所表现的行为。第二是结构性嵌入。其可

以看作群体之间的双方共同合约互相联系的推广,这就使得组织之间一方面拥有双边关系;另一方面和第三方也拥有一样的联系,让群体之间使用第三方间接地进行连接,从而形成以系统为主体特点的联系结构[10]。所以,结构性嵌入是许多参加人员进行互动的函数。结构性嵌入将网络内部的信息既能水平或者垂直的移动,也能斜向的传递。

同样的,企业与组织之间通过隐性或显性的、短暂的或永恒的合约形成企业间与组织间网络,以此来调整和保护企业间、组织间进行交易,对发生变化的环境保持相对应的适应性[11]。形成企业间与组织间的网络不仅有来自外部因素的组合,如利用科技资源的散布与依靠资源的社会网络结构与其他组织构建枢纽,用来满足对资源的需求和对不稳定环境的管理,而且又是来自内部因素的驱使,即社会网络的关系结构和组织的行为驱使组织之间的网络形成。不难看出,企业间与组织间的网络是资源、资本、信息的重要来源,同时也是跨界网络治理载体与对象。

技术网络则主要使用其高效的信息传递方式和多方面的信息流通渠道,组成跨界网络治理的科技平台,对跨界网络治理进行有效运转给予了最好的保障。所以,跨界网络治理里说的网络应该是"三网(社会网络,组织网络,技术网络)合一"[12]。由此可以看出,跨界网络治理是基于社会关系、组织结构、科技因素的整合过程,外延出的一种广义上的治理行为[13]。

在交易费用的相关理论中,引入了任务复杂性的全新维度,使网络治理搭建在四重不同维度的交易大环境中,包括:供给稳定前提下需求的不稳定性;制定交易的人力资本专用性;时间紧凑前提下的任务复杂性;网络群体之间的交易频率。在这个基础上,Jones 等把社会运行机制作为基础大胆提出了网络治理的理论模型[14]。但是这个模型并没有说明网络治理机制这个关键要点,并且社会运行机制作为跨界网络治理的根基,很难对治理机制自身进行替换。利用 Jones 等四重维度的概念,通过对 Jones 等网络治理的模型进行修改,提出跨界网络治理的相关理论架构(如图 3 所示)。

其中,跨界网络的治理机制主要指的是通过每个网络节点之间的联系,使得网络有秩序并且高效率的运转,以及对网络结

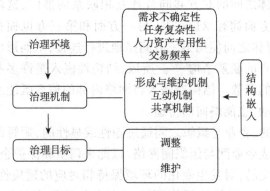

图 3　跨界网络治理的理论架构

点的行为进行管制和调整的鼓励制约和资源配置等一系列规则的联合,它的最大功能是协调与维护跨界网络之中的合作,经由网络结点间相互联系和分享,提升跨界网络运转的整体效率。网络组织中的治理机制有创新、学习和信任机制[15]。网络的社会机制包含文化和声誉、共同制裁、限制性进入[14]。从网络的视角探讨战略合作,联盟成立的根基是信任、资源利益分配等相关机制[16]。企业之间存在着联系的协调和学习机制[17]。网络治理的相对微观机制是要有决策协调与资源利益分配、鼓励约束、学习创新[18]。

　　不难发现,跨界网络治理机制主要有协调、学习、利益分配、信任、激励机制、文化、声誉等,主要可以分为网络形成与维护机制、互动机制以及共享机制三个方面。网络形成与维护机制大致包含利益分配、信任、声誉和联合制裁、决策平衡等;互动机制主要包括沟通与学习,二者紧密联系、相互影响,在沟通中进行相互学习,在相互学习中进行有效沟通;共享机制涵盖资源配置与知识共享,其中知识共享有利于优化资源配置,知识共享的程度对资源配置是否优化产生重要影响,反之,资源配置的优劣也将会影响知识共享的程度。通过对有关文献的查阅以及相关内容的整理,本文构建了跨界网络治理机制的整体框架,如图 4所示:

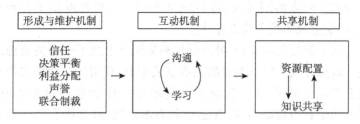

图 4　跨界网络治理机制的整体框架

四、跨界网络及其治理模型的应用案例

（一）案例介绍

仁和集团发展有限公司组建于 2001 年,是致力于传统与高科技医药产品研发、推广的现代医药企业集团。近几年,仁和集团着手跨界网络构建,进行数据与信息转移,最初仁和集团只拥有线下销售模式,2015 年 4 月 16 日,仁和集团大健康产业链互联网 B2B 正式上线,成为创新产业发展的历史性时刻。

随着电商转型的步伐越来越快,仁和集团的信息数据逐渐向线上转移,2015 年 6 月 18 日,江西仁和云商科技有限公司在京召开新闻发布会,宣布启动"云商战略",推出电商集群+实体店网络+社会化营销新模式。仁和集团跨界网络的构建初现雏形。之后,仁和的线上 APP 叮当快药如期登场,市内 20 分钟送货上门、线上专供产品蒸汽眼罩等使得叮当快药在短短一年不到的时间里就积累了超过 100 万的注册用户,同时,在线下品牌优卡丹、闪亮等的带动下,仁和集团线上销售平台迅速崛起,2015 年 12 月 5 日,仁和药业发布公告,正式以 2.77 亿元收购北京京卫元华医药科技有限公司,这使得仁和集团的跨界网络构建道路更加平坦,转型渐渐步入正轨。

不难看出,仁和集团建立的跨界网络不仅带来了销量与对新环境的适应能力,而且开拓了市场,增加了信息的流通量与产品的反馈。

（二）仁和集团跨界网络的构成及其互动

仁和集团的跨界网络构成包含三个部分:社会网络、技术网络与组织网络。为了加快仁和集团社会、技术以及组织网络三者之间相互形成协同效应,跨界网络为相关参与者提供了几种形式、特别定制的线上线下互动模式。

线下部分包含:(1)处理好仁和集团线上线下平台的资源冲突。调整好线上线下两者的关系至关重要,利用线下销售来带动线上产品的销售是二者减少冲突增加合作利益的最好办法;(2)构建和力物联 M2F,并创建和力物联网,联合所有的工业企业集采,包括原材料、包装材料、生产设备等,大幅降低工业生产成本,彻底打通上游至下游的价格产业链,最终降低药品价格,减少组织网络的经营成本,增强自身的市场竞争力。

线上部分包含:(1)清晰定位自身的线上产品,基于线上销售的特点,老年人一般习惯到线下门店进行购买,所以主打年轻人的消费产品可以最大限度地利用资源;(2)为了吸引消费者,推出线上平台特供产品,利用技术网络层面的优势,丰富组织网络的内涵。(3)建立大健康产业链互联网 B2B,加强与客户的紧密联系,通过社会网络的快速反应,为客户提供更优质的服务,从而促进仁和集团的业务发展。仁和集团通过实践使得信息或数据通过多种传递活动让其在跨界网络构建过程中获得了新的竞争优势与环境适应能力。

在打通产业链、合作共赢、技术创新三个重要部分后,线上与线下活动相互呼应,线上线下平台资源共享、专享与推出线上特供产品,有计划的开启与推进跨界网络形成创新参与主体的积极互动,并加强他们之间的相互信任和推进他们之间的技术交流,最终促成跨界网络价值的体现与扩大。

(三)仁和集团跨界网络的治理

仁和集团跨界网络的治理机制主要是以形成和维护机制、互动机制以及共享机制为核心。凭借构建的 M2F 和力物联网与线上销售平台,仁和集团的收益分配与企业信任度都得到了一定的提升。为了平衡线上线下销售的产品相互制约,仁和集团在构建跨界网络后制定了相关网络治理机制,即以健康管理为前端、以叮当快药为服务平台,以 M2F+B2B+O2O 全产业链模式搭建医药"互联网+"的跨界网络治理战略。

另外,仁和集团于 2015 年 12 月 5 日正式以 2.77 亿元收购了北京京卫元华医药科技有限公司,为其网络互动机制的学习和沟通打下了坚实的基础,用专业性的网络公司治理跨界网络,能最大限度地改进网络治理上的沟通与学习障碍。2015 年 6 月 18 日,江西仁和云商科技有限公司在京召开新闻发布会,宣布启动云商战略,推出电商+实体店+社会化营销新模式。电商与实体店线下的合作模式让仁和集团跨界网络的共享机制发挥出最大效用,线上线下资源的共享使得仁和集团的跨界网络得到稳步的发展。

仁和集团跨界网络的大环境非常复杂,包括同类竞争者带来的竞争压力、人力资源的资源短缺与线上交易的频繁,针对网络治理需要大量资源的现实情况,仁和集团以电商集群的方式,通过供应链有效连接组成"商务云"生态系统,在品牌、产品、服务、营销推广等方面实现跨界网络的维护与调整。未来仁和集团的跨界网络发展,离不开云商战略的实现以及跨界网络环境的治理,仁和集团必须将叮当快药 O2O、叮当医药 B2B 整合在其中,为客户提供最安全、最有效、最及时的服务,以及完美的客户体验。另外,跨界网络治理还可以打通产品销售的线上、线下渠道,结合互联网的社会化营销,从而充分释放以互联网为载体、线上线下良性互动的巨大市场潜力。

五、结论

针对中国企业跨界网络资源分布不均匀、网络构建能力不足以撑起产业升级转型的现实情况,中国企业需要进一步优化跨界网络资源的相关配置,从而提升跨界网络资源利用效率,最终实现跨界网络层次的提升。本文详细分析了跨界网络的构成,着重探索了参与者与其角色定位,阐述了参与者组成的社会、技术以及组织网络之间相互互动而产生协同的机制——通过信息流动产生认知然后构建跨界网络中的社会网络,透过社会网络的信任组建技术网络,借助社会网络加强技术交流与开发,最后为参与者与社会尽可能地创造价值。本文通过仁和集团构建跨界网络进行了案例实证,一方面在理论上为我国跨界网络以及网络治理研究提供新的研究视角与研究思路;另一方面在实践上也为我国实现企业进行跨界网络构建、产业升级转型和创新性驱动发展实践提供了理论支撑。

本文主要通过案例研究法,定性分析了社会、技术以及组织网络之间的互动关系,为了使研究结论更拥有一般性,对跨界网络及其治理的未来研究方向有一定的启示,后续研究可沿如下两方面进行:一是在单案例探究的基础之上增加多案例研究,通过不同视角反映不同跨界网络构建的相同规律;二是在对重要因素相互关系进行定性分析的基础之上,增加相关量表的设计,通过大样本调查的方法进行实证研究。

注释

[1] 张青:《跨界协同创新运营机理及其案例研究》,《研究与发展管理》2013 年第 6 期。

[2] 万勇、张艳如:《股东大会网络投票制度研究》,《证券市场导报》2001 年第 6 期。

[3] 黄韬:《股东网络投票:制度安排与现实效果》,《清华法学》2008 年第 8 期。

[4] 崔学敬:《互联网信息传播模式研究》,《理论建设》2010 年第 1 期。

[5] 李维安、吴德胜、徐皓:《网上交易中的声誉机制——来自淘宝网的证据》,《南开管理评论》2007 年第 5 期。

[6] 刘晓文、于瑾:《一种面向企业电子商务的治理参考模型》,《科技管理研究》2011 年第 7 期。

[7] 孙国强、石海瑞:《网络组织负效应的实证分析》,《科学学与科学技术管理》2011 年第 7 期。

[8] 於军:《从企业实践看跨界创新》,《企业管理》2014 年第 9 期。

[9] 王瑞华:《合作网络治理理论的困境与启示》,《西南政法大学学报》2005 年第 4 期。

[10] 全裕吉:《从科层治理到网络治理:治理理论完整框架探寻》,《现代财经-天津财经学院学报》2004 年第 8 期。

[11] 张康之:《网络治理理论及其实践》,《公共管理科学》2010 年第 7 期。

[12] 彭正银:《网络治理理论探析》,《中国软科学》2002 年第 3 期。

[13] 钱人瑜:《网络治理的研究综述与理论框架创新》,《商业经济研究》2015 年第 2 期。

[14] C. Jones, W. S. Hesterly, S. P. Borgatti, "A General Theory of Network Governance: Exchange Conditions and Social Mechanisms", *The Academy of Management Review*, 1997, 22(4): 911 - 945.

[15] W. W. Powell, "Neither Market nor Hierarchy: Network Forms of Organization", In B. M. Staw & L. L. Cummings (Eds.), *Research in Organization-*

al Behavior, 1990, (12): 295 - 336. Green with, CT: TAI Press.

[16] H.Hakansson, D.D.Sharma, *Strategic Alliances in a Network Perspective*, In Dawn Iacobucci, (edt.), Networ ks in Marketing, Sage Publications, 1996.

[17] Grandori, A. Preface, In Massimo G. Colombo, (edt.), "The Changing Boundaries of The Firm: Explaning Evolving Interfirm Relations", Routledge London and New York. 1998.

[18] 孙国强:《关系、互动与协同:网络组织的治理逻辑》,《中国工业经济》2003 年第 11 期。

康卡斯特集团与 NBC 环球并购效果分析

聂 虹

摘 要 本文以美国康卡斯特集团并购 NBC 环球(简称 NB-CU)为例,基于并购协同理论和交易费率论,通过案例分析法、文献研究法和财务指标分析法,探讨其并购有效性、产业融合和运营效果。研究发现,康卡斯特集团在并购后延伸了产业链,优化了产业结构,弥补了自身内容短板,分散了运营风险。并购交易结束至今,借助并购协同效应,集团的整体绩效有轻微上扬,初步达到了并购目的。借此案例,期望对我国电视电信发展提供一些经验借鉴。

关键词 纵向并购,产业融合,产业链,财务绩效

随着互联网技术的发展,电视媒体的生存状况不容乐观。2016 年 6 月 15 日,美国皮尤研究中心发布《2016 年美国新闻媒体发展状况》显示,"虽然电视收入呈现增长,但是观众却在流失"[1]。相应出现了很多谋新图变的方法,电视业与电信业的融合便是其中之一。

技术变化引起了产业边界的调整,新技术的使用使"本来属于不同产业的企业演变成为同一产业、同一市场的竞争关系,出现所谓产业融合的现象"[2]。

电视业和电信业融合的设想随着《1996 年电信法》的颁布,率先在美国得以实现,但随时间推移,一些问题也逐渐暴露,最为轰动的要属时代华纳和美国在线并购案。业界和学界以其为案例不断分析,有人分析认为其"业务资源、经营策略以及企业文化上出现的整合不力,导致双方优势被抵消"[3],也有人认为美国在

作者简介 聂虹,女,《每日经济新闻》基金新闻部记者。研究方向:传媒经济学。电子邮箱:306408967@qq.com。

线-时代华纳的问题不仅仅是融合方式方法上的错误,而是媒介融合战略大方向上的错误,"所谓的延伸传媒产业链只是一种'小农思想'"[4]。电视业与电信业通过并购进行产业融合的有效性受到质疑。

本研究期望通过康卡斯特集团并购 NBCU 的案例,分析其收购动机,检验其并购有效性。同时,从产业发展和经济效益角度做一个中长期的并购效果评估,提炼出其发展战略中的核心因素,希望为中国电视产业的发展提供一些启示。

一、康卡斯特集团并购 NBCU 的动机分析

康卡斯特是美国最大的有线电视运营商和宽带接入商。康卡斯特的主营业务以发展、管理和运营宽带有线网络,传输电视节目以及提供多样化的娱乐休闲服务三个板块为主。其中,固话和宽带是康卡斯特创造利润最多的部分。2009 年 12 月,康卡斯特宣布收购 NBCU51% 的股份。随后,2013 年康卡斯特又以 167 亿美元的价格收购剩余 49% 的股份,将其变为自己的全资子公司。以下是其原业务表[5]:

表1　康卡斯特集团原业务表

主营业务	具体描述
渠　道	有线电视网、数字电视、高清电视、高速因特网、固话网
内　容	新闻节目制播:E! 体育节目制播:高尔夫频道　康卡斯特区域体育网(包括亚特兰大运动频道、东南部运动频道等 10 家地区性体育网组成)　VERSUS 娱乐节目制播:E!　G4 游戏频道　时尚生活频道　Fearnet(恐怖频道)
其　他	金融投资基金会 Spectator(包括费城 76 人队和费城飞人队两支专业的球队俱乐部和一个在费城的大型多功能竞技场)

NBCU 原身为美国第一家广播电视网 NBC,历史悠久,享誉全球。以下是其原产业结构表[6]:

表 2　NBCU 原业务表

渠道	电视网:包括原有的 NBC 广播电视网和 Telemundo 电视网 直属电视台:10 家 NBC 电视台、16 家 Telemundo 集团直属电视台、一家独立电视台 数字媒体及有线电视网
内容	1) 有线电视频道与节目制作部门 　新闻节目制播:MSNBC(24 小时,全球资讯)、NBC 新闻部门、财经频道 CNBC、财经世界频道 CNBC World 　体育节目制播:USA 网、NBC 体育和奥运部门 　娱乐节目制播:NBC 娱乐部门、喝彩 Bravo(时尚艺术)、Chiler(恐怖惊悚)、SCI FI 频道(电视剧)、NBCU 全球网、Sleuth 侦探频道、Sundance 频道、NBC 天气网、USA 网、环球高清、NBCU 电视工作室 　外语节目制播:Mun2、Telemundo Puero Rico 2) 数字媒体 　NBC.com\\BravoTV.com\\NBCsports.com\\CNBC.com\\iVillage.com(女性社区)\\nbbc(B2B,负责 NBCU 与第三方视频平台对接节目的对外发行) 3) 电影 　环球影业、Focus Features、Rogue Pictures、环球家庭娱乐部门
其他	主题公园

资料来源:张金海、梅明丽:《世界十大传媒集团产业发展报告》。

　　结合两家集团的业务发展和运营状况,笔者认为康卡斯特选择并购 NBCU 并购有以下五点动机。[7]

　　(一)弥补内容短板,提高综合竞争力

　　节目的生产制作间具有上下游关系,因此,有学者构建出如图 1 所示的电视产业链[8]。

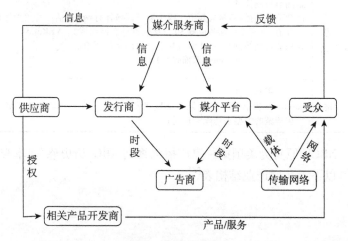

图 1　电视产业链

图 1 中,箭头的发出与指向代表着一种供需关系。最多的箭头发出者是供应商,最多的箭头指向者是受众。供应商发出箭头代表内容输出,受众接收代表信号接入,正是内容生产和渠道输送两个重要的环节,两者形成互补态势。从产业供需链和价值链的角度出发,康卡斯特收购 NBCU 将实现内容+渠道的立体增值。

(二)利用范围经济,提高经营效率

并购动机中常常包含规模经济或者是范围经济。媒介是易碎品,制作成本高但是复制成本低。同时,信息算是知识的一种,对其投入再使用也不会减少他们的价值。因此,对于同一媒介内容而言,扩大自身的传播渠道有利于摊薄成本。而从技术链的角度出发,对新技术的开发,一方面,有利于渠道畅通,提升客户体验,完善数字媒体功能;另一方面,对于内容的制作和创新也是一个促进,这样得新技术的研发成本也相对被摊薄。因此,康卡斯特和 NBCU 可以通过扩大节目(信息)的传播面积渠道以及对技术的多次利用实现范围经济。

(三)强强联手,增强市场主宰力

康卡斯特作为渠道巨头,并购 NBCU 后,可以选择通过不售卖产品给其他媒体集团实现独家原创节目,从而实现节目上的绝对垄断并以此获得绝对地位。尽管 FCC(Federal Communication Committee)要求康卡斯特承诺不会垄断行业竞争,保证竞争对手仍然能够公平自由地进入 NBCU 的节目,康卡斯特集团仍能增强其在全国市场上的竞争力。从产业空间链的角度分析,康卡斯特和 NBCU 的电视网覆盖领域有交叉也有不同,在并购以后,有线电视网的区域"集群化"程度将进一步加强,主宰区域市场的能力也将增强。

(四)多元化产业结构,分散经营风险

从产业多样性的角度出发,康卡斯特并购 NBCU 将获得成熟的产业板,进而扩大自身经营规模。又因为 NBCU 属于纯媒体行业,其公共性也将助力康卡斯特集团,提高社会认知度,增强市场影响力。除此之外,多元化的产业结构将降低其经营风险,即在分散风险理论中常说的,"不把鸡蛋装在一个篮子里"。

(五)提高管理效率

从企业管理角度的出发,GE 公司曾多次荣获《财富》杂志公布的全美最受尊敬公司榜单首位。在公司治理和管理上一向为人所称道,其掌控 NBCU 数十年,管理效率良好,根据协同理论,两家公司合并后将以效率较高者运营。康卡斯特在并购 NBCU 以后被期望能够在管理效率上也得到提升。

二、康卡斯特集团的产业链融合效果分析

根据 2016 年康卡斯特集团的年报信息,笔者绘制出如图2的产业结构图。其主营业务包含两个部分:康卡斯特通讯和 NBCU。

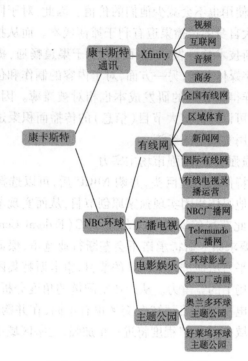

图 2　康卡斯特集团产业结构图

（一）通讯业务经营状况

1. 内容供应能力大大增强

梳理康卡斯特集团从 2009—2016 年通讯业务,其状况见表3。可知,其内容提供能力在并购 NBCU 后得到显著提升。

表 3 2009—2016 年康卡斯特通讯服务情况表

	2009	2010	2011	2012	2013	2014	2015	2016
视频服务 基础 level	20—30	20—40	20—40	20—40	20—40	20—40	20—40	20—40
全数字 level	250+	300+	300+	300+	300+	300+	300+	300+
点播服务	17000+	25000+	30000+	30000+	50000+	55000+	75000+	100000+
高清电视	2600	2600	6000	6000	6000	—	—	40000+
网络 （bps）	50M	105M	105M 305M	105M 305M	105M 505M	105M 505M	105M 505M	105M 2G

数据来源：尼尔森报告。

康卡斯特收购 NBCU 后，对其业务的整改提升了在新闻、娱乐和体育等多个方向的电视节目数量以及视频制作能力。与2009 年相比，2015 年视频点播的可供选择节目数量翻了 6 倍不止，到 2016 年更是突破 100000 大关。

2. 技术融合创新提升客户体验

通过深化渠道和内容合力，康卡斯特不断创新产品，提高用户体验，如手机、电脑、电视、平板的屏幕共享，优化用户体验；升级远程语音遥控和智能家居控制等。除此之外，康卡斯特还在积极探索高清和 VR 等内容呈现技术。这些服务融通了渠道和内容，让康卡斯特集团和 NBCU 的优势结合到一起得到了更好的展现，进而提升了顾客体验，增强了康卡斯特集团的综合竞争能力。

3. 价值增值加强客户关系

2009 年到 2016 年康卡斯特通信业务的客户关系和市场渗透率如下：

表 4 康卡斯特通信用户渗透率

		2009	2010	2011	2012	2013	2014	2015	2016
家庭与商业可接入		51.2	51.9	52.5	53.2	53.8	54.7	55.7	56.4
客户关系	总				26.5	26.7	27.0	27.7	28.6
	单				9.3	8.8	8.4	8.4	8.5
	双				8.5	8.5	8.8	9.2	9.7
	三				8.6	9.4	9.9	10.1	10.3

	2009	2010	2011	2012	2013	2014	2015	2016
视频渗透	46%	43.9%	42.5%	43%	41.9%	40.9%	40.1%	39.9%
视频客户	23.6	22.8	22.3	22.0 22.8	21.7 22.6	22.4	22.3	22.5
数字视频客户	18.4	19.7	20.6	22.2	22.4	22.2	22.3	
数字视频渗透	78.2%	86.6%	92.0%	97.1%	99.1%	99.4%	99.8%	
网络可接入	50.8	51.5						
网络客户	15.9	17.0	18.1	19.4	20.7	22.0	23.3	24.7
网络渗透	31.4%	33%	34.6%	36.4%	38.4%	40.2%	41.9%	43.8%
语音可接入	48.4	49.8						
语音客户	7.6	8.6	9.3	10.0	10.7	11.2	11.5	11.7
语音渗透	15.7%	17.3%	17.8%	18.7%	19.9%	20.5%	20.6%	20.7%

来源:康卡斯特集团 2009—2016 年度报表,单位:百万人次。

据表 4,康卡斯特的家庭及商业可接入用户数逐年上升,2013 年以后增速更快。同时,单一客户数量降低,复合型客户数不断增多。其次,数字视频业务全面普及,渗透率一路走高,到 2015 年康卡斯特视频服务的用户几乎都是数字视频客户(且也是网络客户)。

4. 网络业务潜力大

康卡斯特通信业务的收入来源主要有 5 项,各部分占整个通信部分的收入情况如图 3。

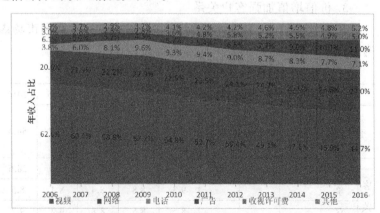

图 3　康卡斯特通信部分各业务年收入占比图

数据来源:康卡斯特 2006—2016 年年报。

视频的客户总数虽然呈现下降趋势,但其仍是最重要的收入来源。网络占比在并购以后开始明显上升,这是大势所趋。同时,有证据表明康卡斯特集团收购 NBCU 后,将下一个盈利增长点放到网络业务上。

(二)有线电视网经营状况分析

表 5 显示,有线电视网络频道数量显著增多,类型也扩大。同时,康卡斯特不断收购相关网络进行加强,利用规模经济,减少重复投入,增加产品多样化运输,提升网络竞争力,实现了资源最优配置,提高经济效益。

表 5　康卡斯特有线电视网变迁表

康卡斯特的有线电视网(1)		NBCU 的有线电视网(2)		康卡斯特的有线电视(3)	
频道网	订阅数(万)	频道网	订阅数(万)	频道网	订阅数(万)
E!（娱乐流行文化）	9800	美国网（娱乐网）	10000	美国网	9200
高尔夫频道	8300	Syfy（科幻类娱乐网）	9800	E!	9000
VERSUS（体育休闲）	7500	CNBC（商业经济新闻）	9800	Syfy	9000
风格（生活方式）	6600	MSNBC（24 小时新闻）	9500	MSNBC	9100
G4（游戏生活）	5900	Bravo（娱乐,文化和艺术）	9400	CNBC	8900
		Oxygen（女性社区）	7600	Bravo	8800
		Chiller（恐怖悬疑）	4100	NBC Sports	8300
		CNBC World（全球经济新闻）	3900	Oxygen	7600
		Sleuth（犯罪,神秘和悬疑）	3700	Golf Channel	7800
		Mun2（以年轻的拉美裔青年为受众的多元化娱乐资讯）	3600	Esquire（男士社区）	5800
		Universal HD（高清节目）	2200	Sprout	5900

续　表

康卡斯特的有线电视网(1)	NBCU 的有线电视网(2)	康卡斯特的有线电视(3)	
		Chiller	3700
		CNBC World	3600
		Universal HD	3000
		Cloo(悬疑)	2400

数据来源:尼尔森报告。

分析发现,有线电视网收入和盈利均上升的三年,分别为2012,2014 和2016 年,他们有一个共同的特点是均有奥运会。

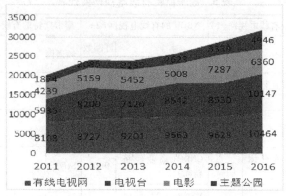

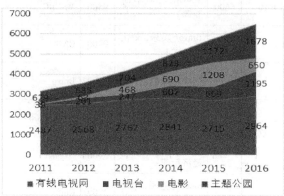

图 4　NBCU 四大业务板块收益图[9]

数据来源:康卡斯特 2011—2016 年年度报表,单位:百万美元。

康卡斯特在收购 NBCU 时也收购了其签订的多个运动赛事协议。一直以来,体育赛事吸引着大量年轻男性观众——他们被认为是消费购买能力旺盛的群体,因此体育比赛吸引着大量广告商和渠道商。美国广播电视的历史经验表明,与各大体育协会达成协议的电视网,在协议期间的广告销售额明显上升,因此收购 NBCU 获取的体育赛事对康卡斯特发展具有推进作用。

(三)关联产业多元化协作发展

新增的广播电视网、电影娱乐和主题公园业务,极大丰富了产业结构。

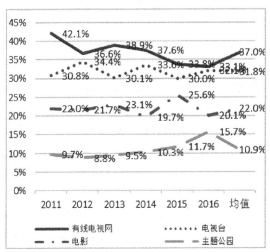

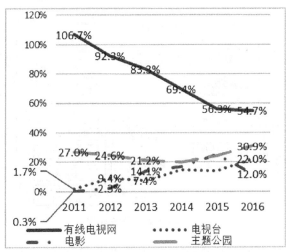

图 5　NBCU 四大业务板块收益占比图

图 4 和图 5 显示,各项产业发展均呈上升趋势,虽有线电视网产业占比仍最大,但从整体占比更均衡。

在广播电视网发展方面,康卡斯特集团现有的广播电视网主要包括 NBC 广播电视网和 Telemundo 广播电视网。AC 尼尔森数据显示,NBC 广播电视网市场排名和渗透率没有出现明显的波动。而 Telemundo 电视网络在被康卡斯特收购后,数量从 2011 年的 15 家上升为 17 家,西班牙语市场占有率上升 2%,这在美国整个电视事业处于下滑期的时段是非常难得的。

在电影业方面,其收入和利润整体上升,并在 2015 年因为几部大卖的影片出现爆发式增长。其次,借助母公司雄厚的资本运作,环球影业收购动画梦工厂等相关影视公司,提升了自身的影视制作水平。在主题乐园方面,环球影城收入和利润 6 年来持续上升,并在 2015 年新开两个主题公园。

综上所述,康卡斯特集团并购 NBCU 以后原有业务得到增强,新增业务也有良好的发展。但是这些产业不只是孤立的点,而是具有关联性的。下面将分析这些产业融合联动的状况及效果。

(四)产业链联动分析

电视产业链的核心基于内容的提供者,根据康卡斯特集团拥有的业务特点,笔者绘制出其各产业之间的关联交易图(如图 6)。

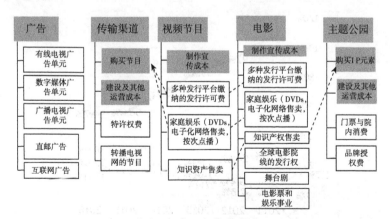

图 6　各产业交易关联图

线条将不同部分进行连接,利用产业联结优势,不断提升自己的内容质量,提高经营效率,实现产业流动。如果将主题公园简化为影视作品,这整条产业链的逻辑核心可以概括为"内容-渠道"模式,如图 7。

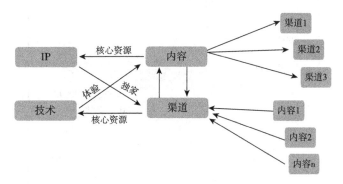

图 7　康卡斯特集团内容-渠道运营互动图

此图中,最核心的概念是 IP 和技术。专一的 IP 可以形成渠道的独家竞争力,先进的技术则能提高用户对于内容的体验,两者合力,则能融通内容和渠道,发挥出 1+1>2 的效果。

据图 8,康卡斯特并购 NBCU 后,其收入和利润出现激增,并在稍后的几年里呈现稳步上升趋势。这说明康卡斯特集团并购 NBCU 后规模扩大,且发展较为稳健。

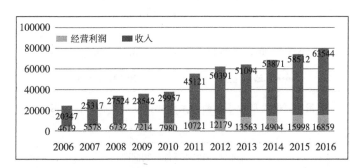

图 8　康卡斯特集团 2006—2016 年主营业务收入与
利润构成图(单位:百万美元)

图 9 和图 10 反映 2000—2016 年通信业务和 NBCU 业务两大主营业务收入、利润及各自比重。

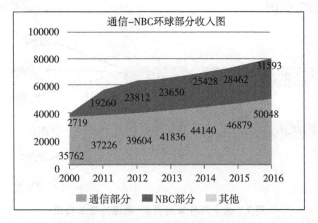

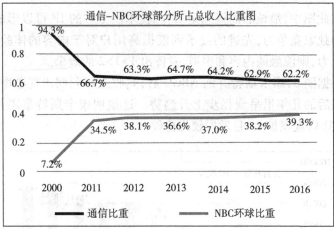

图 9　康卡斯特集团两大主营业务分别创收及占比图

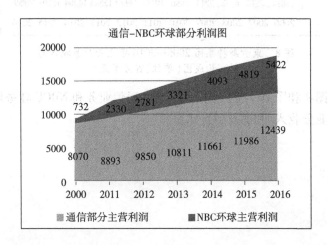

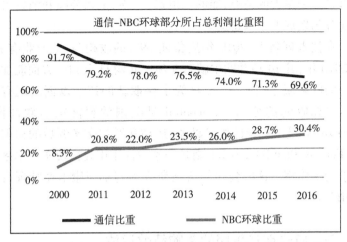

图 10　康卡斯特集团两大主营业务创造利润金额和占比图

康卡斯特并购 NBCU 以后,两大业务版收益均上升,发展良好,同时从组成来看,由原本的"一业独支"变为了更均衡的业务结构,创收占比为 4 : 6,利润占比为 7 : 3,分散了市场风险和提升综合运营能力。

(五) 后续产业规划

据统计,康卡斯特在 2011—2016 年期间一共进行了 50 余起并购活动,其中交易金额在十亿美元级别的并购案共 6 笔。通过对这 50 多起并购案的逐一分析,笔者发现康卡斯特集团现将重点放在加强内容生产和创新技术应用上。

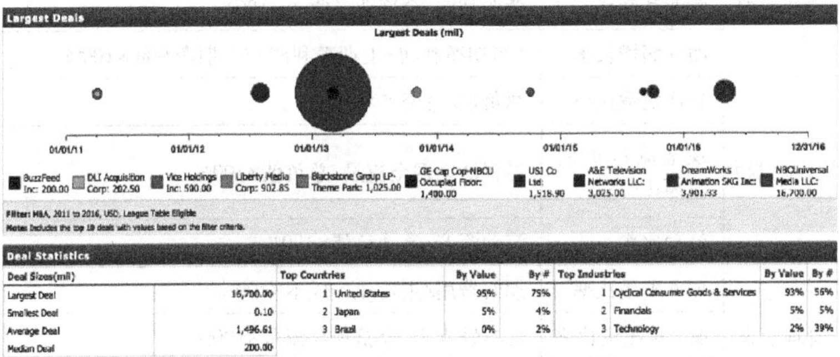

图 11　康卡斯特 2011—2016 年并购交易规模示意图
来源:汤姆森报告。

在内容生产上, 2016 年以 38 亿美元并购梦工厂动画。NB-CU 的 CEO 史蒂文·伯克(Steve Burke)称这是对于 NBC 环发展而言是一个重大的补充,能够在电影、电视、主题公园和消费者产品业务的发展上予以帮助。

在技术创新上,2010 年后集团 39% 的收购与 IT 产业有关。仅 2016 年,其 14 项并购中就有 9 项。并购 IT 公司一方面能加强自身的网络服务,另一方面是为了获取新的技术以创新现有产品。例如收购的公司中, icontrol 是美国的智能家居软件商, OneTwoSee 是一家设计数字媒体、运动和科技交叉领域的初创公司;Felix & Paul Studios Inc 则是一家专注于用虚拟现实技术来讲故事的工作室。这些公司的科技研究内容都与康卡斯特现有业务相关。

三、康卡斯特集团的并购绩效评估

（一）并购绩效评价指标体系建立

关于企业并购绩效情况,国内外学者一般采用事件研究法和财务指标分析法进行研究,本文采用后者。财务指标法,也称为会计法,一般用于企业中长期并购绩效研究。结合前人研究,本研究以 2006—2016 年康卡斯特集团年度报表数据为对象,从企业的盈利、抗风险、管理和运营四个方面选取指标来进行衡量。

表6　并购绩效评价财务指标体系表

一级指标	二级指标	公式
盈利能力	总资产收益率	收入净额/总资产×100%
	营业利润率	营业利润/全部业务收入×100%
	净利润增长率	（当期净利润−上期净利润)/上期净利润×100%
抗风险能力	资产负债比率	总负债/总资产×100%
	现金流量负债总额比率	经营活动现金流量/总负债×100%
	流动比率	流动资产/流动负债×100%
管理能力	成本费用比率	期间费用/主营业务成本×100%
	现金再投资比率	资本性支出/经营现金流量×100%
	资产周转率（次）	营业收入/平均资产

一级指标	二级指标	公式
运营能力	主营业务收入增长率	（本期主营业务收入−上期主营业务收入）／上期主营业务收入×100%
	成本费用利润率	利润总额／成本费用总额×100%

数据来源：康卡斯特集团年度报表。

本研究选取总资产收益率（ROA），营业利润率和净利润增长率作为衡量企业盈利能力的财会指标。其中，总资产收益率呈现集团的资本增值情况和股东价值状况，总资产收益率的指数越高，集团获得的单位投资收益越大，资产增值能力越强；营业利润率反映了集团在考虑营业成本情况下的盈利能力，该指标的数值高低与企业的盈利能力呈正相关关系；净利润增长率是考察集团盈利成长能力的一个指标值，该指标的数值越高，企业盈利能力越强。

在抵御风险能力方面，研究选择资产负债比率、流动比率和现金流量负债（总流动长期负债）比率作为衡量企业抗风险能力的财务指标。资产负债率用以反映通过负债融资的资产比例，该指标值越低，集团面临的偿债风险越小，反之，面临的偿债风险越大；流动比率是衡量集团短期内偿债能力的指标，流动比率越高，集团的资产变现能力越强，偿还短期负债的能力也越强；现金流量负债总额比率，反映集团当年经营活动产生的现金净流量偿还全部债务的能力。

在管理能力方面，本文选取成本费用比率、现金再投资比率和资产周转率作为测量指标衡量企业管理能力的指标。成本费用比率是集团支出的期间费用占主营业务总成本的百分比，数值越高代表期间费用占比越大，管理状况有待加强；现金再投资比率反映了集团每年经营活动创造的现金流量中用于投资的比重，借此可评估集团经营活动产生的现金状况是否支持企业的发展；总资产周转率反映集团总资产的周转频率，指标值越高，集团对于总资产的管理能力越强，利用效率越高。

在运营能力方面，选择了主营业务收入增长率和成本费用利润率作为衡量经营协同绩效的财务指标。主营业务收入增长率反映集团主营业务收入与上年相比增减变动状况,指标值越高,一般认为集团发展状况越好;成本费用利润率反映集团经营投入所产生的经营效果,该指标值越高说明单位成本费用所产出的利润越大。

(二)康卡斯特并购前后绩效比较分析

在盈利能力上,通过图 12 可发现康卡斯特的资产收益率和营业利润率呈现平稳上升趋势。净利润增长率虽波动较大,但整体来看呈现上升趋势。净利润增长率的三个峰值出现的时间分别是 2009 年,2012 年和 2014 年,其中 2012 年的净利润增长率已接近 50%。正是并购 NBCU 的前后两年。

因此,其盈利能力在并购短期有显著提升,长期看来,有小幅度上升。

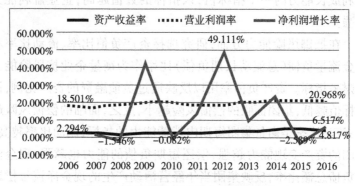

图 12　康卡斯特盈利能力评价分析图

在抵御风险能力上,图 13 显示,资产负债率和现金流量负债总额比率总体呈现上升趋势,其中,资产负债率在 2013 年突然增长至 30%,随后轻微上浮。而流动比率整体呈上升趋势,在 2007 年,2011 年和 2013 年有所下降,后两年正是收购 NBCU 两步走的年份。虽流动比率减少,但仍维持在 60%以上。

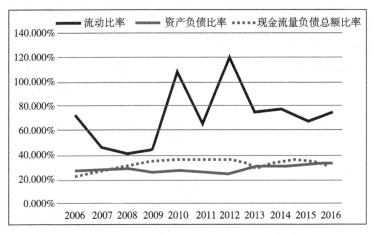

图 13　康卡斯特抵御风险能力评价分析图

　　因此,康卡斯特因并购负债增加,抵御风险能力下降,但仍在可控范围。

　　在管理能力上,图 14 显示,成本费用率呈现上升趋势,由于2011 年会计计算方法的变动,因此将成本费用率分为两段进行比较,比较发现其均呈现下降趋势。此外,现金再投资比率有一个较高的起点,2007 年以后极速下降到 2011 年的 37%,收购NBCU 后有所缓解,在全资控股 NBCU 的 2013 年飙升到 60%。总资产周转率整体上升,分步收购的两年增长明显。

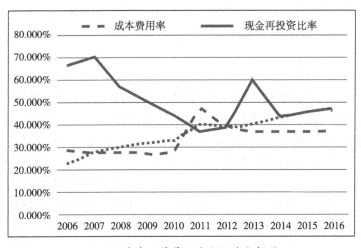

图 14　康卡斯特管理能力评价分析图

因此,其资产管理能力/投资能力在并购后有所提高,管理费用是否减少,在新的会计分类方式下还有待观察。整体而言,康卡斯特管理能力得到提升。

在运营能力上,图15显示,主营业务收入增长率均为正,且在2011年和2014年显著上涨。成本费用利润率呈现上升趋势。

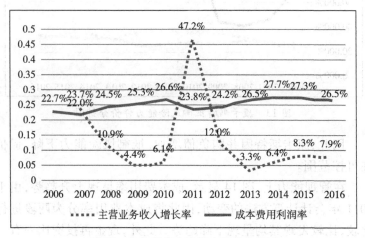

图15 康卡斯特营运能力评价分析图

因此,康卡斯特集团在并购后产业规模扩大,经营绩效良好,单位经营成本创造的收益有所提高。

四、结论与启示

(一)结论

通过分析发现,产业方面,康卡斯特集团丰富了产业种类,凭借产业间关联搭建出完整产业链,优化了产业结构。经营方面,利用产业间的联结优势,减少交易成本提升质量,提升了经营效率,分散了经营风险,基本达成并购初衷。

此外,相对于并购之前,康卡斯特的盈利能力有小幅度的上升,虽然资产负债率增加但是低于40%,整体观测认为抵御风险的能力仍处于健康状态。同时,康卡斯特资产管理能力有小幅度提高,投资能力有所加强。康卡斯特产业规模扩大,经营绩效良好,单位经营成本创造收益提高。综合看来,整体并购绩效状况表现良好。

（二）启示

近些年，中国传媒资本市场越来越活跃。截至 2016 年，沪深两市上市公司中，文化类与影视类企业总共 50 家[10]。这些公司中，民营影视公司几乎占据半壁江山[11]。中国传媒虽然证券化时间不长，但兼并、收购、股权分割、资产互换等多种金融活动都尝试过[12]。《传媒蓝皮书·中国传媒产业发展报告（2014）》显示，2013 年是中国传媒业市场并购交易最活跃的一年，主要并购事件有将近 50 起，交易总金额超过 500 亿元。2014 年底，上海文广集团吸收了百事通和东方明珠，市值超 1500 亿元，诞生了中国 A 股市场上首家千亿级文化传媒上市公司。受此鼓舞，中国传媒资本市场上开始出现大量的兼并购预案，特别是娱乐影视类公司。但是在这样的并购有几分凑热闹的意味，真正通过审批并且获得收效的并购并不多。中国传媒集团间的并购是近两年才活跃起来的，新事物新方法的效果尚未得到检验，我们应当主动学习国外集团的成功经验。

1. 产业多元协调重视关联性

康卡斯特并购 NBCU 后搭建了一条完整的产业链：渠道-内容（品牌）-周边产业，这条文化产业价值链降低了交易费率，协同了渠道和内容，实现了多轮盈利。其运营核心在于经营业务之间交叉关联，如渠道和内容以技术为关联点，内容与其周边产业之间以品牌/版权（IP）为关联点，渠道与周边产业间以交叉营销为关联点。

因此在选择多元化经营的产业中，必须要找准关联点，并购相关产业，才能建立一个具有流通性的产业链。关联点，即产业或业务之间的交叉点，交叉程度越深，产业链流速越快，随之产生的交易费用减少，市场竞争力加强。在这个逻辑下，多元化经营的成功靠的是产业链的流速。而如果只是建立了具有流动性产业链，但在之后的运营过程中各关节却停滞不前，所谓的流动产业链将只是花架子。因此，打造一个具有流动性的产业链只是第一步，紧抓关联点激活产业链才是多元化运营的制胜根本。

2. 流动产业链的杠杆化盈利模式

康卡斯特集团的流动产业链中，与周边产业发生关联的联结点是内容的 IP 版权。一个好的内容 IP 将会激活整条产业链，加快产业链流动速度,创造长期性、多维度的利润。诸如电影制作、院线售卖、主题公园形象、线下各种电子化和物理(DVD等)形式的发行与其他各种产品品牌授权都是建立在IP基础上。因此,只有抓紧内容,才能多轮经营,实现杠杆化盈利。

在缺乏关联点的多元化产业经营中,各业务各自运转,如下图所示:

图16 无关联产业盈利模式(产业1+产业2)

具有联结点的业务在打通联结点后,力臂增长,将实现盈利杠杆化。

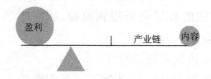

图17 关联产业盈利模式(产业1+产业2)

因为康卡斯特建立的流动产业链中"内容(品牌)-周边产业"的联结点是IP,所以其重视内容,用内容来实现资本杠杆化。只要紧抓联结点不放,加强联结点建设,也能实现这样的资本杠杆化。

3. 电信电视互融发展

三网融合不是新鲜事,康卡斯特集团从运维角度带来了另外一些启示。

(1)重视技术创新产品

康卡斯特集团一直十分注重技术,这一点从其战略方针和行动上可见一斑。其重视IP版权和内容生产的同时,也不放松对互联网的建设。正因为重视渠道技术的更新,康卡斯特网络接入速度从2015年的500 Mbps突飞为2Gbps,网络客户也不断增加,从2010年的1800万飞升至2470万人次,网络渗透率有34.6%增长到43.6%。电信业与电视业之间融合的动因是相互借力,如果连最初的优势都保不住,所谓的"借力渠道"也将变得无甚意义。

（2）用技术创新内容表达

内容在现代社会不只是内容本身,更包括内容的呈现方式。技术是人的延伸。技术越新,人能延伸的范围越广,层次也就越深。这种延伸的深广度表现为内容呈现方式的改变。康卡斯特不断地提升内容的呈现方式,例如升级机顶盒,提供 3D、高清视频服务,现在又借助 VR 技术开发影视创作等等。

三网融合不仅仅是利用互联网技术将信息内容和服务转移到 TV 平台进行处理,更重要的是不断更新技术,用技术多元化内容的呈现方式。这里的技术不只是互联网技术,不只是 3G、4G、5G 这样的概念,而是涉及传输渠道、表达内容等方方面面的技术。技术与技术连接,打通行业的边界,产业融合将会是一件自然而然的事情。稳固然后创新,融通渠道与内容,紧抓技术联结点。

（3）节目内容自主创新

回到康卡斯特集团并购 NBCU 最初的目的——为了弥补自己内容的短板。这个短板不仅仅是内容数量上的,更是内容制作能力上的。康卡斯特集团在收购 NBCU 影业之后又收购了动画梦工厂和内容生产公司,都是因为其对于内容生产的焦虑。信息产业的产业架设常常是以内容 IP 为核心,撬动其他经营业务。这意味着处于链条原始端的内容生产必须斥以重金,必须原创,必须保存它的新鲜度,最为重要的是获得版权原始控制权。

注释

[1] 方师师:《平台崛起成定论业务创新待探索——2016 年皮尤美国新闻业报告》,《新闻记者》2016 年第 7 期。

[2] 干春晖:《产业经济学教程与案例》,机械工业出版社 2006 版,第 5 页。

[3] 刘兆明:《时代华纳美国在线的合并为何终结》,《新闻记者》2010 年第 3 期。

[4] 陈国权:《市场机制比融合更重要——以美国在线—时代华纳为例反思媒介融合兼谈媒介分化的意义》,《新闻记者》2010 年第 12 期。

[5] 张金海、梅明丽:《世界十大传媒集团产业发展报告》,武汉大学出版社 2007 年版,第 252 页。

[6] 张金海、梅明丽:《世界十大传媒集团产业发展报告》,武汉大学出版社 2007 年版,第 252 页。

[7] 郑大庆、张赞、于俊府:《产业链整合理论探讨》,《科技进步与对策》

2011 年第 2 期。

［8］卜彦芳:《传媒经济学理论与案例》,中国国际广播出版社 2008 年版,第 221 页。

［9］左边为收入占比图,右为盈利占比图,下方的收益图同理。

［10］于猛:《释放资本活力助推融合发展》,《新闻与写作》2016 年第 9 期。

［11］时统宇:《传媒经济与资本市场》,《青年记者》2015 年第 16 期。

［12］朱鸿军、王浩:《传媒上市公司资本结构对企业价值的影响——对中国 2005—2011 年 A 股市场面板数据的实证研究》,《新闻与传播研究》2013 年第 6 期。

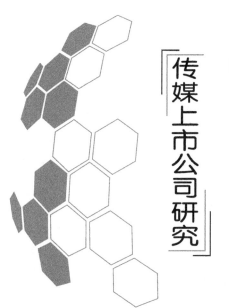

传媒上市公司研究

中国广告传媒类上市公司研究

迟 强

摘 要 广告传媒类上市公司是产业发展的排头兵与标杆，是广告业向高技术含量、高附加值和具国际竞争力的产业方向转型升级过程中的骨干力量和重要组成部分。本文关注了我国广告传媒类上市公司的发展历程、产业布局、市场表现以及发展前景。与资本雄厚、布局全球的国际广告集团相比，我国广告上市公司尽管起步晚、规模相对弱小，但发展迅猛、市场表现良好，并有望在营销与新媒体业务、海外市场拓展和新三板市场等多方面获得长足发展。

关键词 广告公司，传媒，营销，上市公司，并购

一、研究背景与意义

上市公司是指所公开发行的股票经过国务院或国务院授权的证券管理部门批准，在证券交易所上市交易的股份有限公司。从国内外普遍经验来看，上市是企业最佳的融资平台和融资方式之一，是建立规范化现代企业制度的重要途径，促进了整体产业资本市场的繁荣，提高了产业的社会声誉。从 2012 年开始，我国便成为仅次于美国的世界第二大广告市场。据统计，2015 年我国广告经营额达到 5973.4 亿，较 2014 年增长 6.6%，全国共有广告经营单位 67.2 万户，年增长 23.6%；广告从业人员 307.3 万人，年增长 13%。[1]但是，我国广告上市公司无论从数量、营收规模还是资本运营表现来看，均落后于西方发达国家广告产业市场，与世界第二广告大国地位极不相符。一直以来，我国广告业普遍存在

作者简介 迟强，辽宁大学新闻与传播学院讲师，博士。研究方向：传媒经济学。电子邮箱：chiollo@163.com。

市场主体小、散、弱以及产业融合乏力等问题。与此同时,早已做大做强、资本雄厚的国际广告集团构成了强大的竞争对手阵营,本土广告业突围艰难,能够做到成功上市运营,形成集团化、规模化发展的确实凤毛麟角。

关于广告传媒类上市公司的界定问题一直比较模糊。《上市公司行业分类指引》规定:当上市公司某类业务的营业收入比重大于或等于50%,则将其划入该业务相对应的行业;某类业务的收入和利润均在所有业务中最高,而且均占到公司总收入和总利润30%以上的,则将该公司归属该业务对应的行业类别。但是,由于广告业具有文化传媒产业和商务服务业的跨界属性,并且一些上市公司经营业务领域与发展重心存在变动,因而准确界定广告上市公司名单与数量比较困难。本文在以往文献研究整理与股市数据统计的基础上,搜集筛选2001年至今在我国国内和境外先后上市(包括现已退市)的共26家广告传媒类上市公司作为主要研究对象。2016年7月,工商总局发布了《广告产业发展"十三五"规划》,规划指出十三五时期广告产业发展的第一项重点任务便是提升广告企业服务能力,打造具有国际化服务能力的大型广告企业集团,争取能产生年广告经营额超千亿元的广告企业集团,打造20个年广告经营额超百亿元、50个年广告营业额超20亿元、200个年经营额超亿元的骨干广告企业。作为产业发展排头兵与标杆的广告上市公司必然是承担上述任务的主要力量,其发展历程、市场表现以及发展前景值得关注和研讨。

二、中国广告传媒类上市公司的发展历程

(一)上市历程

我国从事广告传媒业务的公司上市活动始于20世纪90年代,代理《中国计算机报》广告业务的赛迪传媒、《成都商报》的广告代理商博瑞传播成为先行者,分别于1992年和1995年在A股上市。由于这两家公司主要发展重心在新闻出版业,尚不属于真正意义上的广告传媒类上市公司。新世纪最初几年,广告业迎来上市热潮,引领此次热潮的是经营户外广告业务的广告公司:主营公交广告业务的北京巴士传媒于2001年在上海证券交易所上市;同年,主营公交车身和公交亭广告的白马户外在香港上市并

开创了广告公司海外上市先河;主营公交户外广告业务的媒体伯乐和媒体世纪相继于 2002 年在香港创业板上市;2003 年,主营高速公路路牌广告和城市户外广告的大贺传媒在香港创业板上市;2005 年,仅成立三年、主营楼宇电视广告业务的分众传媒在美国纳斯达克上市,产生了轰动效应,被称为海外上市的中国广告传媒第一股;两年后,主营机场和航空电视广告的航美传媒和城市公交广告的华视传媒分别在美国纳斯达克上市。

2008 年之后,户外广告代理公司的上市步伐开始停滞,被称为"央视系"——即代理中央电视台媒体广告资源的广告公司的表现却十分抢眼:2008 年,中视金桥在香港主板上市;同年广而告之广告公司在美国纽交所上市;2010 年,昌荣传播在美国纳斯达克上市。这一年另有三家极具代表性的广告公司上市:主营公关业务的蓝色光标上市,不久便迅速进军广告营销业;广东省广告公司于深交所中小板挂牌交易,继续高举本土广告业大旗;主营线下广告营销业务的华谊嘉信在深交所创业板上市,开始向整合营销传播集团进军。这几年广告产业的一系列上市行为并没有受到金融危机的太大影响,究其原因,一方面受益于奥运年活跃的广告营销市场表现,另一方面也受到我国大力发展文化产业的政策推动。2009 年出台的《文化产业振兴规划》中便明确指出"支持有条件的文化企业进入主板、创业板上市融资",这些均提供了广告传媒类企业上市发展与资本运营的契机。

2014 年开始,在"互联网+"的热潮推动下,数字营销、移动营销开始大受产业与资本热捧,广告公司的上市新闻不断:综合服务类广告公司思美传媒和主营互联网广告业务的腾信创新先后于 2014 年在深交所上市;2015 年,上海龙韵广告公司与引力传媒先后在上交所上市;同年分众传媒成功完成私有化并在 A 股借壳七喜控股上市,成为第一只回归 A 股的中概股;2017 年 1 月,宣亚国际首次公开发行股票并在创业板上市发行公告,成为国内第二家公关类上市公司,开始走上复制蓝色光标的发展路径。

表 1　我国广告传媒类上市公司概况

公司简称	上市时间	上市地点	备注
白马户外	2001	香港	
北巴传媒	2001	上交所	

公司简称	上市时间	上市地点	备注
媒体伯乐	2002	香港	2005 年退市
媒体世纪	2002	香港	2005 年退市
大贺传媒	2003	香港	
分众传播	2005	美国纳斯达克	2015 年转至深交所上市
航美传媒	2007	美国纳斯达克	
华视传媒	2007	美国纳斯达克	
中视金桥	2008	香港	
广而告之	2008	美国纽交所	2012 年退市
蓝色光标	2010	深交所	
昌荣传播	2010	美国纳斯达克	2014 年退市
省广股份	2010	深交所	
华谊嘉信	2010	深交所	
腾信创新	2014	深交所	
思美传媒	2014	深交所	
龙韵广告	2015	上交所	
引力传媒	2015	上交所	
宣亚国际	2017	深交所	

（二）退市情况

　　我国海外上市尤其是美股上市广告公司,曾受益于"中概股"光环以及发展迅猛的中国广告市场,赢得了海外资本热捧而一度高歌猛进,但整体表现却是"水土不服"。在上述广告上市公司中,最早退市的是媒体世纪与媒体伯乐,两家公司于 2005 年被法国户外广告集团德高贝登收购退市,上市时间不长,影响并不大。退市情况集中于美股上市广告公司。与国内 A 股上市的广告公司近年来整体看好的市场表现所不同,美股上市广告公司的发展之路可谓一波三折。五家上市广告公司均为媒介代理型广告公司,广而告之和昌荣传播主营中央电视台广告代理业务,二者分别于 2012 年和 2015 年完成私有化从美股退市;分众传媒、航美传媒和华视传媒主要业务为户外媒介代理业务,其中分众传媒于 2015 年成功完成私有化并在 A 股借壳上市,成为第一只回归 A 股的中概股公司;航美传媒于 2015 年 9 月达成私有化邀约协议,退市只是时间问题;华视传媒股价在 2012 年一度狂跌 95%,遭到纳斯达克退市警告,近两年业绩稍有好转,是否会追随中概股私有化的大潮尚有待观察。

（三）向广告产业转型类上市公司

近年来,我国广告资本市场兴起另一只生力军,发起者为联建光电、联创互联、梅泰诺、明家联合、利欧股份、科达股份、天龙集团等非广告传媒类上市公司,这些公司原主营业务很多都与广告业相去甚远,但均看好新媒体广告与数字营销产业,纷纷树立起"数字传播集团"的战略发展目标,或是在维持原有业务的同时通过外延收购广告公司或数字营销公司等方式进军广告业,打造双主业运营模式,或是剥离主业彻底转型营销传播集团。

表 2　向广告产业转型类上市公司名单

公司简称	上市时间	上市市场	原主营业务
利欧股份	2007	深交所	园林机械
梅泰诺	2010	深交所	通信电子
科达股份	2004	上交所	道路工程
天龙集团	2010	深交所	油墨生产
联建光电	2011	深交所	LED 设备生产
明家联合(原名:明家科技)	2011	深交所	电涌保护产品
联创互联(原名:联创股份)	2012	深交所	化工

LED 设备生产商联建光电从 2013 年开始进军户外广告传媒领域,通过外延收购的方式进行纵向拓展,先后完成了对分时传媒、友拓公关等 8 家公司的收购,数字传播产业布局初见规模;水泵及园林机械制造商利欧股份从 2014 年到 2016 年先后收购上海漫酷、氩氪广告、琥珀传播、智趣广告等公司,2015 年集团数字营销业务收入便超过制造业版块。此外,联创互联、明家联合、天龙集团、梅泰诺几乎同时发力,均采取持续并购手段,其中明家联合更是彻底将原有电涌制造业务全部剥离,全力进军移动互联网营销。这些公司介入广告营销业时间虽然较短,但并购目标明确,执行果断,业绩表现突出。当前世界第一大广告集团 WPP 最初也只是一家英国从事购物车制造的上市公司,马丁·索罗尔正是以此为基础从 1986 年开始在广告业采取持续并购战略,先后将智威汤逊集团、奥美集团、扬·罗必凯集团等世界知名广告集团

纳入旗下,从而成就了如今的产业领导者地位,期待这些转型公司中将来也能出现中国的 WPP。

三、中国广告传媒类上市公司经营状况分析

由于当前海外上市广告公司数量较少,不具代表性,本文将上市公司经营状况的研究重心放在国内 A 股上市的广告公司和集团,以各公司公布的 2016 年度业绩快报为准,选取营业收入、净利润、每股收益、总资产四个指标进行统计,对广告上市公司的并购活动这一最主要的资本扩张方式进行分析,并将整体经营表现与国际广告集团刚刚公布的 2016 年度业绩进行比较。

表3　中国广告传媒类上市公司 2016 年营收[2]

排名	股票简称	营业收入(亿元)	同比增减	归属股东净利润(亿元)	同比增减	每股收益(元)	同比增减	总资产(亿元)	增长率
1	蓝色光标	124.3	49%	6.7	887%	0.34	750%	167	2.4%
2	省广股份	109.7	14%	6.1	11%	0.49	4%	105	34.5%
3	分众传媒	102.1	18%	44.5	31%	0.52	-93%	121	-3.4%
4	利欧股份	74.2	69%	5.6	149%	0.36	89%	112	33%
5	天龙集团	52.9	209%	1.47	217%	0.51	135%	38	11.8%
6	思美传媒	38.1	53%	1.4	59%	0.49	-52%	27	56.9%
7	华谊嘉信	34.6	6%	1.4	11%	0.21	11%	34	29.9%
8	明家联合	28.2	213%	1.8	231%	0.29	123%	28	8.3%
9	联建光电	28.0	84%	4.0	79%	0.70	53%	75	130.3%
10	联创互联	23.0	142%	2.3	639%	0.39	388%	50	103.7%
11	腾信股份	13.5	-7%	-2.6	-275%	-0.67	-276%	14	-2.0%
12	梅泰诺	10.6	38%	1.1	91%	0.57	61%	39	28.4%
13	宣亚国际	4.7	23%	0.58	9%	1.08	9%	3	31.4%

(一) 产出和利润分析

2016 年,A 股上市的 13 家广告上市公司营业收入实现了较快增长,共实现营业收入 643.9 亿元,较上年同期增加 199.5 亿

元,增长45%。除了腾信股份营收缩减7%之外,其余12家公司营收均呈增长态势,天龙集团、明家联合、联创互联三家公司的营收更是实现了三位数的强劲增速,可见这三家公司转型进军广告营销领域后的惊人蜕变。2016年,13家广告上市公司净利润均实现了持续增长,总额达到74.35亿元,较上年同期增加23.9亿元,增长47%,获利水平整体表现良好。蓝色光标、利欧股份、天龙集团、明家联合、联创互联的净利润实现三位数的强劲增长。其中蓝色光标在2015年净利润下滑90%的背景下,可谓触底反弹,2016年净利润同比大增逾8倍,创造广告上市公司年度净利润的最大增幅。

(二)企业规模分析

截至2016年末,A股上市的13家广告传媒类上市公司拥有资产总额达到813亿元,较2015年增加154.5亿元,增长24%。其中省广股份和利欧股份资产均首次超过百亿元,与蓝色光标和分众传媒共同跻身"百亿"广告集团阵营,旗舰企业地位凸显。省广股份首次入围《财富》杂志发布的2016年中国500强排行榜,成为唯一入围的广告营销集团。蓝色光标自上市以来,坚持贯彻"内生式增长"和"外延式发展"并重的发展战略,连续多年保持了高速增长,营业收入从上市初的3亿多跃升至过百亿。根据全球权威公关行业资讯机构The Holmes Report发布报告显示,蓝色光标在2016年度全球公关公司排行榜上名列第九,首次跻身前十榜单,五年内完成了从第24位到第9位的飞跃,创造了中国公关公司世界最高排名。但是从整体而言,正如前文所述,我国广告传媒类上市公司无论从数量还是规模来看,依然处于起步期,发展潜力巨大。

(三)资本扩张分析

近年来我国广告传媒类上市公司之所以取得普遍性的良好业绩,主要得益于资本扩张战略的坚定执行。纵观各公司资本扩张类型,一类是混合型资本扩张战略,即没有直接投入产出关系和技术经济联系的企业间进行的产权交易,联建光电、梅泰诺、利欧股份等非广告上市公司便是通过兼并和收购的方式进军广告营销产业。除此之外,广告传媒类上市公司集中采用纵向型为主、横向型为辅的资本扩张战略,即资本运营主要集中于广告营销产业,重视产业链完善,并购上下游关联企业,同时横向并购竞争对手,提升行业竞争力,扩大市场规模来打造整合营销传播集团。这种的资本扩张战略与其它传媒类上市公司有所不同,我国报业、印刷、出版等类别上市公司多采取多元化发展,大兴跨界战略。有研究认为中国传媒产业多元化发展程度对公司绩效的度量指标均产生显著性影响,并与公司绩效呈显著正相关性。[3] 多元化发展确实已成为传媒转型的主要路径之一,但盲目多元扩张必然具有相当的风险。我国广告传媒类上市公司的资本扩张战略与其说是保守,不如说是克制而理性。毕竟营业收入达到百亿的上市公司仅有三家,广告市场空间巨大,行业资源待整合。

（四）与国际广告集团的比较

世界五大广告集团 WPP、宏盟、阳狮、IPG 和电通发布了 2016 年的营收数据,WPP 集团在营收和净利润两大项的领先优势继续扩大,与宏盟集团均达到千亿营收规模,除阳狮之外的四大广告集团均实现了净利润增长。与此相比,当前我国广告传媒上市公司的表现确实相形见绌。从 2016 年数据统计来看,我国前五大广告上市公司蓝色光标、省广股份、分众传媒、利欧股份、天龙集团营收总额为 463.2 亿,净利润总额为 64.37 亿。折合成人民币估算,国际前五大广告集团营收总额为 4044 亿,净利润总额为 267 亿,分别为我国广告集团的 8.7 倍和 4 倍。

表 4　2016 年世界五大广告集团营收

集团名称	营业收入(亿元)	同比增减	净利润（亿元）	同比增减
WPP	1301	17.6%	136	20.6%
宏盟	1033	1.9%	77	5.0%
阳狮	690	1.4%	−37	−158.5%
IPG	526	3.1%	42	31.6%
电通	494	2.4%	49	0.5%

国际五大广告集团这么多年来之所以能够在市场上遥遥领先,主要有三方面有成功因素:一是大举并购,不断扩充实力。这是广告业尤其是国际广告集团最惯用的资本扩张方式,也是我国广告营销集团近年来重视借鉴采取的战略。2016 年并购最活跃的当属电通和 WPP,两大集团全年合计斥资逾 30 亿美元,分别完成了 75 宗大小交易。国际广告集团通过持续兼并收购,形成强者愈强的产业格局以及相当程度上的行业垄断,给我国本土广告

营销集团这样后发力量的追赶制造了困难。二是在新媒体尤其是移动互联网蓬勃发展的时代,广告营销产业亟须转型,国际广告巨头们并未故步自封,而是积极改革增效,重新定义服务范畴和业务能力,能够始终走在变革前沿,引领产业发展。第三,从业务布局来说,五大国际广告集团在全球投资均衡,布局合理,即使各区域市场的经济状况此消彼长,仍能使集团总体发展相对稳定。这后两项战略措施,也正是我国广告传媒类上市公司需要强化之处。

四、中国广告传媒类上市公司发展方向与前景

(一)数字营销与新媒体业务成为主要发展方向

据统计,2015 年度我国数字广告市场规模达到 2093.7 亿元,同比增长 36.0%。其中,移动营销的市场营收规模达 901.3 亿元,保持了超过 160% 的增长速度。预计至 2018 年,数字广告整体规模有望超过 4000 亿元,移动营销规模将超过 3000 亿元。[4]同时,社交媒体、VR、AR、物联网等基于新技术衍生的传播平台与方式日新月异,积聚了最广泛、最具营销价值的用户群体,并在用户体验、匹配度、精准性和实效性等方面均具有传统广告营销难以比拟的优势。这些均将促使更多广告主扩大数字营销与新媒体广告预算,广告上市公司在相关领域的发展空间巨大,业绩增长成为必然。蓝色光标在此领域可谓抢占了先机。根据蓝色光标公布的年报统计,2015 年公司数字营销业务收入接近 60 亿,在总收入中占比超过 70%,并预期 2016 年营收占比将进一步提高到 80% 左右。相对于联建光电、梅泰诺、明家联合等一开始便将数字传播集团列为发展目标的转型类上市公司而言,思美传媒、龙韵广告、引力传媒等以传统广告业务见长的公司更易遭遇转型期的阵痛。在资金实力有限的条件下,既要维持传统优势业务有一定增长性,又要积极投资布局数字营销和新媒体业务,实属不易,但这注定是一种不进则退的发展趋势。

(二)内生式增长和外延式发展并重

广告传媒类上市公司普遍存在通过并购增厚业绩、扩大产业布局的现象,外延式发展成为常规路径。完成并购后,如何完成产业整合、如何保证并购资产有效持续盈利成为公司发展的关键

问题。盲目做加法、片面追求外延式发展,忽略或者不重视内生式增长,往往成为许多公司做大容易做强难的主要原因。分众传媒的发展案例具有研究价值,它被称为"一个新媒体广告公司如何摆脱资本束缚,克制扩张冲动,重组逆袭的故事"。[5] 2005 年从美国纳斯达克上市后,分众传媒在接下来的三年时间里进行了六十余次闪电式收购,领域覆盖户外广告、互联网、手机广告等。被资本过度驱动、一味追求创建"中国最大的数字化媒体集团"的扩张战略导致了公司随后经受了一系列挫折。从 2009 年开始,分众传媒进行了剥离与整合,从高速的扩张与激进中退出来,直至从纳斯达克退市转战 A 股,才再次强化核心竞争力,优化相关资源,再创市值的大涨。

关于广告传媒上市公司的内生式增长路径,值得借鉴产业结构高级化的理念。当前,基于数据驱动的广告新业务形态使得广告产业地位有所提升,由原处于企业营销末端的执行环节上升为企业的战略合作伙伴,为企业提供数据传播管理服务能促使广告产业的运营机制由低附加值的营销工具向高附加值的数据服务的方面转化,从而实现产业结构优化升级。[6] 另外,广告产业结构的优化可以同时带来广告传媒类上市公司内生式增长和外延式发展的机遇。以省广股份为例,近年来,其一方面着重加强各业务板块,特别是数字营销业务的融合,强化覆盖代理、策略、创意、程序化购买等成熟的整合式业务板块,实现了与管理咨询、品牌管理、媒介代理等业务板块的无缝对接。另一方面,省广股份进一步进行平台战略的优化,打造诺时大数据、省广影业、合宝娱乐、省广体验营销等一大批平台公司,全面提升整合营销传播服务的垂直化专业能力与横向跨界能力。总之,强化核心优势、扩大协同效应、实现融合式发展是广告营销类上市公司的必由之路。

（三）持续推进国际化战略布局

根据中国加入 WTO 协议中在涉及文化产业市场准入的承诺,从 2005 年底开始允许外商设立独资广告公司,2006 年也被称作中国广告业真正进入全球化的元年。事实上,这个"全球化"的主要表现在"引进来"的层面,即中国广告市场完全放开,而中国广告业真正意义上的"走出去",即进军国际、在全球市场开疆拓土则是刚刚起步,上市广告集团担当了重要的角色。蓝色光标通过并购加拿大、英国、新加坡、美国和香港等地一系列海外广告集团,使自身的国际业务板块初具格局。据蓝色光标 2016 年年报显示,其国际业务收入占比已经达到 20%。近年来,才转型涉入广告营销产业的原通信运营制造商梅泰诺在 2016 年完成了国内广告营销业的最大一笔收购——集资 63 亿元人民币收购美国 BBHI 广告营销集团。同年,梅泰诺再次以 9 亿美元收购广告科技公司 Media.net,初步完成对全球数字营销以及广告科技产业的布局。随着国内国际业务更多协同,以及中国企业走出的浪潮持续高涨,布局海外将会为广告上市公司带来更多回报,均衡性投资也能规避国内的经营风险。同时也要注意,海外战略执行中必然要直面国际广告巨头以及传统资本、私募机构、互联网公司、IT 公司等新投资者的竞争,我国广告传媒上市公司必须建立、完善国际投资和管理运营团队,打造产业布局合理、盈利能力稳健、财务机制透明、发展潜力巨大的国际性广告营销网络。

(四)新三板:日益强大的预备军

发展新三板是完善中国资本市场体系多层次化的关键一步。与交易所市场 IPO 要求相比,新三板对挂牌企业主体资格、财务指标、股本等方面都明显较为宽松,企业挂牌的时间成本和经济成本都显著降低,能为企业提供挂牌、交易、融资、并购、规范的全链条服务。[7]2013 年 12 月,国务院发布《关于全国中小企业股份转让系统有关问题的决定》,批准境内符合条件的股份公司均可在全国股份转让系统挂牌。新三板的正式扩容使得挂牌企业数量实现了爆发式增长,同样惠及了我国中小型广告营销企业,掀起了广告业另一股资本化浪潮。

据统计,截至 2016 年底,广告行业共有 179 家公司挂牌新三板,地域分布几乎遍布全国一二线城市。根据披露的年报显示,2016 年上半年共有 127 家公司实现盈利,总营收达 81.38 亿元;净利润达 5.06 亿元。[8]这些挂牌公司在创造了较好的营收业绩的同时,市场交易活跃度逐步提升,融资环境日益向好。新三板背后不乏上市广告营销集团的投资布局,比如省广股份子公司瑞格营销、参股公司钛铂新媒体,以及蓝色光标投资的璧合科技、建飞科联、蓝色未来等互联网广告公司都已经挂牌新三板,其业绩表现吸引了专业的机构投资者,也为集团提供了优异的回报。相信经过新三板市场的培育,挂牌广告传媒企业必将改善公司治理机制,提高融资效率,成为未来上市发展的预备军。

总之,发展潜力巨大的产业市场和呈规范化、健康化发展趋势的股票市场都为广告上市公司营造了良好发展环境,输入了强劲动力。随着国家供给侧改革的深化落实,中国整体经济持续向好,我国广告、公共关系服务在内的营销传播服务行业应抓住市场机遇,伴随新型经济发展结构模式的调整,向高技术含量、高附加值和具有国际竞争力的产业方向转型升级。同时,在我国文化传媒产业中,广告业在意识形态与政策管控方面相对宽松,市场开放程度高,直面国际化竞争早,市场运营机制也几乎与国际同步接轨。我们应该正视与西方发达国家发展差距,充分利用后发优势,走出一条既国际化又有中国特色的广告产业创新发展与资本运营之路。

注释

[1] 国家工商行政管理总局:《广告产业发展“十三五”规划》,2016 年 7 月,http://www.saic.gov.cn/zwgk/zyfb/zjwj/xxzx/201607/t20160708_169639.html。

[2] 数据来源:各上市公司 2016 年度业绩快报,其中利欧股份、天龙集团、联建光电、联创互联、梅泰诺业绩包含非广告营销业务,截至 2017 年 6 月,引力传媒、龙韵传媒、科达股份三家上市公司暂未公布相关数据。

[3] 向志强、杨珊:《中国传媒上市公司多元化经营与公司绩效关系实证研究》,《新闻与传播研究》2015 年第 8 期。

[4] 艾瑞网:《2016 年中国网络广告行业年度监测报告》,2016 年 4 月,http://report.iresearch.cn/report/201604/2566.shtml。

[5] 李立:《分众传媒归来:从美股到 A 股的新媒体广告“进化论”》,《中国经营报》,2016 年 4 月 4 日第 8 版。

[6] 马二伟:《大数据时代广告产业结构优化研究》,《国际新闻界》2016 年第 5 期。

[7] 宋晓刚:《新三板市场发展的特征、动因及启示》,《证券市场导报》2015 年第 11 期。

[8] 中商产业研究院:《2016 上半年广告营销行业 179 家新三板挂牌公司营收及净利排名》,2016 年 9 月,http://www.askci.com/news/finance/20160905/15173159667.shtml。

基于熵权多层 TOPSIS 的我国出版上市公司财务绩效评价

羊晚成　　胡孙婕

摘　要　本文选取我国 15 家出版上市公司为研究对象,构建熵权多层 TOPSIS 评价模型。利用 2014 至 2016 年公布的年报财务数据,从资产规模、运营能力、盈利能力、成长能力、偿债能力和现金能力六个方面对我国出版上市公司进行财务绩效的评价与分析,并根据评价结果,提出针对性建议。

关键词　出版上市公司,财务绩效,熵权,多层 TOPSIS

一、引言

近年来,随着国家对文化产业的日益重视,作为其重要组成部分的出版行业也在不断探索改革路径。受"互联网+"大环境以及新兴媒介融合技术的影响,出版上市公司已不再局限于经营传统的出版、发行、印刷业务,而是逐渐拓展其产品链,实施多元化战略,在取得良好的绩效的同时,进一步挖掘企业潜力,提升核心竞争力。为引导出版业健康发展,优化出版企业绩效管理,出版界学者始终致力于搭建一套完整高效的绩效评价指标体系。目前,我国出版单位的绩效评价体系主要有两种:一种是由政府管理部门出台针对出版单位绩效评价的指标体系;另一种是由学者或业界人士自行构建的评价体系。耿云江(2013)从社会效益与经济效益两方面考虑,以盈利能力、营运能力、偿债能力、发展能力四个维度构建指标体系,

作者简介　羊晚成,男,武汉大学信息管理学院博士研究生。研究方向:出版产业管理。电子邮箱:812007805@qq.com。胡孙婕,女,武汉大学信息管理学院硕士研究生。

应用公司年度报告中的数据对出版企业的经济效益进行评价[1]。李燕(2015)根据出版企业战略地图、按照平衡计分卡的四个维度、遵循 KPI 选取的"二八原理",为出版企业构建基于平衡计分卡的绩效评价指标体系[2]。杨萱(2016)运用"高层梯队理论",从出版上市公司高层管理团队背景出发,针对管理团队规模、平均年龄、性别比例、平均任期等几个方面对出版企业经营绩效的影响因素进行研究[3]。多数学者在构建绩效指标体系时往往存在极大的主观性,并且鲜有学者对出版上市公司在某一时间段的经营绩效进行客观评价分析。据此,本文尝试构建熵权多层 TOPSIS 评价模型,从资产规模、运营能力、盈利能力、成长能力、偿债能力和现金能力六个方面评价我国出版上市公司 2014—2016 年平均财务数据绩效,力求发现不同出版上市公司之间的绩效差别,为出版企业今后制定发展战略提供参考依据。

二、评价方法与指标体系

(一)评价方法说明

TOPSIS(Technique for Order Preference By Similarity to Ideal Solution)趋近理想解排序法,由 C.L.Hwang 和 K.Yoon 于 1981 年首次提出,是一种根据有限评价对象与理想化目标接近程度进行排序的方法[4]。传统 TOPSIS 评价法将待评价对象的指标体系当作同一个层次而进行笼统计算与分析,多层次 TOPSIS 评价法则是将指标体系从总目标逐层分解到最下层指标,排列成树状的目标层次结构,自低向上分别对各层次指标体系作 TOPSIS 分析计算,最终得到总目标的 TOPSIS 得分。

在根据对象的多个属性进行评价时,若属性的离散度越大,表明各个对象此属性的值会有很大的波动,对评价分析会有重要的影响。反之,若属性的离散度小,各个对象在此属性上差别不大,则在评价分析中起到的作用则会很微弱。根据信息熵的概念,属性的离散度可以用其熵值来度量,属性的离散度越大则其熵值会越小,而属性的离散度越小则其熵值会越大。在评价系统中,熵权法是利用系统中各个属性的信息熵来度量其离散程度,并使用信息熵给属性赋予相应的权重[5]。

(二)指标体系说明

　　本文参考公司财务管理指标,用以构建指标体系并进行评价分析。使用了六个能力维度来度量出版上市公司的财务绩效:偿债能力、成长能力、运营能力、盈利能力、现金能力和资产规模。将能力层进一步细化,划分为 27 个指标,其中有 3 个适值性指标和 1 个逆向指标(见表 1)。

表 1　出版上市公司财务绩效指标体系

目标层	能力层	指标层	指标性质
出版上市公司财务绩效	偿债能力	流动比率	适值
		速动比率	适值
		资产负债率	适值
		产权比率	逆向
	成长能力	主营收入增长率	正向
		净利润增长率	正向
		净资产增长率	正向
		总资产增长率	正向
	运营能力	应收账款周转率	正向
		流动资产周转率	正向
		固定资产周转率	正向
		总资产周转率	正向
	盈利能力	主营业务利润率	正向
		总资产净利润率	正向
		营业利润率	正向
		销售净利润率	正向
		主营业务成本率	逆向
		基本每股收益	正向
		净利润	正向
	现金能力	现金比率	正向
		资产的经营现金流量回报率	正向
		经营现金净流量对销售收入比率	正向
		经营现金净流量与净利润的比率	正向
		经营现金净流量对负债比率	正向
	资产规模	净资产	正向
		总资产	正向
		流动资产	正向

三、熵权多层次 TOPSIS 模型构建

本文所构建多层次 TOPSIS 评价模型的整体过程可描述为：首先，对数据集进行标准化处理；然后，根据已建立的指标体系，自低向上将每一层子指标体系当作独立的待评价对象，迭代计算各层次熵权和 TOPSIS 得分；最终，得到出版上市公司财务绩效值。在模型中每一层 TOPSIS 评价计算分解三步过程：数据标准化、熵权法客观赋值和计算 TOPSIS 得分。

（一）数据标准化

为消除数据单位之间的差异，需对其进行标准化处理。又由于指标体系中存在适值指标和逆向指标，因此，本文使用倒扣逆变换法对适值指标和逆向指标进行正向化处理。假设有 n 个待评价对象，每个对象中有 m 个属性指标表示为 $(x_1, x_2, \cdots, x_m)$。待评价集合可用矩阵 $X = (v_1, v_2, \cdots, v_n)^T = (X_{ij})_{n \times m}$ 表示，其中 $V_i = (x_{i1}, x_{i2}, \cdots, x_{im})$，$1 \leqslant i \leqslant n$。

适值指标处理方法为：

$$x_{ij}^+ = \max_i |x_{ij} - k| - |x_{ij} - k|$$

逆向指标正向化处理方法：

$$x_{ij}^+ = \max_i(x_{ij}) - x_{ij}$$

使用极差法进行数据标准化，得到标准化数据矩阵，此方法的具体公式为：

$$y_{ij} = \frac{x_{ij} - \min_i(x_{ij})}{\max_i(x_{ij}) - \min_i(x_{ij})}$$

（二）熵权法客观赋值

在每层 TOPSIS 分析过程中需要对各属性指标赋予相应的权重，而传统的人工赋值方法主观性太强。因此，本文采用熵权法为各层次指标分别赋值，利用各层指标系统中属性的信息熵来度量其离散程度，并使用信息熵给属性赋予相应的权重。

第一，数据平移变换。由于计算信息熵时，数值必须大于零，因此需将数据进行平移处理，使其满足熵权计算的要求。平移变化的具体过程为[6]：

$$x'_{ij} = c + y_{ij} \times d$$

其中

$$c = \sum_{i=1}^{n} x_{ij} \Big/ \sqrt{\sum_{i=1}^{n} (x_{ij} - \overline{x_{ij}})^2}$$

$$d = 1 \Big/ \sqrt{\sum_{i=1}^{n} (x_{ij} - \overline{x_{xj}})^2}$$

第二,计算第 j 项属性指标的信息熵 H_j:

$$H_j = - k \times \sum_{i=1}^{n} [p_{ij} \times \ln(p_{ij})]$$

其中

$$k = 1 / \ln(n)$$

$$p_{ij} = z_{ij} \Big/ \sum_{i=1}^{n} z_{ij}$$

第三,计算各属性指标的熵权。当所有评价对象在属性指标上的数值波动较大时,赋予相对较大的权值,反之,当属性指标上的数值波动较小时,赋予相对较小的权值。属性指标 j 的熵权用 w_j 表示,熵权向量表示为 $W = (w_1, w_2, \cdots, w_n)$,计算公式:

$$w_j = (1 - H_j) \Big/ \sum_{i=1}^{n} (1 - H_j)$$

(三) 计算 TOPSIS 得分

将每一层子指标系统当作独立对象,各指标的熵权数集为 W,计算其 TOPSIS 得分 $C = (c_1, c_2, \cdots, c_n)^T$。

第一,为标准化数据矩阵赋予对应的权值,得到加权数据矩阵 $V = (v_{ij})_{n \times m}$,计算过程为:

$$V = (v_{ij})_{n \times m} = (w_j \times y_{ij})_{n \times m}$$

第二,构造理想解 V^+ 和负理想解 V^-。其中理想解由所有属性指标的最优值构成,负理想解由所有属性指标的最差值构成。本文在数据分析之前,已将所有属性指标处理为正向指标,因此属性指标的最大值为其最优值,最小值为最差值。

$$V^+ = (v_1^+, v_2^+, \cdots, v_m^+)$$

$$V^- = (v_1^-, v_2^-, \cdots, v_m^-)$$

$$v_j^+ = \max_i(v_{ij})$$

$$v_j^- = \min_i(v_{ij})$$

第三,计算各待评价对象到理想解距离 S_j^+ 和负理想解的距离 S_j^-,本文采用欧式距离法进行距离的计算。

$$d_i^+ = \sqrt{\sum_{i=1}^{n} (v_{ij} - v_{ij}^+)^2}$$

$$d_i^- = \sqrt{\sum_{i=1}^{n} (v_{ij} - v_{ij}^-)^2}$$

第四,确定各待评价对象与理想解的相对接近度,即为此层系统各待评价对象的 TOPSIS 得分,因 TOPSIS 算法结果值域为 $[0,1]$,为了便于观察分析在原结果数值的基础上乘以 100。

$$c_i = \frac{d_i^-}{d_i^+ + d_i^-} \times 100$$

自底向上对各层次指标体系运用熵权法客观赋值与计算 TOPSIS 得分,最终计算得到所有出版上市公司的财务绩效。

四、实证分析

(一)样本与数据来源

本文以我国在沪深两市 2014 年已上市的出版上市公司为研究对象,具体公司为:大地传媒、华闻传媒、天舟文化、中文传媒、时代出版、浙报传媒、长江传媒、新华传媒、博瑞传播、中南传媒、皖新传媒、凤凰传媒、出版传媒、粤传媒和华媒控股。其中,去除"ST 生物","浙报传媒"于 2017 年 4 月 6 日发布公告改名为"浙数文化",经营业务不变。所有财务数据均来自 2014 至 2016 年的年度财务报告,并取其平均值建立数据集,通过R-Studio编写 R 脚本完成数据标准化和多层 TOPSIS 评价模型。

(二)能力指标评价分析

根据本文已建立的出版上市公司财务绩效指标体系,运用多层 TOPSIS 模型首先计算能力层的绩效得分。以偿债能力的评价为例,其指标层由流动比率、速动比率、资产负债率和产权比率组成,构成偿债能力数据集。首先将数据集进行数据标准化,然后用熵权客观赋值法计算得到四项指标的权重依次为0.26、0.29、0.22、0.23,最后计算 TOPSIS 得分,即为偿债能力绩效。同理得到 15 家出版上市公司在成长能力、运营能力、盈利能力、现金能力和资产规则绩效结果,表 2 列出了出版上市公司在多层 TOPSIS 评价中能力层绩效的具体数值。

表 2　出版上市公司能力层绩效

公司简称	偿债能力	成长能力	运营能力	盈利能力	现金能力	资产规模
博瑞传播	41.83	5.04	11.32	28.94	59.31	12.87
出版传媒	69.91	13.04	28.77	16.50	20.53	6.00

公司简称	偿债能力	成长能力	运营能力	盈利能力	现金能力	资产规模
大地传媒	68.57	58.45	59.22	50.37	34.09	40.21
凤凰传媒	74.43	15.98	41.35	58.36	34.07	77.65
华媒控股	67.62	41.22	37.26	37.73	10.53	2.10
华闻传媒	53.88	26.97	20.87	61.17	22.37	49.43
时代出版	70.62	19.21	53.08	38.14	9.46	27.67
天舟文化	33.96	90.11	34.06	50.53	65.77	5.22
皖新传媒	40.15	25.48	63.45	53.33	18.47	43.23
新华传媒	61.48	6.17	26.80	17.81	39.01	10.99
粤传媒	32.63	5.80	0.48	15.27	22.61	15.65
长江传媒	67.06	29.27	86.20	24.10	29.89	39.32
浙数文化	70.80	22.99	37.53	54.95	16.82	28.13
中南传媒	42.82	17.51	41.26	80.51	42.82	95.85
中文传媒	68.92	22.00	51.51	59.27	23.89	76.65

　　为了进一步分析出版上市公司能力层绩效结果,使用最大值、最小值、平均值等指标对结果数据集进行统计分析。根据统计分析结果(表3),出版上市公司近三年在成长能力和资产规模的绩效最大值明显大于其余能力指标,并且根据标准差可知15家公司在这两项指标上存在巨大的差异。偿债能力拥有最大绩效平均值,表明大部分出版上市公司作为国有企业具有良好的偿还能力与较小的借贷风险。

　　通过对比各家公司的能力层绩效,表3中列出其各能力指标的头部与尾部公司。凤凰传媒在偿债能力上表现最为突出,天舟文化在成长能力和现金能力两项指标上均排名第一,长江传媒运营能力十分抢眼,中南传媒拥有最大资产规模的同时也拥有最高盈利能力绩效。从尾部公司中可以发现,粤传媒在偿债能力、运营能力和盈利能力中均处于末尾。

表3　出版上市公司能力层绩效统计

统计量	偿债能力	成长能力	运营能力	盈利能力	现金能力	资产规模
最大值	74.43	90.11	86.20	80.51	65.77	95.85
最小值	32.63	5.04	0.48	15.27	9.46	2.10

统计量	偿债能力	成长能力	运营能力	盈利能力	现金能力	资产规模
平均值	57.64	26.62	39.54	43.13	29.97	35.40
中位数	67.06	22.00	37.53	50.37	23.89	28.13
标准差	15.12	22.45	21.48	19.48	16.40	29.19
头部公司	凤凰传媒	天舟文化	长江传媒	中南传媒	天舟文化	中南传媒
尾部公司	粤传媒	博瑞传播	粤传媒	粤传媒	时代出版	华媒控股

（三）财务绩效评价分析

本文所构建多层次 TOPSIS 评价模型的目标层为出版上市公司财务绩效,为此在能力层评价结果基础上,再次进行熵权法客观赋值和计算 TOPSIS 得分,即可得到最后财务绩效结果,具体结果见表4。

表4　出版上市公司财务绩效

公司简称	综合绩效	排序	公司简称	综合绩效	排序
中南传媒	56.02	1	浙数文化	27.26	9
大地传媒	52.03	2	华媒控股	26.94	10
中文传媒	51.39	3	时代出版	26.73	11
天舟文化	49.71	4	博瑞传播	16.71	12
凤凰传媒	49.39	5	新华传媒	13.59	13
长江传媒	40.38	6	出版传媒	11.66	14
华闻传媒	38.82	7	粤传媒	10.40	15
皖新传媒	38.43	8			

根据 2014—2016 年平均财务绩效结果,财务绩效最高的为中南传媒,而粤传媒排名末尾,财务绩效只为 10.4,两者之间分化明显。按照财务绩效数值将 15 家出版上市公司分为三个梯队:第一梯队绩效值大于49,第二梯队绩效值在 20 和 49 之间,第三梯队绩效值小于20。

第一梯队包括:中南传媒、大地传媒、中文传媒、天舟文化和凤凰传媒。中南传媒作为一家总资产超过 150 亿的出版上市公司,连续三年总资产排名第一。在资产规模绩效值高达95.85,同时盈利能力也排名第一,在评价中占据明显优势。中南传媒凭借雄厚的资本,业务已涉及出版、发行、印刷、广告媒体、数字教育、金融等。进一步创造并汇聚优秀 IP 资源,保持传统业务稳定,形成"多介质、全流程、立体化"的完整产业。大地传媒综合排名第二,凭借河南省丰富的历史文化资源,近三年来大地传媒深耕出版、印刷等传统业务,紧抓教材教辅市场,发展质量稳步提升。2014 年完成对河南省新华书店系统及其他相关资产的重组工作,能力指标绩效均处于上游。目前其核心竞争力依旧主要集中在传统出版发行业务板块,发展模式稳扎稳打。

综合排名第三为中文传媒。近三年,中文传媒通过发行股票、对外投资等方式大量吸收外部资金,夯实企业自有的资产基础,优化投资管理结构,偿债能力显著提升;在新业态方面,公司2015 年收购重组智明星通后,资产质量进一步优化,新媒体板块发展迅速,呈现爆发式增长,仅 2015 年度,公司新媒体板块实现营业收入 33.45 亿元,同比增长 1404.8%;归属于母公司净利润3.87 亿元,同比增长 527.16%。智明星通得到中文传媒的资本支持后,爆发出强大盈利能力,在 2016 年营业收入达到 47.38 亿,贡献净利润 5.93 亿。天舟文化作为中国民营书业第一股,近三年的成长能力不容小觑,财务绩效排名第四。它由一家上市前的传统图书企业,到上市时的综合性出版传媒企业,再次升级为传统媒体业态和新媒体业态相结合的新型出版文化传媒企业。虽受资产规模和偿债能力的限制,该公司通过在互联网娱乐和教育领域开展一系列的并购与重组,有效推动了公司业务向新媒介转型,其成长能力和现金能力可圈可点。凤凰传媒资产体量仅次于中南传媒,资产规模绩效排名第二。主营业务平稳发展,净利润增速稳定,以智慧教育为转型升级方向,同时大力发展影视剧业务,取得一定成效。

属于第二梯队的公司有:长江传媒、华闻传媒、皖新传媒、浙数传媒、华媒控股、时代传媒。长江传媒财务绩效排名第六,运营能力却排在第一位,拉高了其财务绩效排名,这得益于长江传媒全面推进管理方式由粗放型向集约型、精细化转变。但值得注意的是,虽然长江传媒运营能力突出,但成长能力、盈利能力和现金能力在出版上市公司中并不占明显优势,其中盈利能力绩效为24.1,远低于盈利能力平均值 43.13。从年报中可发现,长江传媒在 2015 年和 2016 年的主营收入分别为 118.9 亿和 137.9 亿,但净利润仅分别为 3.25 亿和 5.92 亿。华闻传媒财务绩效排名第七,在盈利能力绩效名第二。原因主要在于企业有着良好的"全媒体、大文化"战略定位,自 2011 年以来公司投资国广东方,并购国广光荣、澄怀科技、国视上海、掌视亿通、精视文化、邦富软件、漫友文化等,积极拓展新型媒体,获得较好的投资收益,但其余能力指标表现平平。皖新传媒财务绩效表现并不突出,近三年在推动主业转型升级的同时,尤其注重管理创新,持续提升综合运营能力。因此,除运营能力排名靠前外,成长能力、资产规模、盈利能力排名皆处于中游。

浙数文化调整经营战略,以报业为主的核心业务转型升级成实行以用户为核心的发展战略,制定出新闻传媒平台、互动娱乐平台、影视平台和文化产业战略投资平台的"3+1"业务平台的发展方向。作为较早布局互联网数字文化产业的公司之一,浙数文化在近三年以确保原有业务稳定发展的同时,得益于对行业态势的准确把握和自有优势资源的充分发挥,围绕杭州边锋搭建出一个完整的全产业链数字娱乐生态圈。华媒控股财务绩效排名第10,自 2014 年上市以来面对报业下滑形势,公司强化内生增长,通过打造新媒体等方式实现营收多元化。依托于近三年在影视和版权输出两个板块的大力投入,时代出版的偿债能力排名第三,综合排名第九。

博瑞传播、新华传媒、出版传媒和粤传媒的财务绩效均小于20,处于第三梯队。博瑞传播因 2014 年加大游戏产品的研发力度,同年游戏业务营收增长迅猛,盈利能力得以提高。但其新业态过多依赖于游戏业务,在游戏市场竞争异常激烈的新环境下,公司整体业绩出现加速下滑,导致综合财务绩效表现不佳,近三年营业收入减少超 6 亿。新华传媒、出版传媒和粤传媒在三年来受持续低迷的传统媒体大环境影响,主营业务依旧固守单一状态,新媒体业务发展较弱,转型步伐缓慢,同时其传统的广告、发行与印刷业务的盈利水平出现加速下降趋势,发展疲态尽显。

五、结论与建议

通过本文所构建的多层 TOPSIS 评价模型对 15 家出版上市公司进行财务绩效评价,评价过程分为能力层和目标层的绩效评价。从评价结果中可知,出版上市公司在成长能力和资产规模维度上表现出巨大差异,但普遍拥有较好的偿债能力。虽然近年来传统业务受互联网冲击严重,但有半数以上的出版上市公司能力绩效大于均值,转型升级显现成效。同时,可以发现出版上市公司受其业务布局、转型发展战略等方面的影响,在近三年的发展中,差异逐渐明显,按照财务绩效的高低分为三个梯队。

身处"互联网+"的时代,出版上市公司企业在传统业务受到冲击的同时,应加快发展新媒体业务,加大转型力度,提高创新能力,提升企业价值,降低成本与投资风险。为提高财务质量,出版上市公司企业在自身定位、产品、管理、财务方面可采取以下措施:

第一,依托自身特色资源,准确定位。出版上市公司的主营业务往往涵盖强大的 IP 资源,依托于自身的优势,强化自己的战略定位,"不打无把握的仗"。

第二,加大产品的开发力度,打造完整的文化产业链。根据企业内部资源多元化程度的高低,制定合理的资源分配制度,做到企业能力、资源和市场机会的完美融合。

第三,做好管理制度建设、人力资源管理、企业家引进。加强出版行业人才队伍建设,可以为出版上市公司企业管理组织提供新的活力,从而建立可持续的竞争优势。

第四,优化业务结构,避免营业收入对于单一业务的过于依赖,提高出版传媒公司整体抵抗市场风险能力。

第五,优化上市公司的资本结构。企业应发挥好"财务杠杆"的作用,做好企业的筹资、投资和分配管理,有效地安排好现金流量,保证经营、筹资及投资现金流量的动态平衡,努力实现收益与风险的和谐并存。

注释

[1] 耿云江、宁艳辉:《出版企业绩效评价指标体系的构建研究》,《金融经济》2013 年第 12 期。

[2] 李燕:《构建基于平衡计分卡的出版企业绩效评价体系》,《财务研究》2015 年第 5 期。

[3] 杨萱:《我国出版企业高管团队特征与企业绩效关系研究——基于出版业上市公司的经验数据》,《编辑之友》2016 年第 7 期。

[4] 武春友、郭玲玲、于惊涛:《基于 TOPSIS-灰色关联分析的区域绿色

增长系统评价模型及实证》,《管理评论》2017年第1期。

[5] 张永安、马昱:《基于熵权 TOPSIS 法的区域技术创新政策评价研究》,《科技管理研究》2017年第6期。

[6] 孙利娟、邢小军、周德群:《熵值赋权法的改进》,《统计与决策》2010年第21期。

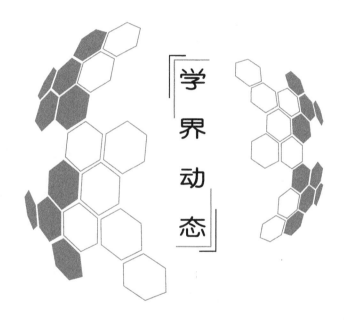

学界动态

融合、转型与创新：多维视域中的中国传媒业发展

——2017 中国传媒经济与管理年会暨第二届江苏传媒产业发展论坛综述

郑玉馨

媒介技术的快速发展给新闻传播学科带来了前所未有的挑战。当下，基于互联网、社交网络、移动互联、云计算、大数据，新媒介技术的广泛应用和新媒体形式的演化呈锐不可当之势，使人们的思维方式、行为方式、生活方式正发生着翻天覆地的变化，无疑，也使我国传媒业发展面临着深刻的转型和不可逆转的变革。传统媒体与新兴媒体融合发展，是新媒介技术驱动下的必然结果。在此背景下，2017 年 10 月 27—29 日，"2017 中国传媒经济与管理年会暨第二届江苏传媒产业发展论坛"在南京大学召开。本次年会暨论坛以"互联网发展'下半场'：当前传媒产业发展的理论与实践"为主题，由中国新闻史学会传媒经济与管理研究委员会以及南京大学新闻传播学院联合主办。传媒经济与管理研究会、江苏省新闻出版管理部门、江苏省新闻媒体的相关领导出席大会并致辞，来自全国多所新闻研究机构和新闻传播院系的近百位学者参加此次研讨。

一、机遇与挑战：角逐互联网发展"下半场"

习近平总书记在首届世界互联网大会指出，"互联网深刻改变着人们的生产生活，有力推动着社会发展"。第三届世界互联网大会召开后，"互联网'下半场'"、"互联网思维"、"互联网+"等说法，进入人们的话语体系。随着互联网"下半场"来临，

作者简介　郑玉馨，女，南京大学新闻传播学院博士生。研究方向：传媒经济与管理，媒介与社会。电子邮箱：1505464641@qq.com。

互联网产业和整个经济的运转又将发生新的变化,这将给互联网企业和传统企业带来挑战和机遇。作为"互联网'下半场'"的提出者,美团点评网首席执行官王兴认为,之前中国互联网的发展很大程度上靠的是人口红利,但这个红利现在已经消失。当下更多是依靠互联网技术为各行各业的各个环节提升体验,提高效率,降低成本。他提出这个说法是基于这样一个判断:从互联网到"互联网+",意味着一个时代的结束,另一个时代的到来。著名品牌战略专家、中央电视台品牌顾问李光斗认为,当网民从信息的被动接收者变为主导者,预示着互联网"上半场"的落幕,"下半场"的悄然而至,同时,移动互联网、智联网、物联网、人工智能——涌现,使我们将不再区分线上线下,也没有网络与实体差异,我们只是生活在一个充满网络的全景空间中。

北京师范大学新闻传播学院喻国明教授在进行题为《互联网发展"下半场"的操作关键:边缘创新与价值准则》的演讲中认为,互联网"上半场"解决的是规模化的共性需求的满足,而互联网"下半场"实际上是人们在信息消费、生活消费下新的生存。它在既有框架里边对于那些分众化、个性化的需求进一步填充以及垂直化的发展。[1]互联网连接一切,对生活和商业带来了一系列变化。未来,依然是内容为王,但媒体会向大媒体转换。所谓大媒体,即以传播为手段,将媒体的服务延展到了商业服务、社会服务等更大空间。未来的内容生产将摆脱人力生产的束缚,更多由机器人代替。而媒体人,最大的功用,是在一些非现场报道,在一些需要价值探讨的领域得到发挥,即更多地从事解释性、调查性的报道。喻国明教授强调,互联网"下半场"是非共性、个性化需求的挖掘与满足,所以媒体应该更多地关注向用户提供小众的、分众的、个性化的需求。由此可见,互联网的上下半场虽然存在着重要的区别,但是规则没有变,依然要追求更多的连接、更高的 ARPU 值(每位用户能够提供和创造的价值)、更高效率地完成产业链的重构等等。

大数据和人工智能将影响未来传媒业发展的走向,传统媒体是单向的提供信息,其用户画像是模糊的,而未来媒体的作用是在深度挖掘数据、精准分析数据的基础上给用户提供精细的服务。中国传媒大学南广学院金梦玉教授在题为《互联网"下半场":中国传媒产业逆袭机遇与重返主赛场之进路》的主题发言中指出,互联网"下半场"为中国传媒产业逆袭与重返主赛场提供机遇,但重返产业主赛场的路并不平坦。金梦玉教授强调,媒体不能甘于做"贫困户",而要在脱贫中焕发出生机活力。抓住传媒产业互联网"下半场"的机遇,一是要依靠用户的广度扩张、数量增加,还要提升服务质量;二是要突出差异化和创新性,要探索现代传媒经济体系,从学习他者到自我复制,这样才能实现媒体变革,重返主赛场。喻国明教授在主题演讲中也指出,边缘创新是保持活力、保持创新的机制。在市场和制度体系背景下,我们应该允许边缘创新。边缘创新给社会一种自治和灵活的调整,这是生命力持久的重要原因。但除了边缘创新,确立一种新的价值判断准则是很重要的,这种准则应该围绕以下三个衡量点:第一,就是看它对于中国社会连接的丰富性有没有扩张,有扩张的就有价值、有前景。第二,对于现实实践的半径、实践的自由度有没有进一步的提升。如果能极大地提高我们的实践半径以及实践空间和自由度,那么它就有面向未来的巨大价值。第三,在纷乱复杂,越来越貌似失控的社会当中,任何一种新的技术和传播形态,如果能帮助我们简化和更加有力地提升对于社会现象的把握能力、控制能力,这样的传播技术和形态,也具有巨大的发展前景。

2017年"人工智能"正式写入中国政府工作报告,进一步体现出人工智能在我国经济发展和产业转型中的重要战略地位。根据《美国2016—2045新科技趋势报告》(Emerging Science and Technology Trends:2016—2045)的最新数据显示,目前只有10%的数据被分析,且人工智能软件将会在未来30年内将数据分析能力从商业应用推广至单个用户。[2]也就是说,我们学习、生活、工作等领域有大量数据有待数据化和智能化。可以预见,在互联网发展"下半场",数据挖掘、算法创新、人工智能仍是未来技术发展的核心趋势。[3]

在互联网"下半场",国际上信息鸿沟不断扩大,国内网络安全形势日趋严峻,核心技术缺乏优势,网络治理面对更加复杂的局面,所以习近平总书记强调:加快推进网络信息技术自主创新,加快数字经济对经济发展的推动,加快提高网络管理水平,加快增强网络空间安全防御能力,加快用网络信息技术推进社会治理,加快提升我国对网络空间的国际话语权和规则制定权,朝着建设网络强国目标不懈努力。这是中国互联网"下半场"的前进方向。我们能参与到这个时代洪流中来,是幸运,也是责任。

二、变革与担当:传统媒体的内容转化与应对策略

互联网"下半场"的两个关键词是数据化与智能化。只有将这些新技术运用到传统媒体的转型中并使之产生效益,传统媒体才能因此获得新生。暨南大学新闻与传播学院院长范以锦教授在题为《商业模式思路的转变:从"新闻变现"到"内容变现"——从VR技术的变现说起》的大会演讲中指出,运用VR技术做内容,市场前景广阔。比如,南大校友向熹的黑匣VR"一带一路"场景引起广泛关注,社会有大量的内容需求,而媒体就有做内容的能力,可以运用VR技术做虚拟动物园、夜间森林公园等服务项目,这样可以充分发挥做内容的优势和专业能力到商业模式,同时实现承担社会责任、打造品牌、圈定社会资源,做强做大传媒产业,最终达到强大的传播力和经济实力两大目标。

中国人民大学马克思主义新闻观研究中心副主任王斌副教授在题为《开放式情境下新闻生产者与消费者的关系重构——对众筹新闻的反思》的发言中提到,当下的新闻业正经历着多重变革,技术成为最具穿透力的动因,新媒体的发展推进了新闻形态的多样化,无人机拍摄、虚拟现实(VR)等技术拓展了新闻产品中视觉内容的维度。从机构型媒体对用户自制内容(UGC)的采纳到平台型媒体对用户需求的挖掘和基于用户关系的内容推送,都使得用户不仅是作为消费者体现其价值,而且在深刻影响"什么是新闻""如何做新闻"这类至关重要的问题。以"众筹"为代表的新开放式生产模式不仅需要优化流程、获得投资、影响市场需求,更需要在职业新闻人和消费者之间建立更为平等、深入的协作模式,才能改善现有的新闻业,可持续地、实质性地提升新闻业的转型水平。

时下,传统媒体迎来移动互联时代的全新变革,他们正在经历一场由技术推动的转型。新媒体的内涵和外延在不断迭代与突破,传媒行业也随之不断自我革新。Associated Press Media

Editor's News Training 项目主任琳达·奥斯汀教授在大会报告中说,未来媒体是移动的、社交的和可视的,信息客户端将这些要素结合起来,2020 年前将成为人们消费新闻的方式。人工智能与大数据技术进入新闻生产领域,带来了新闻发展的新模式。Web2.0 之后媒体变革的起点是移动互联网,但它更大的趋向是媒体智能化或智媒化。自动化新闻正是新闻生产智能化在现阶段的体现。自动化新闻在我国新闻传媒界起步较晚,但在传统媒体和新媒体上均取得了一定的进展。目前主要有四家媒体在进行自动化新闻的实践,分别为腾讯财经的"Dreamwriter"、新华社的"快笔小新"、第一财经的"DT 稿王"和《今日头条》的"Xiaomingbot"。虽然新近的自动化新闻生产流程基本上是一种"人工模板"+"自动化数据填充"的模式,但是,随着科技的发展,自动化新闻就有可能在新闻敏感、情感表达、深度分析及选题发现等方面日渐成熟。[4]今日头条媒体合作与发展总经理郎峰蔚在《平台与媒体的共生共荣》的大会发言中总结了新传播时代的三大特点,分别是:内容生产与发布的分离、发布工具的整合和再分化、发布形式的去中心化。

在移动互联网时代,传媒经济的运行模式发生深刻的变化。在新的"传媒-用户-商家"关系下,传媒经济的本质需要重新探讨。南京大学新闻传播学院博士生郑青华在题为《连接经济:传媒经济本质的再阐释》的主题发言中,以"连接"作为切入点,从微观、中观和宏观三个层面阐述了传媒连接的作用和影响,认为传媒连接的演进趋向表现为从内容连接到平台连接,再到社会连接。他提出传媒经济的本质是一种连接经济,即传媒的价值在于作为"连接器"的功能,连接起社会主体、社会资源和供求关系,在连接中创造价值,实现经济效益和社会。同时,从"连接经济"出发去把握传媒经济的本质,传媒产业将有着更为广阔的空间,将有助于传统媒体在转型进路、盈利模式等方面实现突破。由于在技术、资金上处于劣势,传统媒体在发展新媒体时不得不"依附"于新浪、腾讯、搜狐等互联网巨头,入驻微博、微信与客户端。在内容上,用户生产内容(UGC)开始与专业内容并驾齐驱。互联网数据中心 DCCI 发布的数据显示,2014 年 6 月,用户生产内容的流量占整个互联网的比例达 50.7%,而网站专业制作内容产生的流量占互联网流量的比例为 47.3%,用户生产内容的流量超过了网站专业制作的内容流量。因此,传统媒体要走出盈利困境,当务之急是建立明晰的盈利逻辑,并围绕盈利逻辑进行盈利模式的探索。具体来说,传统媒体应在两个层面上同时发力:第一,完成连接点的重建;第二,在连接中实现商业转化,即利用连接进行盈利模式的创新,在连接中创造商业价值。重建连接,是传统媒体客户端盈利逻辑的起点。[5]

产业发展的本质就是结构不断变迁,而产业结构由其要素禀赋结构决定。产业发展不能简单模仿对方或盯住竞争对手的产业形态,而要根据与自身禀赋结构所决定的比较优势选择产业发展方向,逐步缩短与其他产业要素禀赋结构之间的差距。然而,媒体转型所选择的全媒体方向却与自身的要素禀赋结构严重矛盾。桌面互联网、移动互联网等新媒体业务所需要的禀赋结构是市场敏感、与高风险高收益相容的激励机制、产品研发运营团队和市场资源,而传统媒体所具有的禀赋结构却是政治敏感、与稳定偏好相容的激励机制、采编能力和政府资源。南京大学新闻传播学院教授赵曙光在题为《比较优势、禀赋资源和媒体转型》的主题发言中提出解决此类问题的应对之策,他强调,媒体遇到互联网产业的冲击并非盲目选择跟进互联网产业,而要根据要素禀赋所决定的比较优势选择发展领域。既然媒体的禀赋结构在于政治敏感、与稳定偏好相容的激励机制、采编能力和政府资源,那么,应该甄别符合自身比较优势的增长方向,进入需求类似禀赋的产业。媒体在比较优势的基本框架下如何具体甄别具有增长潜力的领域呢? 首先按照禀赋结构相同,营收和利润增速较高,并能保持持续稳定增长的标准确定一系列产业作为进入目录。按照这个增长甄别原则,可以发现,教育、旅游、金融、地产、健康等产业很需要政治敏感、政府资源、稳定发展和舆论引导能力等禀赋,更适合媒体进入。通过进入禀赋结构相同,营收和利润增速较高的产业,媒体可以形成新兴的增长点,反哺内容采编,形成产品运营团队,建立现代企业制度,提高市场敏感,更加有效的整合市场资源,逐步改变自身的禀赋结构,在要素禀赋能够与互联网行业匹配时再进入互联网行业,推进全媒体转型。湖北大学新闻传播学院张瑜烨教授在题为《报业体制平衡木上的负重体操:行政力量、市场力量、社会力量的博弈》的发言中,就当前媒介融合大趋势下按照政党行政体制模式布局的报业体制存在的问题提出建议。张瑜烨教授认为,行政力量、市场力量和社会力量是推动我国报业体制的三驾马车,目前主要问题是行政力量远强于市场力量和社会力量,导致传媒体制失衡;其次,传媒市场力量的无序导致传媒体制方向迷失;再次,社会力量疲软导致传媒体制前进动力不足。所以,我国报业体制变革必须优化体制中的行政力量,结合中国国情和传媒发展情势,政府在管理报业过程中,不能简单粗暴地抛弃韦伯提倡的官僚型管理体制,即使在媒介融合时代,适当的行政力量必须保留,也需要政府的行政力量主导网络舆论。我国报业要充分借鉴新公共服务理论的先进管理理念,在一定范围内适当放弃行政力量的干预,变行政力量为市场力量和社会力量,或者让行政力量、市场力量和社会力量成为管理、调控传媒的合力。

三、交互与共生:坚持科技创新,坚守人文理性

今天的时代是一个空前躁动的时代,关于人工智能的奇迹悄然崛起,人机博弈围棋,四届冠军败阵;机器人写稿,地震报道机器人时效独占鳌头;沙特阿拉伯为机器人索菲亚颁发公民身份,使之成为世界首位机器人公民。毫无疑问,人工智能创造的奇迹是令人惊喜的,那么,在科技创新的机遇空前大好,急速发展的时代,传媒人应该怎么做呢? 上海大学新闻传播学院吴信训教授在题为《科技创新与传媒的人文理性》的主题发言中向我们阐释了这一问题。吴信训教授指出,人文,即重视人的文化,是人类文化中的先进部分和核心部分,即先进的价值观及其规范,其集中体现是:重视人、尊重人、关心人、爱护人,而人文精神的核心是"以人为本"。传媒人、新闻人是世界变动的观察者,是社会文明进步的守望者与呐喊者,所以,人文理性是新闻传媒人应当具备的最重要、最基本的专业素质。人工智能毕竟是人创造的,人是主导者。要相信、倡导科技创新的一切成果,在根本上是要更有利于人的生存、人的尊严、人的发展。传媒和传媒人也应当不断提升和具备科技素养和科技品质,具备正确把握"科技创新和人文理性"关系的能力。

互联网既然是要吸引尽可能多的用户,那么就要满足尽可

能多用户的基本需求。而人之为人,其实都有共同的基本需求,那便是建立在"三大人性"的共同基础上:贪婪、懒惰、自私。基于此,华中师范大学新闻传播学院张勇军教授在题为《新媒体环境下广告商的需求变化研究——基于人性的三个维度》的主题发言中阐释了这三大人性其实对应的是三大商业本质,即:价值本质、便利本质、优选本质。所谓价值本质,即必须提供对方认为有价值的产品或服务;便利本质,就是必须尽可能降低交易和使用过程中的程序;优选本质,就是相比较而言,当前这一交易对双方来说是最划算的。广告商作为媒介的重要用户,直接决定媒介的经济效益和生死存亡,因此媒介可以围绕人性对应的三大价值维度,为广告客户提供价值更丰富、渠道更互动、传播更精准的广告。在移动互联网背景下,广告商需要不断调整技术驱动带来的需求变化。当然,媒介除了要考虑广告商对媒介新的角色期盼,还要注重网络广告与文化、规制的吻合度,切忌因为互联网广告的发布门槛低,发布一些违背社会文化传统、相关法规的低俗、虚假互联网广告。

技术把我们带入到了一个"万物皆媒"的时代,无论我们接受与否,人工智能技术已经进入新闻业,以机器人新闻写作为代表的应用,更是意味着人工智能及相关技术正在进入到新闻业的核心领地。后真相时代,新媒体会使我们更易接触真相还是谎言?智能时代,新媒体是否可以通过新的传播技术、模式、渠道反映更为真实、全面、完整的现实社会?我们应该意识到,智能化技术不应只顺应人的本性,还需要帮助人克服自身的局限。新媒体不仅需要满足个性,还需要打破人们的自我封闭,实现社会的整合。就像"阿尔法狗"的出现并非是要剥夺人的下棋乐趣,而是刷新了人类对于围棋的认知,帮助人类进入到围棋的新境界。人工智能和其他技术对于新闻业来说,其初衷也并非是要摧毁传统新闻业。[6]所以,在这个时代,媒体人依然需要坚持新闻专业主义的精神。说到底,专业主义精神走向公众是我们建设民主公共生活的一部分,也是一个漫长的工程,因此,科技创新与人文理性需要并存。

四、"超学科":媒介经济与管理研究的路径与可能性

通过本届年会暨论坛的 12 场大会演讲、3 场主题论坛,毫无疑问可以看到学者们对媒介经济与管理研究的深度关照。清华大学新闻与传播学院副教授杭敏在题为《传媒与创新研究之再回首:对议题与趋势的新探索》的发言中,详细展示了她对 2005—2017 年间传媒与创新的研究梳理过程中的发现,她强调,传媒创新正逐渐成为传媒经济管理领域的重要分支,相关概念、理论和研究模型不断建立并日趋成熟。河北大学新闻传播学院副教授樊拥军做了题为《我国传媒经济学理论的本土化建构取向》的发言,他认为虽然我国传媒经济学学科理论体系建设已初具规模,但是相对于发展成熟的其他学科还有很多需要深入拓展的领域,尤其是面对我国新媒体产业的蓬勃兴起与可持续发展的潜在危机,传统媒体产业生存发展困境与出路等现实问题,所以他呼吁以学界同仁集体智慧的合力创新,建树具有中国风格气派的传媒经济学理论大厦,从而赢得更高学术尊严和国际同行研究的话语权。中国人民大学新闻学院院长助理韩晓宁副教授在题为《困境与突破:国际传媒集团融合转型现状与路径研究》的主题发言中提到,随着传媒新技术和新兴传媒形态的发展,传统媒体在商业模式、受众、人才等方面均面临巨大冲击,纷纷探索转型突破路径。传统媒体时代在全球传媒市场掌握统治力的国际传媒集团,在当今遭遇到与中国传统媒体同样的挑战。国际传媒集团的转型发展,可为中国的媒体转型提供借鉴。

互联网自诞生以后长期处于技术社群的掌控治理之下。互联网的出生天然带有反传统基因,追求自由反对控制是其精神底色,也正是这种特性让互联网得以繁荣发展,演变成今天的人类第五空间。随着互联网商业化的加速,互联网治理越来越多地进入公共政策领域,大量社会和经济连带问题的产生呼唤国家的公共管理职能,加上国家天然具有的追求互联网管理权的内在偏好,因此,技术专家主张和实施的互联网治理"去国家化"的美好图景并没有实现。在网络安全的推动下,传统主权国家纷纷强化了对互联网的治理,网络自由主义式微,网络现实主义则强势回归。清华大学新闻与传播学院副院长崔保国教授在本次会议的

大会发言《网络空间作为一种新的传播研究范式》中指出,互联网技术的创新打乱了原有的传播秩序,在传统媒体无法主导世界传播新秩序的情况下,网络空间将是影响世界传播秩序变迁的重要因素。他指出,基于网络空间视角进行传播研究是从当下新闻传播的研究现状和建构人类命运共同体这一时代命题下提出的,相比大众传播范式、信息科学范式和新媒体范式,将网络空间作为一种新的传播研究视角与范式具有重大意义。

传统媒体与新兴媒体的融合创新离不开资本运作。近两年我国媒体融合所需资本逐年增长,通过上市、跨界合作、兼并重组、深耕互联网生态圈、设立文化产业投资基金等方式筹集资金,金融资本在推动新旧媒体融合创新中发挥了重要作用。安徽师范大学新闻与传播学院秦宗财教授在此背景下,通过题为《我国媒体融合创新中的资本运作研究》的发言,细致介绍了在融媒创新驱动下,我国传媒资本还存在的诸多难题,包括上市瓶颈难破、金融风险大、深度融合壁垒等。光线传媒作为我国最大的民营传媒娱乐集团,通过推动媒介经营体制改革、创新交易方式、优化产业链布局等,逐步探索出了一条较为成功的融媒资本运作之路。辽宁大学新闻与传播学院迟强博士在题为《中国广告传媒类上市公司研究》的发言中介绍了我国广告传媒类上市公司的发展历程、产业布局、市场表现以及发展前景,并通过与资本雄厚、布局全球的国际广告集团相比,充分肯定了国内广告传媒类上市公司的优良表现,并指出其有望在营销与新媒体业务、海外市场拓展和新三板市场等方面获得长足发展。另一方面,我们还是要正视与西方发达国家发展差距,充分利用后发优势,走出一条既国际化又有中国特色的广告产业创新发展与资本运营之路。

在本届年会暨论坛中,还有工程管理学院、外语学院、商学院等不同领域的学者们参与,他们的学术见解,证明了"超学科"研究的必要性和可能性。如南京大学商学院研究生丁汀在题为《"营改增"、企业税负与研发创新——基于中国文化传媒产业上市公司的证据》的发言中,利用2009—2015年中国上市公司的数据,使用双重差分的方法检验了"营改增"改革对文化传媒类上市公司流转税税负的影响。据拓展性分析发现,"营改增"政策对文化传媒类上市公司的减税效应主要存在于出版业和文化休闲娱乐业,而在广播电视电影业以及互联网信息传播服务业则出现了

"增税"现象。

10月29日,本次年会暨论坛顺利落下帷幕。此次会议从融合、转型、创新的多维视域研究传媒组织、传媒产业、传媒产品与创新之间的关联性,构建传媒经济与管理研究的新框架,这对该研究领域的拓展和学术交流对话能力建设起到了极大的推动作用。

注释

[1] 喻国明:《边缘创新与价值准则:互联网"下半场"的操作关键》,2017中国传媒经济与管理年会暨第二届江苏传媒产业发展论坛大会发言,除特别说明外,文中各位嘉宾的观点皆引自其大会发言或主题发言,不再一一加注。

[2] Emerging Science and Technology Trends:2016-2045-A Synthesis of Leading Forecasts Report(April 2016),Office of the Deputy Assistant Secretary of the Army(Research&Technology),中国互联网数据资讯中心,2016(6).

[3] 孙巡、田莺:《互联网"下半场":传媒实践与研究的时代进路》,《传媒观察》2018年第1期。

[4] 许向东、郭萌萌:《智媒时代的新闻生产:自动化新闻的实践与思考》,《国际新闻界》2017年第5期。

[5] 郑青华:《重新连接:传统媒体客户端盈利逻辑的再思考》,《编辑之友》2016年第7期。

[6] 彭兰:《更好的新闻业,还是更坏的新闻业》,《中国出版》2017年第12期。